アフォーダンスの認知意味論

生態心理学から見た文法現象

本多 啓 ──［著］

東京大学出版会

本書は駿河台大学出版助成により出版される.

An Affordance-Theoretic Approach to
Cognitive Semantics:
Grammar in an Ecological-Psychological Perspective
Akira HONDA
University of Tokyo Press
ISBN978-4-13-086032-1

はじめに

　あれはカメラつき携帯電話だったか．しばらく前に，次のような内容のコマーシャルがあった．

　　若い女性が遊園地の観覧車に乗っている．両手でピースをし，満面の笑みをたたえながら一人で写った映像が彼女の父親のもとに送られる．彼女は父親に話しかける．「ね，私一人だけでしょ，心配しないで」．それを見た父親がつぶやく．「いったい誰が撮ってるんだ!?」

　父親が受け取った写真に姿が写っているのは，確かに彼女一人である．しかしその写真からはそこに，姿こそ見えないものの，彼女のほかに少なくとももう一人，人がいることが分かる．それは，その写真を撮った人物である．その人はまた，彼女の顔に幸せな笑みを浮かべさせることができる人物でもある．
　これと並行する現象は，言語にも見られる．
（1）　a. 二人の男がゆっくりと食堂のドアを開けて，中に消えた．
　　　　b. 食堂のドアがゆっくりと開いて，二人の男が現れた．

（cf. Talmy 2000）

　これらの文に登場して食堂のドアの近くに姿を見せている人物は二人だけである．しかし，ドアの近くに，実は少なくとももう一人，人物がいるはずである．それは当たり前のように思われるかもしれないが，話し手である．生態心理学はこの当たり前のことに注目する．
　しかし，この例に関してより重要なことは，a. の文と b. の文とで話し手の

立ち位置が違うということである．つまり，a. では話し手はおそらく食堂の外にいるが，b. では中にいる可能性が高い．この二つの文には，食堂のドアをめぐる二人の人物の行動だけでなく，それを観察する話し手の存在と，その立ち位置が表されている．生態心理学はこのことを捉えることができる．

このような観点を踏まえれば，次のように，考えようによっては奇妙とも思える文も説明することができる．

(2) a. 京都が近づいてきた．
b. 洋服が小さくなった．
c. 国境を越えると，急に道が広くなった．

京都は都市であり，不動である．洋服は洗濯の仕方によって縮むこともあるが，それだけではなく，洋服自体の大きさは全く変わらなくても（あるいはむしろ変わらないがゆえに），「小さく」なることがある．道が急に広くなったからといって，道路工事が突貫で行われたとは限らない．

英語には「中間構文」と呼ばれる構文がある．

(3) This car handles smoothly.

この文の主語の *this car* は，意味的には *handle*「運転する」の対象であり，通常なら次のパラフレーズのように，目的語として現れる．

(4) One can handle this car smoothly.

したがって，中間構文は，動詞の形こそ普通の能動文と同じであるが，意味的には次のような受動文に似ていると言える．そのため，中間構文は「能動受動」と呼ばれることもある．

(5) This car can be handled smoothly by any driver.

しかし中間構文は受動文とは異なる．中間構文には，*by any driver* のような句をつけることはできない．これはなぜなのだろうか．また，中間構文が *can* で表されるような可能の意味合いをもつのはなぜなのだろうか．これらの問いに，生態心理学は答えることができる．

次の英語の文も，考えてみれば不思議である．

(6) The highway runs along the coast for a while.

道路それ自体は動かないものなのに，*run* の主語になっている．*for a while* は時間的な意味をもつ前置詞句なのに，ここでは道の長さを表している．つま

りここでは時間と空間の奇妙な融合が起こっている．生態心理学は，これらの背後にある原理を語ることができる．

さらに，英語には，次のような表現がある．

(7) We have a lot of coyotes around here.

これは，

(8) われわれはこのあたりでコヨーテをたくさん飼っている．

と訳せる場合もあるが，しかし次の文と同じ状況を指す場合もある．

(9) There are a lot of coyotes around here.

その場合，日本語では

(10) *われわれはこのあたりにコヨーテをたくさんもっている．

と言うのはいかにも不自然である．日本語ではやはり，

(11) このあたりにはコヨーテがたくさんいる．

となるところである．このような日英語の違いのよってきたるところを，生態心理学は教えてくれる．

さらに，日本語には次のような条件表現がある．

(12) a. 動物園にいけば，パンダがいるよ．
　　　b. 角を曲がると郵便局がある．

これらはごくごく普通の日本語文だが，あらためて考えると，奇妙と言えば奇妙である．「ぼくが動物園に行こうが行くまいが，パンダがそこにいることに変わりはないでしょ」「真っ直ぐ行こうが曲がろうが，とにかく郵便局が一丁目一番地にあることに変わりはない」と言われたときに，「屁理屈！」と逃げずに済む方法を，生態心理学は教えてくれる．

さらに，日本語には，一語文と呼ばれる現象がある．

(13) ごきぶり！

この文は，聞き手にごきぶりの存在を教えるだけでなく，それをめぐる話し手の不快感，恐怖感，緊張感なども同時に伝達する．事物の名前を呼ぶだけで話し手のさまざまな感情的経験を伝えることができるメカニズムを，生態心理学は教えてくれる．

さらに…

もう十分だろうか．本書はここに取り上げた問題を含む，日本語と英語の文

法に関わる問題に対して，生態心理学の観点を導入することによって答えを与える試みである．

＊

　本研究は，「生態心理学から見た文法現象」という副題のとおり，日本語と英語の文法現象についての，生態心理学の観点を取り入れた研究である．また，主題に「認知意味論」とあるように，本研究は認知言語学的な研究に含まれる．したがって本書は，生態心理学の研究書としてよりは，言語学の文献として意図したものである．主たる読者として想定しているのは，言語研究者をはじめとする言語に関心のある人である．そのため本書においては，予備知識として生態心理学の知識は一切前提としていない．必要な概念は，できる限り基本的なところから解説するように努めた．しかし言語学，とくに認知意味論に関わる最低限の知識は必要となると思われる．

　本書の構成は，以下のようになっている．

　第1章「認知科学と認知言語学」では，認知科学の一部としての認知言語学の位置づけに触れたのち，文法研究に生態心理学を導入する背景について述べる．具体的な言語現象への言及も生態心理学の概念の解説もないので読み飛ばしていただいても全体の理解に支障はないが，1.2節「「意味」についての考え方」だけは，言語研究における「意味」の取り扱いについての，本書に通底する基本的な考え方を提示しているので，お目通しをお願いしたい．

　第2章「世界の知覚，自己知覚，言語表現」では，自己知覚についての生態心理学の考え方を解説する．そこでは，環境の知覚が自己の知覚を相補的に伴うことが明らかになる．あわせて，この考え方を適用することによって明らかになる言語の姿を素描する．

　第3章「探索活動とアフォーダンス」では，生態心理学の基本的な考え方の一つである，知覚の能動性について述べる．その過程で，知覚システム論，知覚と行為の循環，そして生態心理学でもっともよく名前を知られた概念である「アフォーダンス」が導入される．

　第4章「探索活動とアフォーダンスに動機づけられた構文現象：英語の中間構文と関連構文」は，前章の議論を言語に適用したものである．ここでは英語

の中間構文，連結的知覚動詞構文，主体移動表現に関して，この3構文がいずれも探索活動とアフォーダンスに動機づけられた構文であることが明らかになる．あわせて，この考え方を採用することによって，これらの構文に関して先行研究で報告されてきたさまざまな特性に対して，一貫性のある説明が可能になることが示される．

第5章「英語の中間構文の諸相」では，英語の中間構文に関してさらに検討する．また，この構文に対する先行研究の取り扱いについても言及する．

第6章「空間と時間の意味論」では，主体移動表現との関連で，空間の構造についての表現を取り上げる．ここでは，先行研究で「到達経路表現」や「空間的な分布を表す時間語彙」のようなかたちで注目されてきた現象に関しても，生態心理学の観点から説明を与えることができることを明らかにする．

第7章「日本語と英語における自己の表現」では，これまで「状況中心的と人間中心的」，「なる的とする的」のような表現で捉えられてきた日本語と英語の表現構造の違いの一端が，第2章で取り上げた自己の表現のあり方の違いとして捉え直すことができることを示す．また，日本語におけるいわゆる主語の省略と状況没入性の関係，日本語に典型的に見られる「共感的」と言うべき構文と英語に典型的に見られる「透過的」な構文との対比，英語におけるいわゆる時制の一致現象，そして日本語における一人称詞の多様性と英語における唯一性の対比，などが同じ考え方で統一的に説明できることを示す．

第8章「その他の諸現象」では，前章までで扱わなかった現象について分析の見通しを提示する．取り上げるのは，日本語の数量詞遊離構文とそれに関連する現象，形容詞の多義性，可能表現，複文，日本語の「偶然確定条件」の表現，そして美化語と社会方言である．これらの現象に関して観察されるさまざまな特性が，前章までで提示した道具立てで説明できることが示される．

ここまでの章は，基本的に個体としての人間と環境との相互作用に焦点を置いた議論になっているが，第9章と第10章では，複数の個体の共同，ないしはコミュニケーションの問題を取り上げ，それとの関係から文法現象を見る．

第9章「協応構造，共同注意：コミュニケーションと文法」では，生態心理学における共同性の根拠と位置づけることができる「協応構造」「行為のアフォーダンス」「不変項の実在性と観察点の公共性」を取り上げ，それらを現在

認知科学で注目を浴びている概念である「共同注意」に関連づける．それとの関係から，この章ではとくに「文構築の相互行為性」という概念に注目する．これは，「文は，話し手が独力で脳内で構築して発話するものではなく，話し手と聞き手の共同行為の中で作り上げられるものである」という考え方である．具体的な現象としては，文法化の中でも日本語に広範に見られる現象である，接続表現（「から」）から終助詞への転化を取り上げる．

第10章「見えの共有と統語現象」では，共同注意の観点から日本語の統語現象を考え直す．具体的に取り上げるのは，一語文，一名詞句文（連体修飾構造），現象描写文，左方転位，無助詞格成分，そして日本語の「ほら」，および日英語の現象描写文である．

第11章「理論的考察」では，本書で扱ってきた事項に関連する先行研究のうち，とくに重要なものをいくつか紹介し，それらとの関連で本書のアプローチを位置づける．取り上げるのは，時枝（1941）の言語過程説，Langacker（1990, 1998）の「主体化（subjectification）」，そして廣瀬（1997）の「公的自己・私的自己」論である．

本書では，生態心理学の概念を，大きく「自己知覚」に関連する概念→「知覚の能動性と探索活動」「アフォーダンス」に関連する概念→「協応構造」に関連する概念という流れで提示する．この順序は生態心理学の提唱者であるGibson自身の理論の展開や，生態心理学の論理構造に即したものというよりは，筆者自身の言語研究者としての問題意識の展開に沿ったものである．すなわちこれは，言語現象との関連を筆者が見出していった順序に沿っている．これは，本書に提示した生態心理学像が，あくまでも筆者自身に理解によるものであるということでもある．したがって，生態心理学を生態心理学として学ぶには，佐々木（1994b）や三嶋（2000）のような正統的な文献に当たられることを希望する．

また本書では，各章の内容はそれ以前の章の内容を前提とするものとなっている．ただし，他の章で解説した概念に依拠した議論をする場合には，参照すべき箇所を可能な限り明示するようにしてある．

本書は筆者が1994年以来いくつかの媒体に公表してきた論考をもとにしているが，再構成する際に大幅な改訂を施してある．各章の議論の初出はそれぞ

れの最初の注に記載してあるが，中にはもとの論考の内容，形式ともにほとんど原形をとどめていないものもある．また，本書にまとめるに当たって新たに書き下ろした議論も含まれている．

目　次

はじめに（i）

第 1 章　認知科学と認知言語学 ……………………………… 1

1.1　認知科学の一環としての認知言語学（1）
1.2　「意味」についての考え方（3）
1.3　認知意味論と生態心理学：なぜ生態心理学なのか（5）
1.4　意味のありか（6）
1.5　音の中に情報はあるのか：佐々木（1994b）をめぐって（8）

第 2 章　世界の知覚，自己知覚，言語表現 ……………………… 13

2.1　自己の直接知覚の諸相（13）
　　2.1.1　エコロジカル・セルフ（13）
　　2.1.2　観察点の公共性，知覚の公共性，そして属性（18）
　　2.1.3　インターパーソナル・セルフ（22）
　　2.1.4　直接知覚される自己：エコロジカル・セルフとインターパーソナル・セルフの統合（23）
2.2　自己知覚と言語表現（24）
　　2.2.1　エコロジカル・セルフとゼロ形の意味論（24）
　　2.2.2　仮想変化表現（28）
　　2.2.3　観察点の公共性と知覚表現の総称性（30）
　　2.2.4　インターパーソナル・セルフと言語現象（30）
2.3　視座の移動と自己の客体化：一人称代名詞の意味論（32）
　　2.3.1　視点現象をめぐる用語の整理（32）
　　2.3.2　視座の移動（三浦 1967，Langacker 1985）（33）
　　2.3.3　運動・変化・位置関係の相対性と自己の客体化（34）
2.4　一人称代名詞の獲得の社会的な基盤（35）

2.4.1 チンパンジーの自己鏡映像認知とその社会的基盤 (35)
   2.4.2 他者の視座の獲得，インターパーソナル・セルフ，一人称代名詞 (37)
 2.5 記憶と想像の中の自己 (38)
 2.6 「捉え方」の意味論としての認知意味論と生態心理学 (39)
 2.7 言語と知覚の並行性とその限界 (41)
 2.8 Neisser の「五種類の自己知識」論 (42)

第3章　探索活動とアフォーダンス ……………………………………47
 3.1 知覚の能動性：探索活動 (47)
 3.2 知覚システム：知覚のための身体の行為，知覚のために組織される身体 (51)
 3.3 生物体の運動と意思の知覚 (54)
 3.4 アフォーダンスと自己知覚 (56)
   3.4.1 アフォーダンス (56)
   3.4.2 再びエコロジカル・セルフについて (57)
 3.5 情報の冗長性と知覚学習 (58)
 3.6 文化学習と知覚行為循環 (59)
 3.7 プラスでないアフォーダンス (60)
 3.8 社会的なアフォーダンスとインターパーソナル・セルフ (61)
 3.9 行為の二種類とその社会的な側面 (62)

第4章　探索活動とアフォーダンスに動機づけられた構文現象 ……65
　　　──英語の中間構文と関連構文
 4.1 はじめに (65)
 4.2 中間構文の意味論 (66)
   4.2.1 探索活動とアフォーダンス (66)
   4.2.2 動作主 (68)
   4.2.3 副詞句 (69)
   4.2.4 過去時制の中間構文 (70)
 4.3 連結的知覚動詞構文 (73)
   4.3.1 探索活動とアフォーダンス (73)
   4.3.2 エコロジカル・セルフと公共性 (75)
   4.3.3 知覚動詞と中間構文 (75)
   4.3.4 プラスでないアフォーダンスを表す文 (77)
 4.4 主体移動表現 (77)
   4.4.1 探索活動とアフォーダンス (77)

4.4.2　知覚と行為の循環（78）
　　　4.4.3　移動と空間情報（79）
　　　4.4.4　知覚学習と観察点の公共性（80）
　　　4.4.5　拡張：移動をアフォードしない経路の表現（81）
　　　4.4.6　エコロジカル・セルフ（82）
　　　4.4.7　中間構文との連続性（83）
　　　4.4.8　主体移動表現と仮想変化表現（84）
　4.5　視座の移動による自己の客体化（85）
　4.6　属性表現と時間性（85）
　4.7　本章のまとめ（88）

第5章　英語の中間構文の諸相 …………………………………93

　5.1　はじめに（93）
　5.2　文に十分な情報量を与えることができない動詞（93）
　　　5.2.1　表面接触動詞をめぐって（93）
　　　5.2.2　位置変化動詞（96）
　5.3　探索活動を表すことができない動詞（97）
　　　5.3.1　認知・受領に関わる動詞（97）
　　　5.3.2　静態動詞（97）
　　　5.3.3　作成動詞と同族目的語構文（98）
　　　5.3.4　心理動詞をめぐって（99）
　5.4　アスペクト，動作主性，被影響性（100）
　5.5　経験知の表現としての中間構文：*tough* 構文との比較から（102）
　5.6　中間構文における動作主の性格（105）
　　　5.6.1　カテゴリーとしての中間構文（105）
　　　5.6.2　状態変化構文と中間構文（106）
　　　5.6.3　図と地（108）
　　　5.6.4　非能格構文と中間構文（113）
　5.7　中間構文の周縁（114）

第6章　空間と時間の意味論 ……………………………………117

　6.1　探索活動としての移動（117）
　　　6.1.1　遭遇と存在の認識（119）
　　　6.1.2　到達経路表現（121）
　　　6.1.3　経路の形状を表す様態表現（124）
　　　6.1.4　経路の向きを表す表現（125）

  6.1.5 空間の構造を表す時間表現（126）
  6.1.6 空間的な有界性を表す時間的有界表現（128）
  6.1.7 空間的な配置を表す時間順序表現（131）
  6.1.8 「もう」と「まだ」（132）
  6.1.9 比喩的な空間における探索（133）
  6.1.10 メタファー表現との比較（135）
 6.2 空間の構造を語るテクスト（137）
  6.2.1 Tversky（1996）（137）
  6.2.2 Linde and Labov（1975）（139）

第7章 日本語と英語における自己の表現 …………………145

 7.1 日英語の文構造の対比（145）
  7.1.1 人間中心と状況中心（146）
  7.1.2 人間の全体と人間の一部（146）
  7.1.3 所有表現と存在表現（147）
  7.1.4 移動表現と推移表現（147）
  7.1.5 他動詞構文と自動詞構文（148）
  7.1.6 その他（148）
  7.1.7 日本語と英語の文構造のまとめ（150）
  7.1.8 日英語のテクストの構造の対比（153）
 7.2 日英語における話し手の捉え方（154）
 7.3 人間の全体と人間の一部（156）
 7.4 知覚と存在（157）
 7.5 状況の成立と知覚（159）
 7.6 所有と存在・状況（160）
 7.7 他動詞構文と自動詞構文（161）
 7.8 ここまでのまとめ（162）
 7.9 日本語における主語なし文と状況没入性（162）
 7.10 共感的な構文と透過的な構文（166）
 7.11 直接話法，間接話法と時制の一致（169）
 7.12 インターパーソナル・セルフのレベルでの日英対照（172）
 7.13 本章のまとめ（174）

第8章 その他の諸現象 ……………………………………177

 8.1 はじめに（177）
 8.2 日本語の数量詞遊離構文とその周辺（177）

8.2.1　問題のありか（177）
　　　8.2.2　加藤（1997a, 2003），北原（1996）の立場と池上（2000）の立場（179）
　　　8.2.3　本書の立場（180）
　　　8.2.4　数量詞遊離構文と日英語対照（183）
　　　8.2.5　個数と回数．モノの数とコトの数（183）
　　　8.2.6　数量表現と遭遇（184）
　8.3　形容詞の意味構造（185）
　8.4　可能表現（186）
　8.5　複文（189）
　8.6　日本語の「偶然確定条件」の表現（190）
　8.7　美化語と社会方言（192）

第9章　協応構造，共同注意——コミュニケーションと文法 …195

　9.1　はじめに：生態心理学における共同性の根拠（195）
　9.2　言語活動の相互行為性（195）
　　　9.2.1　コミュニケーション成立の基盤としての身体の同期（195）
　　　9.2.2　協応構造（196）
　　　9.2.3　相互行為としての文構築（198）
　　　9.2.4　話す行為をアフォードするもの（200）
　　　9.2.5　グラウンディング（200）
　9.3　共同注意（201）
　　　9.3.1　不変項の実在性，観察点の公共性，共同注意と言語の役割（201）
　　　9.3.2　共同注意とは（202）
　9.4　コミュニケーションと共感現象（203）
　　　9.4.1　共同注意と共感（203）
　　　9.4.2　共同注意から共感へ，共感から情報伝達へ（205）
　　　9.4.3　コミュニケーションとは何か（206）
　9.5　日本語の会話の相互行為的な構造：「あいづち」と「共話」（209）
　　　9.5.1　あいづち（209）
　　　9.5.2　言いさしと共話（212）
　9.6　ケーススタディ：「から」の分析（215）
　　　9.6.1　接続助詞としての「から」（215）
　　　9.6.2　接続助詞から終助詞へ：素描（216）
　　　9.6.3　「から」と主節の間に他の発話が割り込んでいる場合（218）
　　　9.6.4　共話的な補完（221）
　　　9.6.5　明示的に補完されない共話の構成要素としての「から」（222）

  9.6.6　言語行為から，行為一般へ（224）
  9.6.7　言語行為に対する，自己言及的・遂行的な理由づけ（225）
 9.7　考察（227）
  9.7.1　接続助詞と終助詞（227）
  9.7.2　終助詞の成立における聞き手の役割（229）
 9.8　会話を捉えるための二つのモデル：「キャッチボール」と「みんなで玉転がし」（230）
 9.9　本章のまとめ（231）

第10章　見えの共有と統語現象 …………………………239

 10.1　はじめに（239）
 10.2　理論的な道具立て（239）
  10.2.1　相互行為の中の発話（239）
  10.2.2　言語発達の二つの段階：指し言語→語り言語（241）
  10.2.3　個体の言語発達と文法化の並行性（242）
 10.3　指し言語の諸相（243）
  10.3.1　一語文（243）
  10.3.2　一名詞句文（連体修飾構造）（245）
  10.3.3　現象描写文（247）
 10.4　語り言語（249）
  10.4.1　左方転位（249）
  10.4.2　無助詞格成分（251）
 10.5　題目における既知と未知（254）
 10.6　非視覚的な共同注意と言語表現（255）
 10.7　指し言語以前：「ほら」について（256）
 10.8　現象描写文の諸相（258）
  10.8.1　進行形と感情表現（258）
  10.8.2　現象描写文がもつ発話の力（263）
 10.9　「修行者あひたり」型表現（264）
 10.10　本章のまとめ（265）

第11章　理論的考察 ……………………………………269

 11.1　はじめに（269）
 11.2　言語過程説と生態心理学と認知意味論（269）
  11.2.1　「捉え方の意味論」の先駆けとしての言語過程説（269）
  11.2.2　客体的表現と主体的表現（272）

11.2.3　言語に対する主体的立場と観察的立場（274）
　　　11.2.4　アフォーダンスと多義性（277）
　　　11.2.5　追体験としての言語理解（278）
　11.3「主体化」について（280）
　　　11.3.1　空間表現と主体化：Langacker による説明（280）
　　　11.3.2　主体としての捉え方と客体としての捉え方についての本書の立場（284）
　　　11.3.3　主体の移動が関わる表現についての本書の立場（285）
　　　11.3.4　仮現運動をめぐる Wundt とゲシュタルト心理学者の論争（287）
　　　11.3.5　ゼロ形による話し手の表現についての本書の立場（289）
　11.4「公的自己」と「私的自己」（289）
　　　11.4.1「公的自己」,「私的自己」とは何か（289）
　　　11.4.2　本書の立場との比較（292）
　　　11.4.3　相対的自己と絶対的自己（293）

あとがき（297）
参考文献（301）
人名索引（325）
事項索引（327）

第 1 章
認知科学と認知言語学

1.1 認知科学の一環としての認知言語学

　認知言語学は理論言語学の一学派である[1]．理論言語学は人間の言語能力のありようを解明することによって，「人はなぜ言葉を使えるのか」という謎に科学的に答えることを目標とするものである．言語能力とは人間がもっている「言語に関する知識」にほかならないから，理論言語学は人間がもつ「知識」についての科学，すなわち認知科学の一翼をになうことになる．言語能力とその他の認知能力全般との関係について，現在では大きく二つの見方がある．一つは言語能力をそれに固有の構成原理をもつ自律的なもの，すなわちモジュールと考える立場であり，生成文法はこれを採用している．これに対して，言語に限らない認知能力全般を構造化する原理が言語能力の形成にも大きな役割を果たしていると考える立場があり，認知言語学はこの立場をとっている．

　このような立場をとることから，認知言語学的な観点からの言語研究においては言語学に限られない認知科学全般における研究成果を参照することが要請されることになる．また，そのように認知科学全般からの貢献を享受する一方で，逆に言語の研究を通じて認知科学全般の発展に寄与することも認知言語学の目指すところである[2]．

　認知諸科学の成果の中には，言語研究における有効性が言語学者の間ですでに幅広く認められている知見と，各研究者がそれぞれの関心に基づいて有効性を検証しつつあるものとがある．

また，これと関連することであるが，言語研究の現場にあって認知諸科学の成果を吸収する場合の実際の研究戦略はさまざまである．一つの極には，認知言語学が基本的に「言語」の研究であるということに立脚する立場がある．言語学の本来の課題である言語現象の正確な記述と説明を重んじ，言語の研究において問題が生じたときに，その解決を求めて認知諸科学を参照するというものである．その場合に主として参照されるのは，言語研究における有効性が他の言語学者によって検証済みである研究が多くなるものと思われる．それに対して「認知」に力点を置いたアプローチもありうる．まずは関心を言語の問題に限定せず，広く認知諸科学を渉猟してその成果をそれ自体として吸収し，その上で言語の研究に立ち戻ったとき，その成果を適用することによって言語がどのようなものとして立ち現れるかを検討しようという立場である．この場合には，各研究者がそれぞれの関心に基づいて有効性を検証しつつある研究が参照されることになる．この両極にはそれぞれに長所と短所があるが，認知言語学の実際の研究は両者の間を柔軟に行き来することでなされる．

　認知科学の知見として本書で取り上げるのは，具体的には生態心理学の知見である．生態心理学は，上記の「認知科学の成果のうち，各研究者がそれぞれの関心に基づいて有効性を検証しつつあるもの」に該当する．したがって本書は，「認知」に力点を置いたアプローチを取ることになる．

　ここで問題になるのは，「なぜ生態心理学なのか」ということであろう．だが，この問いを検討する前に述べておかなければならないことがある．

　認知科学の研究成果を参照して言語研究に生かすに当たって，注意しなければならないことがある．それは認知心理学に言う「確証バイアス（confirmation bias）」の存在である．確証バイアスとは人間の認知に広く見られるバイアスの一種で，事実を観察する際に，あらかじめある枠組みを採用した上で見ると，その枠組みにきれいに当てはまる現象に選択的に注目してしまいがちであるということを言う．また確証バイアスと関連して，現象が自分の採用した枠組みにきれいに当てはまらない場合には，その現象を無意識のうちに歪めて解釈してしまう傾向性も指摘されている．認知言語学者の場合，ある認知科学の概念を知ると，言語現象を無理やりその概念に合わせて解釈してしまう可能性があるということである．また，このような認知のバイアスは逆の方向にも作用し

うる．すなわち，言語現象あるいはこれまでの言語理論についての知識を持っている認知言語学者が認知科学の概念に触れた場合，その概念を自分の知識の枠組みにうまく位置づけできるように歪めて解釈してしまう可能性がある，ということである．

したがって「認知」に重きを置く認知言語学者として認知科学の研究成果を言語研究に生かそうとする場合，具体的な言語現象に触れるより先に採用する枠組みを決めて，その枠組みに合う言語現象を探していくことには大きな危険が伴う．そこで，認知科学の概念を援用して言語を研究するに当たっては，その概念の有効性をあらかじめ前提とした上で個々の現象を見るのではなく，それぞれの言語現象に関して逐一その有効性を検証していくことが必要となる．

そこで，「なぜ生態心理学なのか」という問いに立ち戻ると，以上の確証バイアスに関する議論を踏まえれば，この問いに対する筆者の解答は「次章以降で検討する言語事実を検討するに当たって有効であったと判断できるから」という（後知恵的な）ものにならざるをえない[3]．しかしおそらくここでまた問題が出るであろう．それではなぜ筆者は生態心理学の発想を適用してみようと思ったのか．どのような見通しがあって，そのようなことを始めたのか．これには，生態心理学の知覚・行為観と認知言語学の意味観の親和性が関わっている．これについて（やはりいまとなっては後知恵的なまとめの域を出ないであろうが）簡単に触れておきたい．

だがしかし，その前にまだもう一点，確認しておかなければならないことがある．それは認知言語学における意味についての考え方である．

1.2 「意味」についての考え方

言語学においては，言語の意味に対して次のような問題意識を持って臨むことが一般的である．

(14) 表現解釈の意味論（semantics of interpretation）：
ある言語表現に対してどのような解釈が与えられるか．その表現にそのような解釈が与えられるのはなぜか．

しかし認知言語学においては，これと共存可能ではあるが実質的に異なる問

題意識があわせて採用されている．

(15) 捉え方の意味論（semantics of construal）：
話者（認識・表現者）が，どのような対象をどのように捉えて（construe; あるいは認識して）表現するか．そのような捉え方を背後から支えている認知のメカニズムはどのようなものか．

　この二つの意味観の区別は記号論における「伝達の記号学」と「意味作用の記号学」の区別（池上 1992: 第Ⅱ部第 1 章）と重なる面がある．

　認知言語学における意味研究は認知の研究と言語の研究という二つの面を持つ．認知の研究としての意味研究は，「世界についての捉え方」についての研究である認知諸科学（とくに知覚論を含む認識論）の知見を援用する際に，（自覚的であれ非自覚的であれ）「捉え方の意味論」の観点を導入することになる．すなわち，認知意味論が認知科学と接点を持ちうるのは捉え方の意味論を導入するがゆえである．また認知意味論は（世界に対する）経験を記述する意味論でありうるが，それも同じ理由による．

　一方言語の研究としての認知言語学は，言語事実を出発点とする研究であるため，意味に対する問題意識のあり方としても自然に「表現解釈の意味論」の観点がとられることになる．表現解釈の意味論においては，言語表現が「意味」を担っていることは前提とされ，そもそも「意味」とはいかなるものなのか，「意味」はどのように生まれてくるもので，どのような構造があるのか，といった問題は取り上げにくくなる．

　認知言語学の個別の研究においてはこの二つの問題意識がしばしば混在し，ときにその区別が曖昧なまま議論が進められることにもなる．しかしそれでもなお，「捉え方の意味論」の考え方を採用していることは認知言語学の意味論の大きな特徴と言える．

　認知言語学の意味論が (15) の「捉え方の意味論」を採用するということは，言語表現の意味を「その表現が何を指示対象としているか」に限定せず，これに加えて「認識・表現者（話者）がその対象をどのように捉えているか」を重視する，ということである．つまりこれは，意味を「その表現が何を指示対象としているか」だけに求める意味観（指示対象意味説）を棄却するということでもある．

なお，(15) の「捉え方の意味論」の意味観は言語学では認知意味論だけでなく，言語過程説（時枝 1941，三浦 1967，宮下 1982）においても採用されている意味観である．本書の意味観と言語過程説の意味観の異同については 11.2 節で検討する．

1.3 認知意味論と生態心理学：なぜ生態心理学なのか

前節で述べたように，認知言語学の意味論は「捉え方の意味論」の立場をとり，「認識・表現者（話者）が対象をどのように捉えているか」を重視する．対象をどのように捉えるかということには，人間がその対象をどのように経験するかということが関わってくる．つまり，「捉え方の意味論」としての認知意味論は，経験を記述する意味論としての性格を持つ．

「何かをどのように経験するか」の基盤をなすのは，それをどのように「知る」かであり，さらにはそれとどのように「関わる」ないし「接触する」か，ということである．この接触には，身体という場における環境の中の事物と人間の（他者を媒介とした）接触，社会・文化という場における他者との（事物を媒介とした）接触等がある．そしてそれに，脳における情報処理が関わってくる．したがって，人間が何かを「経験する」その経験の仕方は，人間の身体のあり方，その環境との接し方，社会のあり方，その中での人間同士の関わりあいの仕方，そして人間の脳のあり方，などに由来する制約を受けることになる．

認知意味論においてとくに重視されているのは身体性であり，とくに Lakoff and Johnson(1980)，Lakoff (1987)，Johnson (1987) は認識論における身体性の復権を強調している．身体と環境の相互作用に意味の発生の場を求めているわけである．

一方，生態心理学の基本的な考え方としては，まず「知覚の能動性」「知覚と行為の循環」がある．これらは「何かと関わる」あるいは「何かを知る」ことについての洞察を与えてくれる．「事物の知覚と自己の知覚の相補性」という知見は「捉え方の意味論」という認知意味論の考え方と完全に並行している．また「アフォーダンス」が人間と環境の関係のあり方についての事実であると

するならば，その事実を表現対象とする言語表現があるかもしれない．本書に提示する英語の中間構文と関連構文の分析は，このような見通しを具体化したものである．

また「協応構造」（あるいは「エントレインメント」）は，発話という行為および言語によるコミュニケーションの成立を支える身体的な基盤についての洞察を与えてくれる．本書に提示する文構築の相互行為性と文法化についての議論は，これと関連づけることができる．

そしてこれらにおいて一貫して強調されているのは身体性である．このような生態心理学の「身体を通じて（あるいは，身体として）世界を知る」という発想は認知意味論と親和性を持つものであり，実際 Lakoff and Johnson（1980）のあとがきにおいて Lakoff は，認知意味論が生態心理学の影響を受けていることを明記している．

なお，このような生態心理学の知見を援用しながら文法現象を検討していくというその性格上，本書は可能な限り一貫して捉え方の意味論という問題意識から言語と意味の問題を考えていくことになる．ただし表現解釈の意味論の立場を排除するものではなく，必要に応じてその観点も取り入れることになるということは言うまでもない．

1.4 意味のありか

Lakoff and Johnson（1980）において生態心理学の影響を明記した Lakoff であったが，Lakoff（1987）においては，生態心理学に対して一定の評価をしながらも，認知全般の理論としての生態心理学に対しては批判的な姿勢を明確にしている．そのポイントは，意味のありかにある．

生態心理学は，知覚者にとっての事物の意味（アフォーダンス）を知覚者が主観的に構成するものではなく，環境の中に客観的に存在するものと考える．人間にとっての事物の意味は，それと関わりあう人間（の頭）の側にあるのではなく，事物と人間を含めた環境，ないしは事物と知覚者との関係にあるということである．それに対して認知意味論では指示対象意味説を棄却する中で，言語表現の意味のありかを人間の側，すなわち概念構造ないし概念化過程にあ

ると考える．認知意味論のこの立場からするならば，生態心理学の意味観は「客観主義的」として棄却されるべきであるということになる．これを踏まえてLakoff は，生態心理学の理論に関して「知覚の分野ではうまくいくかもしれないし，いかないかもしれない．しかし，認知の領域では，生態学的実在論はこの本で取り上げた例のほとんどを説明できないのである」（Lakoff 1987: Chapter 13）とまとめている．

　Lakoff の生態心理学批判については，いくつかの点に分けて検討する必要がある．第一点は，客観主義の規定である．Lakoff は（Lakoff 1987: Preface）においては客観主義的な意味観を次のように特徴づけている．

（16）　その考え方［＝客観主義］を機能させようとする現代における試みでは，理性的な思考とは抽象的な記号の操作から成り立つものであり，これらの記号にそれぞれ意味が付与されるのは客観的に構築された世界，つまり，いかなる生物体の理解からも独立して存在する世界，との対応によってであるという前提がなされる．

（強調引用者）

　この規定には先に述べた「意味の外在性」のほかに，「意味の認知主体からの独立性」が含まれている．そして知覚においてより重要なのは後者の点であろうが，これは生態心理学には当てはまらない．生態心理学における意味（アフォーダンス）は，後に述べるように（3.4節），個々の知覚者との関係において決まってくるものである．したがって，ここで言う「理解」に「身体による理解」を含めるならば，「意味の認知主体からの独立性」は生態心理学には含まれない．

　第二点としては，Lakoff が「生態心理学が認知の理論として妥当かどうか」には強い関心を示す一方で，「知覚の理論として妥当かどうか」に関しては冷淡ともいえる態度を取っていることが挙げられる．仮に生態心理学が知覚の理論としての妥当性を持ち，なおかつ言語の構造に知覚の構造に関係する面（知覚の構造と並行する面，ないしは知覚の構造に動機づけられた面）があるならば，生態心理学の知見は言語の構造の研究において有効性を発揮するはずである．本書が主に取り上げるのはそのような言語の側面である．本書では，具体的な言語現象の分析を通して生態心理学的な観点を導入することの有効性を示

したい．

　第三点は第二の点にも関わるものであり，なおかつ前節の議論の繰り返しになるが，同じく生態心理学が知覚の理論として妥当であるならば，アフォーダンスを表現対象とした言語表現が存在しても不自然ではないということである．そしてそのような表現が存在するならば，その意味分析においては生態心理学の知見を援用することが必然的に要請されることになる．これは生態心理学が認知全般の理論として妥当であるかどうかに関わらない．

　第四点は意味の外在性に関わる問題である．Lakoff の認知意味論は，脳に蓄積された知識構造（理想化認知モデルなど）の重要性を強調している．生態心理学はこれらを認めることにはきわめて消極的である．この点に関しては，現在のところ筆者自身はむしろ Lakoff に近い立場を取っている．その意味で，筆者は生態心理学の全面的な信奉者であるとは言えない．本書の議論においてこの点が影響するのは，おもに一人称代名詞についての議論である．しかしながら，第一点から第三点までを鑑みれば，生態心理学と認知言語学の共同には意義があると考えられる．

1.5 音の中に情報はあるのか：佐々木(1994b)をめぐって

　言語と生態心理学の関係について，佐々木 (1994b) は次のように述べている．

(17) 　たとえばこの本には，認知の理論には欠かせない「言語」の話がないと思われたろう．しかしアフォーダンス理論は「言語」にも応用可能である．これまでの認知理論は，人によって「話されること」を，こころの機構が解釈する「記号」と考えてきた．言語を理解することは，知覚とは別のこととして扱われてきた．しかし「感覚・知覚」と「認知」をこのように分けてしまうことは「感覚主義」の悪い伝統である．発話を理解することは，記号を解読することではなく，知覚の問題である．

　　　　　手のシステムが対象の動きから情報を探索したように，「聴くシステム」は音の流れから「意味」をピックアップしている．発話か

ら意味を獲得する知覚システムは，人間が達成する知覚システムの中でももっとも精緻なものであろう．だから私たちは，数年に及ぶ非常に長い時間をかけてそのスキルを身体化する．発話を理解することだけではなく，自ら「発話する」ことも，他者の発話を知覚することと共通の知覚的スキルにもとづいているだろう．なぜなら，発話することは「自分の声を聴く」ことでもあるからだ．そして，書物など言語を表現したあらゆる媒体から意味を読み取る基盤も，他者の声を知覚するシステムが提供しているだろう．文字で書き記されたものの中には，聴くシステムが利用する，発話に実在する不変項が埋め込まれているはずなのである．

　もちろん環境から情報を得ることと，声によるコミュニケーションから情報を得ることとは異なる．ただし，言語の研究者がすべきことは，ギブソンが視覚の領域でしたこと，つまり視覚にとって「環境」がどのようなものであるのか，視覚が獲得する「不変項」がどのようなものであるのか，そして視覚のために身体はどのようなシステムであるのか，ということを言語の領域で探求することであろう．言語のための「環境」，「不変項」，「知覚システム」などがどのようなものであるかが明らかにされれば，「エコロジカルな言語理論」が成立するだろう．それがどのようなものかはまだ見当もつかないが，もしその試みが成功すれば，感覚主義の視覚理論と生態学的視覚論がまったく異質であったように，現在の言語理論とは異質なことばの理論が誕生するだろう．　　　（佐々木 1994b: 110–112）

これが現在の佐々木の言語観をそのまま反映しているとは思われないのだが，何点か検討すべき点を含んでいるので，わら人形倒しになることを承知の上で，ここであえてコメントしておきたい．

　一つは，この時点での佐々木が「意味（＝「情報」）は音の中にある」と考え，「音の中から情報を直接知覚によって取り出すことが，言語の意味を理解することである」と考えている点である．この意味観は，前節で述べた区別に従えば「表現解釈の意味論」に当たるものであり，先の(14)から佐々木の言う「感覚主義的」な面を取り除いたものに相当する．つまり，ここには本書で

探求しようとしている「捉え方の意味論」(15) という発想はない.

　第二に,「音の中に不変項としての情報があり,それは直接知覚によって取り出すことが可能である」という発想は一つの根本的な問題を抱えている. それは言語記号の恣意性の問題である.

　言語表現（発話された文など）の実現形態は音声・文字・動作などに限られている. これらは聴覚・視覚・（運動感覚を含む）触覚（の組み合わせ）によって産出・知覚されるものである. 一方言語表現が伝える情報はこれらの感覚様相によって捉えられる事物に関するものばかりではない. そこで言語表現の実現形態とその指示する対象（ないしそれについての概念）との間に必然的な乖離が生じることになる[4]. Saussure 以後の言語学ではこれを「言語記号の恣意性」と呼んでいる. たとえば [inu] という音連鎖は隣家で飼っているコロやその向こうの家で飼っているクロの視覚的なありよう（形・色など）を写し取ったものではないし, 彼らの聴覚的なありよう（吠え声など）を模写したものですらない. もちろん〈犬〉の概念が [inu] という音連鎖と類似しているわけでもあるまい. 事情は英語の [dog] とて同じである. また日本語話者の〈犬〉概念と英語話者の〈dog〉概念の間に仮に相違があったとしても, その相違は [inu] と [dog] という音連鎖の間の相違に対応するものであるとは考えにくいし, さらにそれが「犬」「いぬ」と「dog」「Dog」という表記の違いと対応するものであるとも考えられない. この意味での言語記号の恣意性は現在の言語学においても大筋においては認められているといってよい.

　音声なり文字なりから「意味」を読みとるプロセスに集中するアプローチは, 否応なしにこの恣意性の問題にぶつかる. たとえば言語音の知覚の研究を通じて明らかになるのは, ある音連鎖から /inu/ という音素列を抽出する過程である. つまり, 多様に変化する音から不変項として直接知覚されるのは音素列である. これは意味論ではなく, 音声学ないし音韻論の範疇に属する. その音素列と, それと潜在的に結びつく可能性をもっているもの（たとえば〈犬〉の概念, たとえば隣のコロ）との関係は恣意的である. したがって [inu] という音声から /inu/ という不変項としての音素を抽出する過程としての音声知覚の研究をもって, 「犬」という語の意味の研究に代えることはできない.

　本書の立場と佐々木の立場の相違として最後に挙げるべきは, その目指すと

ころの違いである．本書の主要な課題が「生態心理学で捉えられる知覚に関わる事実が，言語においてはどのように表現されるか」にあるのに対して，佐々木が求めているのは「言語能力の構成原理を明らかにする上で生態心理学にはどのような貢献ができるか」ということである．これはたとえばアフォーダンスに関していうならば，本書が「言語によって表現される対象としてのアフォーダンス」という位置づけをしているのに対して，佐々木は「言語能力の構成原理としてのアフォーダンス」という捉え方をしているということである．「言語能力の構成原理を明らかにする上で生態心理学にはどのような貢献ができるか」という問題については，本書では第9章と第10章で間接的に論じるにとどめる．

【注】
1) 本節は本多（2002b, 1994），Honda（1994c），本多・後安・坂本（2003）の内容をもとに増補したものである．
2) そのような観点から，認知科学者（とくに心理学者）のための認知・機能言語学の解説的な論文集も編まれている（Tomasello 1998, 2003a）．
3) そしてその判断が妥当であったかどうかの評価については，本書を読んでくださる方に委ねられることになる．
4) より正確には，記号表現と記号内容のつながりには必然性がない，ということになる．

第2章
世界の知覚, 自己知覚, 言語表現

2.1 自己の直接知覚の諸相

2.1.1 エコロジカル・セルフ

　飛行機の離着陸時に，機首につけたカメラに写った映像を客席に見せてくれることがある[1]．画面に見えているのは前方の滑走路の様子である．しかし乗客に伝わる情報はそれだけではない．滑走路の様子と同時にいま現在の自分（あるいは機体）の位置が分かる．自分の姿が映っていない画面を見ることによって自分の位置が分かる．一見パラドクシカルな状況である．

　病み上がりの人に「ご飯がおいしく食べられるのは身体の調子がよくなってきた証拠」と言うことがある．起き抜けに一服して「今日も元気だタバコがうまい」などと言う人もいるかもしれない[2]．同じ荷物が体調によって重く感じられたり軽く感じられたりするような場合には，荷物の重さの感じ方から自分の体調が分かることになる．さらには，「コーヒーがおいしい二人は，きっと大丈夫です」（テレビのコマーシャル）なのである．

　これらはすべて一つの事実を指している．すなわち，環境の知覚と自己の知覚は相補的であり，世界を知覚することは，同時に自己を知覚することなのである（「世界を知覚することは同時に自分自身を知覚すること（to perceive the world is to coperceive oneself)」(Gibson 1979: 141; 邦訳 154))．このようにして知覚された自己は「エコロジカル・セルフ（ecological self)」(Neisser 1988, 1991, 1993b,

1997) と呼ばれる[3]. 飛行機の例においては空間知覚に伴って自己知覚が成立している. ご飯などの例においては自己知覚がモノの属性の知覚に伴っている.

たとえば人間が空間の中で自力移動をした場合, 外受容器からの刺激が変化するだけではなく, 自己受容器からの刺激も変化する. この, 外受容器からの刺激と内受容器からの刺激はともに, 移動する自己の知覚を成立させる. 部屋の中で動けば, その運動の仕方に応じた形で視野（見える範囲）が変化し, その視野の中では机とベッドの位置関係などの見えが変化する. その視野と見えの変化を通して, われわれは自らの運動を知覚することができる. それと同時に, 自分の身体の位置の変化は, 筋肉・腱・内耳等にある自己受容器によっても知覚することができる.

しかし, 視野と見えの変化に埋め込まれた移動する自己の知覚は, 内受容器からの入力の有無によらない. 飛行機の例は, 内受容器からの入力が全くなくても自己知覚が成立することを示しているが, 同様の例として, たとえばLee and Aronson（1974）が明らかにした赤ちゃんの自己知覚を挙げることができる. これは, 壁が床から切り離されていて前後方向に自由に動かすことができる「揺れる部屋」の中に, 歩き始めたばかりの赤ちゃんを立たせて壁を動かすという実験で明らかになったものである. この実験で被験者となった赤ちゃんは, 壁を前方に動かせば前方につんのめり, 場合によっては転んでしまうこともあった. これは, 壁が前方に退くときの知覚者にとっての壁の見えの変化が知覚者自身が後ろに傾くときの壁の見えの変化と同じであるため, 赤ちゃんが自らの身体の「傾き」を「補正」するために体を前傾させる結果, つんのめったり転んだりしたということである. つまり, 被験者となった赤ちゃんは壁の見えの変化の知覚の中に自身の身体の位置変化を知覚していたことになる. 同様に, 壁を後方に動かせば赤ちゃんは後方に身体を反らしたり転んでしまったりした.

壁を後方に動かした場合に身体が後ろに傾くのは, 迫り来る壁に対する回避行動として説明することもできなくはないが, 前方に動かした場合の身体の前傾はそれでは説明できない. また, 壁の移動に伴って発生する微風は, 赤ちゃんの体を揺らすには弱すぎる. したがってこの実験における赤ちゃんの体の動きは, 赤ちゃんが壁の見えの変化の中に自己の位置の変化を知覚していたためと考えざるを得ないわけである.

2.1 自己の直接知覚の諸相

図 2.1 Mach の自画像（「視覚的自己」）（Gibson 1979: 113 より）

また球体が正面から飛んでくる場合，その速度が一定であるならば，その球の見えの変化を通じて知覚者はそれが自分に衝突する瞬間を正確に予測することができる．

Lee and Aronson (1974) の実験の場合には，知覚者は壁の見えの変化を通じて（壁との関係ではかられた）自己の位置の変化を知覚していることになるし，球体の実験の場合には飛んでくる球との関係において自己の位置を知覚していることになる．

なお，ここでは空間知覚に伴う自己知覚として，知覚者にとっての視野と見えの変化による自己知覚を取り上げたが，変化する視野と見えの一局面をスナップショット的に切り取ったものからも，同様の自己知覚が成立しうる．たとえば Mach の自画像（「視覚的自己 (visual ego)」(Gibson 1979: 113; 邦訳 122, 佐々木 1994b: 57)）では，知覚者が静止しており，したがって視野は変化していないが，自己知覚は成立する．

この絵（図 2.1）は，Mach 自身の左目に見えた光景を描いたものである．右端に描かれているのは Mach の鼻であり，中心に伸びているのは脚である．この絵には Mach の顔は描かれていないが，それにもかかわらず，Mach の顔が部屋の中のどのあたりにあって，どの方向を向いているかをわれわれは容易に知ることができる．その意味で，この絵は Mach の顔を表現した絵（自画像）と言うことができる．人間の視野には身体によって作られる境界があり，その境界が，見える範囲としての視野を画定するとともに，見ている自身のありか

を知覚者に教えるわけである．

あるいは，物体は，近くから見れば大きく見えるが，遠くから見れば小さく見える．したがって，大きく見えるかと小さく見えるかというある物体の見えの違いは，その物体を基準としてみた知覚者の位置を特定する．すなわち，この場合も，対象の見えに自己知覚が伴うわけである．

また，自己知覚は出来事の知覚に伴うこともある．たとえば，ガラスのコップを堅い床に投げつければ，コップは割れる．このことから逆に，コップが割れたという出来事を観察することで，その出来事を引き起こした自己の行為の存在を知覚することができる[4]．Neisserはこの場合にもエコロジカルな自己知覚が成立していると考える．すなわち，(自分の行為がもたらした観察可能な)出来事の知覚の中に，能動的な行為の主体としての自己の知覚が埋め込まれているということである[5]．この場合も，結果として観察される出来事（〈コップが割れる〉）の中には，知覚者自身の姿はない．つまり，空間知覚や属性の知覚の場合と同様に，知覚者に自分自身の姿が見えていないにもかかわらず，自己知覚が成立しているわけである．

以上をもとにまとめると，以下のようになる．

(18) 　a. 視野・見えの変化 → 自己の場所の移動ないし状態の変化
　　　b. 静止した視野・見え → 自己の位置ないし状態
　　　c. 出来事の見え → それを引き起こした自己の動作主性

(18) では「視野」「見え」を，視覚に限らずあらゆる知覚および認知のシステムに適用できる用語として用いている．自己知覚は個別の感覚様相からは独立しているので，たとえば視覚的な見えの変化と聴覚的な見えの変化の双方から自己の場所の移動が知覚されることもあれば，嗅覚的な見えの変化からある場合には自己の状態変化が知覚される一方で，別の場合には場所の移動が知覚されることがあったりする．

このような場合における知覚者は，「自己」の位置や状態（の変化）を自覚しているわけではない．エコロジカル・セルフは対象として意識される必要はない．たとえば部屋の中を歩きまわる筆者は，そのときの視野ないし見えの変化を通じて自己を知覚しているわけだが，いくら激しく動き回ったからといって自分の目の形を見ることはできない．エコロジカル・セルフはその姿が視野

の中に含まれるというような性格のものではなく，視野ないし見えが作り上げられるということ自体の中に埋め込まれているのである．そして，視野ないし見えが作られるというそのこと自体の中にエコロジカル・セルフが埋め込まれているということは，同時に，この自己が「直接的に」知覚されているということでもある．

なお，エコロジカル・セルフは必ずしも生身の肉体それ自体と一致しなければならないわけではない．エコロジカル・セルフの空間的な広がりを論じるにあたって，Neisser は次のような言語資料を挙げている．

(19)　a.　You are touching *me*.　(cf. the shirt and jacket I am wearing)
　　　b.　He ran into *me*.　(cf. (the car) he (was driving) ran into the one (=car) I was driving)

これらは，エコロジカル・セルフが生身の身体を越えて空間的に広がりうることを示している[6]．

最後に，安井泉による「懐かしい味」という文章の末尾に書かれている印象的なエピソードを紹介しておこう．

(20)　　もうひとつ忘れえぬ味は，「葛湯」である．中学一年の臨海学校で遠泳にはじめて参加した．無事に泳ぎ終えて帰ってくると，浜に「葛湯」が用意してあった．「葛湯」というのは，後でその名を知ったのだが，お椀の底がかすかに見えるほどの半透明の甘くとろりとした液体で，この世のものとは思えぬほどに美味であった．お代わりが許されていたら何杯でも飲んでみたいという思いにさせる葛湯は，緊張して疲れさえもまだ感じ始めていない身体にしみこんでいった．

　　　　臨海学校から帰ると，祖母に「葛湯」を作ってほしいとせがんだ．祖母はさっそく葛湯を炊いてくれた．「おいしいかい」との問いに「ああ，おいしい」と答え，その後何度も葛湯を飲んだものの，あの浜の味に再会することはとうとうできなかった．

　　　　ものの味は，どのようにして決まるのであろうか．それを口にしたときの腹のすき具合やのどの渇き加減，まわりの雰囲気や空気，そういうものがみんな合わさって，あれを食べたあのときの味を形

作っているのではないか．あの味を再び味わうには，あのときと同じ状況に遭遇しなくてはならない．無理とわかっていても，あの味だけは求めてしまうのである．そうやって，人々は，ふるさとの味を求めのれんをくぐり，もう一度あの味を味わいたくて同じ店を訪れるのである．無理を承知で駆り立てるのは，味の記憶というつわものである．

(安井 2003: 118-119)

遠泳の後に飲んだ葛湯の味は，葛湯のあり方についての情報と，それを飲む安井自身についての情報を合わせもっていたわけである[7]．

2.1.2 観察点の公共性，知覚の公共性，そして属性

環境の中を動き回り，探索する知覚者の位置を「観察点（point of observation）」と呼ぶ[8]．知覚者はさまざまな経路をたどって移動し，その際にさまざまな観察点を占める．その同じ経路は，別の知覚者がたどることができるものでもある．したがって，ある時点で知覚者 A が占めていたその観察点を，別の時点では知覚者 B が占めることがありうる．つまり，一つの観察点はある特定の知覚者に一意的に対応しているわけではなく，任意の知覚者がその位置を占めることができる．言い換えれば，「自分を他者の位置に置くこと」は文字通りに可能である．そこで，ある観察点において生じる知覚経験は任意の知覚者に対して開かれていることになる．これを，生態心理学では「観察点の公共性」と呼んでいる．

知覚者は，自身の状態に関して他の知覚者と有意な差がないと信じることができる場合，他の知覚者の視座に移行する（2.4 節参照）ことによって，その他者の知覚経験を経験することができる．

Gibson (1982: 411-412) は次のように書いている．

(21)　　A populated environment is not just a terrestrial environment with a special set of animated social objects in it. People *are* animated objects, to be sure, with complex affordances for behavior; but they are more than that. People are not only *parts* of the environment but also *perceivers* of the environment. Hence a given observer perceives other perceivers. And he also perceives *what* others perceive. In this way each observer is aware of a shared environment, one that is common to all observers, not just *his* environment.

There are two interconnected reasons for having a shared environment, first, that every observer gets about and thus can take the point of view of another observer [...] In other words, speaking subjectively, I have the ability to see objects and places form your present standpoint; [...] To know what *you* know, I must realize the partial identity of you and me, that is, I must in some sense be able to "identify" with you.

I must first of all come to understand that you and I can look at the same object and can *see* the same object even though your perspective view of it is not the same as mine, since you see it from *there* and I see it from *here*. Your perception and mine can be identical even though your "sensation" and mine can never be identical *at the same time*. The same invariants over time are available to both of us. I cannot occupy your point of observation *now* but I can in the future, and I could in the past. This, I suggest, is what is meant by the metaphorical assertion that I can "put myself in your place." (It means I can put myself in your position. But it does *not* mean that I can put myself in your body. I am a body myself, not a disembodied spirit, and two bodies cannot exist in the same position.)

If you see a head-on view of a bounding tiger and I see a side view, you are in greater danger than I am; but we both see the same tiger. We also see the same event: You see him approaching you and I see him approaching you.

群棲環境とは，社会的な動物が特殊な群れを成してその中にすんでいるだけの地上環境ではない．人が動物であり，行動をアフォードするさまざまに複雑なアフォーダンスを持っていることを否定するわけではない．が，人はそれ以上のものなのである．人は環境の一部であるだけでなく，環境の知覚者でもある．したがって観察者としての人は他の知覚者を知覚する．そしてまた他の知覚者が知覚するものをも知覚する．このようにしてそれぞれの観察者は共有の

環境，自分にとってだけの環境ではなく，すべての観察者に共通の環境を知覚するのである．

　この共有された環境が存在することには二つの互いに関連した理由がある．第一に，それぞれの観察者は動き回るものであり，したがってほかの観察者の視座に立つことができる．［…］別の言葉で主観的にいえば，私はあなたがいま立っているその場所からものや場所を見ることができる［…］あなたが知っているものを私が知るためには，私はあなたと私が部分的に同じであることが分からなければならない．つまり，私はある意味であなたに「同一化」できなければならない．

　私がまず理解しなければならないのは，あなたと私が同じものに目を向けることができること，しかも，あなたがそれをそこから見ていて，私がそれをここから見ている以上，あなたにとってのそのものの遠近法的見え方と私にとっての見え方は同じではないが，しかしそれでも同じ対象を見ることができるのだ，ということである．あなたと私の「感覚」が同時に同じであることは決してありえないけれども，それでもあなたの知覚と私の知覚は同一でありうる．同じ不変項が，時間の経過による変化を受けることなく，われわれのどちらにとっても利用可能だからだ．私はあなたの観察点をいま占めることはできないが，将来はできるし，過去にもできた．これが，「あなたの身になって考える」ことができる，という比喩がいわんとしていることだろう．（この表現は私があなたの場所に立つことができるという意味ではあるが，私があなたの身体に自分自身を置くことができるという意味ではない．私自身が身体を抜け出した魂ではなく身体として存在しており，二つの身体が同じ位置に存在することはできないのだ．）

　もしあなたが跳びかかる虎を正面から見，私が側面から見たとするならば，あなたのほうが私より危険な状態にあるが，でもわれわれはどちらも同じ虎を見ている．またわれわれは同じ出来事を見てもいる．あなたはその虎が自分に向かって近づいてくるのを見，私

は虎があなたに近づいていくのを見ているのだ． （強調原文）

まとめると，不変項の持続的な実在性が観察点の公共性を成立させ，それが知覚の公共性を成立させている，ということになる[9]．

このことから知覚者は，自身の知覚経験は他者との共有が可能な公共的なものと信じることができることになる．その結果，その知覚内容は知覚者とは独立に存在する知覚対象の内在的な属性と信じることができるようにもなる．

また Gibson（1979: 200; 邦訳 215）は次のようにも述べている．

(22) 　The theory asserts that an observer can perceive the persisting layout from other places than the one occupied at rest. This means that the layout can be perceived from the position of another perceiver. The common assertion, then, that "I can put myself in your position" has meaning in ecological optics and is not a mere figure of speech. To adopt the point of view of another person is not an advanced achievement of conceptual thought. It means, *I can perceive surfaces hidden at my point of view but unhidden at yours*. This means, *I can perceive a surface that is behind another*. And if so, *we can both perceive the same world*.

　この理論は，観察者が静止して占めているのとは別の場所から持続する配置を知覚できると主張する．これはつまり，その配置が別の観察者の位置からも知覚できるという意味である．そこで，「自分を他人の位置に置くことができる」というありふれた主張が，生態光学では単なる言葉のあやではなく，意味を持つものとなる．別の人の視点をとることは，概念的思考がもたらす高度な達成行為なのではない．それは，私の視点では隠れているがあなたの視点では現れている面を，私は知覚できるという意味である．これはまた，別の面の背後にある面が知覚できるということである．そして，もしそうならば，私たちはともに，同じ外界を知覚できるのである．

（強調原文）

これは，異なる位置にいる知覚者が同じ知覚経験を得ることができる可能性を指摘したものである．このことのもつ意味合いについては 9.3.2 節で述べる．

2.1.3 インターパーソナル・セルフ

　本章で検討してきた Neisser のエコロジカル・セルフの概念は，事物との関係において直接知覚される自己である．これとは別に，対人的経験に基盤をおく自己として，Neisser は「インターパーソナル・セルフ（interpersonal self）」という概念を提案している．これは，他者との社会的な関わり合いに基づく自己で，アイコンタクトや身体接触などによる情動的なつながりにおいて特定される．エコロジカル・セルフと同様，これは直接知覚される．

　言語を習得する以前にも，赤ちゃんはさまざまなかたちで養育者とコミュニケーションをする．赤ちゃんと養育者は，視線を合わせたり，微笑み合ったり，同期したかたちで発声や身体運動を行ったりする．これは，観察者の立場から見れば，赤ちゃんが養育者に対して発声や身体運動を行い，それに対して養育者が発声や身体運動で反応し，さらにそれに対して赤ちゃんが発声や身体運動で答えるという相互的なやり取りというかたちをとる．だがこれを赤ちゃん本人の立場から見るならば，赤ちゃんは，養育者の眼差しや微笑や発声や身体運動を知覚する際に，同時にそれらを招来した能動的な主体としての自己をも直接に知覚していることになる．たとえば自分を見ている相手の微笑んだ表情からは，自分にとっての相手の意味が知覚できるほかに，相手にとっての自分の持つ意味を知覚することができる．このようなかたちで知覚された自己がインターパーソナル・セルフである．

　養育者の眼差しや微笑や発声や身体運動を知覚する赤ちゃんが，純粋に養育者だけを知覚しているのではなくて，そのような養育者の行動を引き起こした能動的な主体としての自己をも合わせて知覚していることを示す研究として，Neisser は Murray and Trevarthen（1985），Trevarthen（1993）を挙げている．この研究においては，赤ちゃんがテレビ画面の中に母親を見て声を聞くことができるようにしている．統制条件では，母親の側も赤ちゃんをテレビを通じて見て聞くことができるようにした．そこでは赤ちゃんと母親の間にふだんと同様のコミュニケーションが成立し，赤ちゃんの機嫌も良好であった．その際に赤ちゃん側に置かれた母親の映ったテレビの映像を録画しておいた．そしてそのすぐ後に行われた実験では，その録画を赤ちゃんに見せた．すると赤ちゃんは明

らかに不機嫌な様子になった．

　この実験においては，統制条件と実験条件のいずれの場合においても，赤ちゃんにとっての母親の見えは全く同じである．異なるのは，統制条件においては母親の見えが赤ちゃん自身の母親に対する働きかけに応じて変化したのに対して，実験条件においては母親の見えは録画であり，したがって赤ちゃん自身の働きかけとは無関係に変化したということである．そして統制条件においては赤ちゃんの機嫌が良好であったのに対して実験条件では不機嫌であったということは，赤ちゃんが養育者（をはじめとする他者）との通常のコミュニケーションにおいて，能動的な主体としての自己を知覚しているということを示している．

　インターパーソナル・セルフの知覚を成立させる赤ちゃんと他者の関係は，「第一次共同主観性」とも呼ばれる．言語によるコミュニケーションは，このような身体レベルでの相互作用とそれに伴う共感関係に基礎づけられて成立すると考えられている．

　発達とともに，個体を取り巻く社会的な関係は複雑なものとなっていく．また，情動的なつながりは見えにくくなっていく．しかしそのような複雑な社会関係の中における自己知覚は，やはりインターパーソナル・セルフに基礎づけられていると言える．

2.1.4　直接知覚される自己：エコロジカル・セルフとインターパーソナル・セルフの統合

　前節までの議論からも明らかであると思われるが，エコロジカル・セルフとインターパーソナル・セルフは並行した構造をもっている．エコロジカル・セルフが環境の中の事物との関係において知覚される自己であるのに対して，インターパーソナル・セルフは環境の中の他者との関係において知覚される自己である．エコロジカル・セルフが能動的な移動に伴う環境の見えや，事物に対する能動的な働きかけの結果として生じるその事物の見えに伴って知覚される自己であるのに対して，インターパーソナル・セルフは他者に対する能動的な働きかけに対する結果として生じるその人物の見えに伴って知覚される自己である．そしてエコロジカル・セルフもインターパーソナル・セルフもともに，

視野の中には含まれない，姿を持たないものである．

　発達心理学の用語で言うならば，エコロジカル・セルフとインターパーソナル・セルフはいずれも「二項関係」の中で知覚される自己である．エコロジカル・セルフの場合にその二項を構成するのは事物と自己であり，インターパーソナル・セルフの場合は他者と自己である．そして生後間もない頃には，事物と自己からなる二項関係と他者と自己からなる二項関係は相互に独立して存在する．たとえば生後 6 ヵ月の赤ちゃんは，物を操作しているときには近くに人がいてもほとんど関心を示さず，また他者と関わり合っているときには近くに物があってもほとんど関心を示さない．しかし，生後 9 ヵ月から 12 ヵ月にかけて，この二つの二項関係は統合されて，事物・他者・自己の三項からなる関係が成立する．つまり，他者を介して事物と関わり合い，事物を介して他者と関わり合うという，「共同注意」（第 9 章参照）に基づく三項関係が成立する（Tomasello 1999）．

　以上のことから，エコロジカル・セルフとインターパーソナル・セルフは生後 9 ヵ月から 12 ヵ月にかけての時期に統合され，相互に影響しあうと考えられる．そのような統合によって成立すると考えられる自己を，本書では以下「直接知覚される自己（directly perceived self）」と呼ぶことにする．エコロジカル・セルフとインターパーソナル・セルフは，この「直接知覚される自己」のもつ二つの側面と捉えることになる．

2.2 自己知覚と言語表現

2.2.1 エコロジカル・セルフとゼロ形の意味論

　ここまで，世界の知覚と自己の知覚の相補性について，もっぱら心理学的な観点から見てきた．本節から，これらと言語の構造との関係についての議論に移る．本節では言語における自己の表現機構を取り上げる．

　話し手自身を表現する言語形式として一般に知られているのは一人称代名詞であるが，この他にゼロ形も話し手を表現する形式として機能する．次の例を検討しよう．

2.2 自己知覚と言語表現

(23) a. Vanessa is sitting across the table.
　　 b. Vanessa is sitting across the table from me.

(23a)では，話し手が実際に食卓に座った位置からヴァネッサを見ていると感じられる．したがって，この文はヴァネッサが目の前にいるかのような印象を与える文になる．これに対して(23b)では，話し手が実際の食卓とは別の位置から状況を眺めているという解釈が可能になる．そこで，たとえば話し手が自分の写った写真や映画を見ながらそれについてコメントしている場合には，(23a)は使うことができず，(23b)だけが適格となる（Langacker 1985, 1990）．

(23a)のもつこのような表現性をもとに，この場合の話し手が自身とその周囲の状況をどのように認識しているかを検討してみよう．話し手が実際に食卓に座っており，目の前にヴァネッサがいるという場合，その話し手の姿は話し手自身には見えない．言い換えれば，話し手は自分自身にとっての視野の中には含まれていない．しかしながら，話し手がその場に存在し，その存在が知覚されていることは否定できない．これは，話し手自身がエコロジカル・セルフのレベルで知覚されているということである．一方，目の前に存在するヴァネッサおよびテーブルは，話し手にとっての視野の中に含まれている．このような空間知覚と自己知覚の構造については，2.1.1節で述べた通りである．

次に，(23a)の表現構造に注目すると，視野の中に含まれているヴァネッサとテーブルは，音形をもつ言語形式（*Vanessa*, *the table*）によって表現されている．一方，自分自身にとっての視野の中には含まれていない，エコロジカル・セルフのレベルで捉えられた話し手自身は，音形のある名詞句としては表現されていない．しかしながら，ここで話し手が何らかの形で表現されていると想定しなければ，(23a)のもつ表現性を説明できない．

以上から，次の(24)のように言うことができる．なお，これはエコロジカル・セルフだけではなく，インターパーソナル・セルフも含めた直接知覚される自己全体に言えることであるので，そのように表示してある．

(24) a. 言語において，音形をもった形式によって表現できるのは，話し手の視野の中に含まれるものに限られる．
　　 b. 知覚における直接知覚される自己は視野の中にあるものではない．したがって，音形のある言語形式によって明示的に指示す

ることはできない．すなわち知覚における直接知覚される自己に相当する言語表現の形式はゼロ形である．

なお，(24)は「すべてのゼロ形が直接知覚される自己に相当する」と言っているわけではないことに注意されたい．ここでは世界に対する認識の仕方とその言語化のあり方を問題としているのであって，言語表現に対する解釈を問題としているわけではない．1.2 節～1.3 節で述べたように，本書においては基本的に「捉え方の意味論」の立場を取っているのであって，「表現解釈の意味論」の立場に依拠した主張をしているのではない．

視野の中にあるものが音形のある言語形式による明示的な指示の対象となり，その視野を作り出しているエコロジカル・セルフとしての話し手自身は明示的には表現されないという構造は，次のような移動する話し手にとっての対象の見えを記述した文においても成立している．

(25) a. Kyoto is approaching.
b. 京都が近づいてきた．

(26) There is a house every now and then through the valley.

(Talmy 1988: 189, Langacker 1991: 501)

(25)において移動を表す動詞 *approach*「近づく」の主語の指示対象である京都は都市であり，それは客観的には位置が固定しているものである．しかしこの例においてはそのような位置の固定したものを指す名詞句が移動を表す動詞の主語となっている．これは一見逆説的である．しかしこの文で述べられた状況を，たとえば新幹線などの乗客として経験するならば，確かに京都が（自分のほうに）近づいてくるという知覚経験を得ることができる．すなわち，(25)は移動する話し手にとっての対象の見えを記述した文である．その話し手はエコロジカル・セルフのレベルで捉えられているために音形のある明示的な表現として文の中に登場してはいないが，ゼロ形として表現されているわけである．

同様に，(26)にも谷の中を移動する知覚者・話者が含まれている（Talmy 1988, Langacker 1993b）．谷の「ところどころ」に散在する家は動いている知覚者にとっては「ときどき（*every now and then*）」出会うものとなる．しかも谷の中にある家が実際には複数であったとしても，知覚者が一度に出会う家が一軒ずつでしかなければ，その経験を表す言語形式は単数形となりうる．また *through the valley* という表現は通常（27）のように移動物を主語とする移動動詞とともに用いられるものであるが，ここでは *there is* という静止したものの存在を表す構文で用いられている．これも知覚者の運動を想定すれば理解できることである．

(27)　John ran through the valley.

なお，移動の表現においてエコロジカル・セルフのレベルで捉えられた話し手の表現がゼロ形になるのは，移動するものが（客観的に見て）知覚者であろうと知覚対象であろうと本質的には変わりはない．すでに述べたように，静止している知覚者は，自分に近づいてくる球体が自分に衝突する瞬間を正確に予測することができ，そこには飛んでくる球との関係における自己知覚が成立している．同様に，たとえば知覚者が静止していて車がそちらに近づいていく場合でも，車との関係に基づく自己知覚は成立している．したがって次のような例においてもエコロジカル・セルフのゼロ表現は生じているとみるべきである．

(28)　車が近づいてきた．

(28) は知覚者と知覚対象の双方が移動している場合にも使える．運動が相対的なものである以上，知覚者と知覚対象のいずれか一方のみが移動している場合と両方が移動している場合とは，知覚経験のあり方としては区別することができない[10]．

一方，モノの属性を知覚者の知覚体験に即して表現すると，たとえば次のようになる．

(29)　今日はご飯がおいしかった．

要するに何の変哲もない形容詞述語文である．言い換えれば形容詞述語文の背後には知覚者としての話し手が存在する[11]．変化するものが（客観的には）知覚者であっても知覚対象であっても事情が変わらないのは移動の場合と同様である．つまり，(29) は (28) に対応する形での曖昧性ないし漠然性を持つ．

次のような表現も，この脈絡で考えることができる．

(30)　For one short instant, it was as though the sun had ducked behind a cool cloud, leaving the world in shadow, taking the colour out of things. The freshly green foliage looked *sickly*, the dogwood *pallid*, and the flowering crab, so beautifully pink a moment ago, *faded* and *dreary*.

ほんの一瞬，あたかも太陽は冷たい雲のかげに隠れ，世界は暗くなり，あたりのものの色彩がなくなってしまったかと思われた．新鮮な緑の葉の色が生気なく，はなみずきの花も青ざめ，ついさっきまで美しい薄桃色であった野生林檎の花も，褪せて陰鬱な色になってしまったように見えた．

〔Margaret Mitchell, *Gone with the Wind*, イタリック体および日本語訳は大森（2004: 185）による〕

　この文章は，主人公スカーレットが失恋して絶望感に陥った際の，彼女にとっての外界の見えを記述したものである．知覚対象に（客観的には）変化が起こらなくても，その対象を知覚する知覚者の状態に変化が起これば，その知覚者にとってのその対象の見えは変化する．視点人物をその知覚者にとって，その人物にとってのその見えの変化をそのまま記述すれば，このような表現が成立するわけである．

　(30) は，外部世界の記述であると同時にスカーレットの心理状態の記述にもなっており，レトリックの観点からは後者の点が重要になる．

　なお (29) はコピュラ文であるが，英語では (31a) のコピュラ文のほかに，(31b) のように知覚システムの種類を動詞で表す構文がある．

　(31)　a. The meals were good today.
　　　　b. The meals tasted good today.

　(31b) は連結的知覚動詞構文と呼ばれるものであり，第4章で詳しく検討する．

2.2.2　仮想変化表現

　このように考えてくると，次のような仮想変化表現（Sweetser 1996)[12]もそれほど突飛なものではないことになる．

　(32)　a. The students get younger every year.
　　　　b. Chekhov gets more comprehensible as you get older.
　　　　c. Shakespeare just gets better every time I read him.

　(32a) は制度改革によって学生が入学を許可される年齢が年々下がっていく場合にも使うことができるが，話し手が学生との間に世代的な距離を感じ始め

た教員であるような場合には，学生の入学年齢が一定であっても使うことができる．このような文が後者の用法で用いられている場合を指して「仮想変化表現」と呼ぶ．(28) との関連で考えると，前者の用法は自動車が移動している場合に対応し，後者は話し手が移動している場合に対応する．また (29) との関連では，前者の用法は，料理の腕や素材の変化の結果としてのご飯の変化を表す場合に対応し，後者の用法は，体調の回復に伴うご飯の味の感じられ方の変化を表す場合に対応する．

(32b, c) (の主節部分) はそれぞれ同名の無名作家がいて，彼らが作家としての成長を遂げつつある場合にも用いることができるが，これらの文が用いられるのは，通常は主語の表す対象が客観的には変化しておらず，読者としての話し手が人生経験の深まりに伴う人格的な変化を遂げた結果，作品に対する理解が変化を遂げつつある，という場合である．この二つの解釈は (32a) の二つの解釈と同様である．

(32) においても主節動詞で表された変化を知覚する知覚者は明示されていない[13]．しかし知覚者としての話し手の存在を想定しなければ，これらの文の表現性を説明することができない．この知覚者としての話し手はエコロジカル・セルフのレベルで捉えられ，表現されている．

なお，Sweetser (1996) は (32) を「図と地の反転」と「イメージスキーマ変換」によって説明しようとしているが，その立場はこれらが視点現象に関わる現象であることを適切に捉えることができないという点で，かなり問題がある．それについては 5.6.3 節で検討する．

日本語における仮想変化表現としては，たとえば次のようなものがある．

(33) 洋服が小さくなった．

なお，仮想変化表現においては，記述される見えの変化を引き起こすのは知覚者・話者の状態変化に限られるわけではない．つまり，(32) は次のような表現とは区別しなければならない．

(34) a. 国境を越えると道が広くなった．
    (cf. 大雨で川幅が広くなった．)
    b. The road widened when we passed the state border.
    (cf. The river widened in the heavy rain.)

　　　　　c. The fence gets higher as you go towards the back of the yard.

(Sweetser 1997: 121)

　(32) において対象の見えの変化を引き起こしているのが知覚者の状態変化であるのに対して，(34) では知覚者の移動が対象の見えの変化を引き起こしている．したがって (34) には変化を表す動詞が用いられてはいるが，この場合の知覚者と知覚対象との関係は (32) ではなく (25) に並行している．

2.2.3 観察点の公共性と知覚表現の総称性

　本章でこれまで検討してきた例文においては知覚者が話し手と一致していたが，形容詞を補語にとる構文では知覚者が総称的に解釈されることがある．あるいは，この構文は対象の属性を表す文として用いることができる．これは，観察点の公共性の言語における反映と考えることができる．

　(35)　ここの水は酸っぱい．
　　　　The water here is / tastes sour.

2.2.4 インターパーソナル・セルフと言語現象

　対人関係の中に知覚される，視野の中に含まれない自己としてのインターパーソナル・セルフが現れた言語現象としては，たとえば次に述べるようなものがある．

　(36)　a. まじッスカ？
　　　　b. 本当ですか．
　(37)　a. まじ？／まじで？
　　　　b. 本当？／本当に？

　(36a) (36b) はそれぞれ (37a) (37b) と比べて丁寧な表現と見なされるが，しかし同じように丁寧な表現であるとは言っても，(36a) と (36b) では使用される場面が異なる．話し手が同一であっても聞き手の違いによって使い分けが発生しているわけである．これは対人関係の中で知覚される，視野の中には含まれず，したがって姿も見えない自己（インターパーソナル・セルフ）を反映（および構築）している．

　また日本語においては聞き手を表す人称詞として「お父さん」「先生」「お客

さん」など，普通名詞由来の表現が呼びかけ以外の場合にも普通に用いられるが（鈴木 1973），これらの表現を用いることは，自分自身をそれぞれ「子など，家族の構成員」「学生生徒および事務職員など，学校の構成員」「店員等」として捉えていることを示す．したがって，「お父さん」「先生」「お客さん」などにおいても，対人関係の中で知覚される姿のない自己が表現されている．

また，言語現象の中には，エコロジカル・セルフとインターパーソナル・セルフの効果が別個に存在し，なおかつ両者が共同していると認められるものがある．

國廣（1997: 71）は，「指導」という行為は家族間では普通行われず，学校・政府対民間・会社などの公の場で行われるものであると述べている．しかし，家族間の行為を「指導」と呼ぶことが実際にはありうる．たとえば，不祥事を起こした生徒の親が学校に呼び出されて，教師に対して言う発話としては，次の文は自然である．

(38) 申し訳ございません．家庭でも十分，指導いたします．

この場合，指導する側とされる側の間柄は親子であり，指導する場所は家庭である．すなわち，この場合においては「指導」という行為は公の場で行われているわけではない．「指導」という語の使用が公の場で，教師に対する発話の中でなされているだけである[14]．

一方，同じような詫びの言葉を教師に対してではなく（仲のよい）隣家の住人に対して述べる場合には，(38) のような文よりも (39) のような文のほうが自然になる．

(39) ごめんなさいねえ．二度としないようにきつく言い聞かせますから．

(38) において「指導する」が指示する行為と，(39) において「言い聞かせる」が指す行為とは，現実には全く同種の行為でありうる．ある行為を「指導する」と捉えるか「言い聞かせる」と捉えるかの違いは，事物に対する捉え方の違いである．そして，事物に対する捉え方の違いに伴って，自己についての捉え方の違い，すなわちエコロジカル・セルフのレベルでの自己の捉え方の違いがある．ところでこの，(38) の「指導する」と (39) の「言い聞かせる」の違いは，聞き手の違いによって引き起こされたものである．すなわちここには，異なる他者についての理解と，それに対応して成立する自己知覚の違い，

すなわちインターパーソナル・セルフのレベルでの自己の捉え方の違いがある．

すなわち，(38) と (39) は，事物に対する捉え方が他者によってガイドされている例であると言える．そしてここでは，エコロジカル・セルフとインターパーソナル・セルフがそれぞれ独立に認められ，なおかつ両者が共同していると言うことができるわけである．

同じことは，(36) (37) の a と b の違い，すなわち「まじ」と「本当」の違いにも成立している．

2.3 視座の移動と自己の客体化：一人称代名詞の意味論

2.3.1 視点現象をめぐる用語の整理

ところで，(23a) におけるゼロ形が話し手の表現であるとすると，(23b) にあるような一人称代名詞は何を表現しているのだろうか．これに関わっているのが視点現象である．

一人称代名詞と視点現象についての議論に入る前に，視点現象に関わる術語の整理をしておかなければならない．ここで総括的に「視点現象」と呼んでいるものは，実際には次の要素からなる．

(40) a. 見る主体：誰が見るのか　（視点人物）
　　 b. 見られる客体(対象)：どこ(何)を見るのか　（注視点）
　　 c. 見る場所：どこ(何)で見るのか，どこ(何)から見るのか　（視座）
　　 d. 見える範囲：どこからどこまでが見えるのか　（視野，ヴィスタ）
　　 e. 見える様子：その結果どのように見えるのか　（見え）

(40) は，松木 (1992) によって提案された (40a-c, e) に (40d) を加えたものである．一般に，術語としての「視点」は視座を指すのに用いられる場合と注視点を指すのに用いられる場合とが区別されない傾向がある（松木 1992: 85）ため，本書では総括的に「視点現象」という場合を除いて「視点」の語は用いない．また，松木 (1992) のいう「視座」「見え」は本論で用いてきた「観察点」「見え」にそれぞれ相当する．「見え」とは，知覚者にとって状況がどのように立ち現れるか，ないしは状況がどのように経験されるか，を捉えた術語で

ある.

なお，本書では (40) の用語を，視覚に限らずあらゆる知覚および認知のシステムに適用できる用語として用いる．

2.3.2 視座の移動（三浦 1967, Langacker 1985）

一人称代名詞の意味論に関しては，三浦 (1967) と Langacker (1985) がほぼ同趣旨の提案をしており，参考になる．彼らの議論においては知覚および認識の主体と客体は通常画然と分離しているとされる．唯一この分離の仕方に変化が起こるのが一人称代名詞に表現された自己の知覚・認識である．一人称代名詞においては知覚・認識の主体と客体は同一であり，そこでは通常の認識・知覚の構造は成立しないのである．

しかしながらこの場合においてなお，彼らは主客二分説を固持する．そのために彼らが想定する認知の方略が「認識主体の観念的な自己分裂・移行」（三浦）であり，"displacement"（Langacker 1985）である．すなわち現実にはいま，ここにいる認識者が観念的に視座を現実の自分以外の場所に移すのである．こうすることによって（現実の）認識者は（観念的に移行した先の）認識者の（観念的な）視野の中に含まれることになる．これを前節の議論につなげれば，視野に含まれる認識者の自己は音形のある名詞句によって明示的に指示することが可能になる．これが一人称代名詞の認識構造ということになる．

この議論は先の (23b) についての Langacker (1985, 1990) の直観を適切に捉えることができる．まとめると，次のようになる．

(41) 一人称代名詞は，（観念的な分裂・移行を経た）知覚・認識者の視野の中に含まれる自己をその指示対象とする表現形式である．

(23b) は，観念的な分裂・移行によって話し手の視座がテーブルからずれたことにより，テーブルについている（移行する前の）話し手の姿が（移行した先の）話し手にとっての視野の中に含まれるようになったため，それを一人称代名詞で明示的に指示することができるようになったと考えられるわけである．

また日本語には「わたし，俺」などの多様な一人称代名詞が存在するが，これらはインターパーソナル・セルフを姿として視野の中に捉えて表現したものであると考えられる．

一人称代名詞の指示対象は音形を持った名詞句によって明示的に指示されている．これは，明示的な言語表現を見えに対応させる本書の立場のもとでは，この自己が，環境に存在し，視野に含まれうる他のすべてのもの，たとえば環境の中に存在する〈本〉〈石〉〈田中氏〉などと同様の扱いを受けている，ということである．従ってこの自己は，少なくとも視野に含まれず，音形のある名詞句で指示できない直接知覚される自己とは異なる性格をもっていると考えることができる[15]．

　ここで問題が生じる．視座の移動とはそもそもどのようにして可能になるのだろうか．また，視座の移動の原点になる自己はどのような性格のものなのか．これらの問題については 2.4 節で検討する．

2.3.3　運動・変化・位置関係の相対性と自己の客体化

　先に (23b) を視座の移動の例として挙げたが，この場合，視座の移動がない文 (23a) とある文 (23b) とで，主語の選択に変化はなかった．これとは別に，運動・位置関係・状態変化の相対性に基づく視座の移動と自己の客体化がある．この場合には主語の選択に変化が生じる．以下の例において，a の文は視座の移動による自己の客体化が生じていないものであり，b の文はそれが生じているものである．

(42)　a. Kyoto is approaching.　　　　　　　　　　　　　　(= (25a))
　　　 b. *We* are approaching Kyoto.　　　　　　　　　　　　（岩田 1994）
(43)　a. Vanessa is sitting across the table.　　　　　　　　　(= (23a))
　　　 b. *I* am sitting across the table from Vanessa.
(44)　a. The students get younger every year.　　　　　　　　(= (32a))
　　　 b. *I* get older than the students every year.

　次の例は川端康成の『雪国』の冒頭と，E. G. Seidensticker によるその英訳文である．視座の移動がない (45a) は状況のグローバルな変化（推移）を記述した文となっているが，視座の移動がある (45b) は個体の位置変化という局所的な出来事を記述した文となっている．なお，この例は (19) と同じく，自身の乗っている乗り物が拡大された自己と認められる例である．

(45)　a. 国境の長いトンネルを抜けると雪国であった．

b. The train came out of the long tunnel into the snow country.

〔Ikegami 1991: 288〕

2.4 一人称代名詞の獲得の社会的な基盤

2.4.1 チンパンジーの自己鏡映像認知とその社会的基盤

　前節で述べたように，一人称代名詞の意味構造には，見る主体としての自己と見られる対象としての自己の分裂がある．これは自分の姿を鏡に映して見る場合と類似した構造である．そこでまず本節では自己鏡映像認知についての研究を紹介しておく．

　さまざまな動物を対象にしての自己鏡映像認知のこれまでの研究が板倉 (1988, 1999)，Gallup, Anderson and Shillito (2002) にまとめられているが，その先駆けと認められているのはチンパンジーを対象とした Gallup (1970) である．その概要を板倉 (1988) にしたがって紹介する．

　Gallup らの研究グループは，3 歳から 6 歳のチンパンジーを個別ケージに入れ，その前面に等身大の鏡を 10 日間置いて彼らの反応を観察した．チンパンジーたちは，当初は鏡映像に対して威嚇行動や親和的な行動を行った．これらの行動は通常他個体に対してなされる社会的な行動である．しかし 3 日目以降はそのような行動は減少し，かわって，自分の毛づくろいをしたり，鏡がなければ見えない身体部位を，鏡を見ながら手で触ったり，口を大きく開けて歯の間の異物をつまみ取るなどといった行動をするようになった．このような行動は自分自身に対してなされるものであり，したがってこの段階にいたったチンパンジーは鏡映像が実体ではなくて像であること，しかもそれが自分の像であるということを認識している，すなわち自己認識が成立している，と考えられる．

　これらのチンパンジーに自己認識が成立していることを確認するため，Gallup らはさらに，次のような実験を行った．チンパンジーに麻酔をかけ，麻酔が効いている間に彼らの顔の眉の上端と反対側の耳たぶの上半分に赤い染料でマークをつけた．この染料は匂いがなく，また触っても気づくことができない

という特殊なものであった．麻酔が醒めたチンパンジーはふたたびケージに戻され，まずは鏡がない状況で，染料がついた部位に触れる回数を数えられた．その後ふたたび鏡を設置したうえで，やはり染料がついた部位に触れる回数を数えられた．すると，後者の，鏡がある状況の方が有意に回数が多かった．また，鏡がある状況でのチンパンジーの反応の中には，顔についている染料を指でこすったり，染料に触ったあとの指をじっと見つめたり匂いをかいだりといった行動が見られた．一方，鏡を見た経験のないチンパンジーに同じように染料を塗る実験を行ったところ，ケージに戻したあと，鏡がない状況と鏡がある状況での染料がついた部分をめぐる行動に有意な差はなかった．すなわち，チンパンジーは，鏡の中の自分の像を見る経験を積むうちに，その像が自己の像であることを理解するようになったわけである．

　チンパンジーの自己鏡映像認知の成立に関してとくに興味深いことは，鏡の中のチンパンジーが実体としての他個体ではなく像となった自分であるということを認識できるようになるためには，他者との身体的な関わり合いという社会的な経験が必要であるということである．同じ Gallup らのグループ (Hill, Bundy, Gallup and McClure 1970, Gallup, McClure, Hill and Bundy 1971) は，生後間もなく隔離されて個別ケージで育てられ，母親などの他個体との身体接触を経験せずに 18 ヵ月まで育てられた 3 頭のチンパンジーのうち，2 頭を同じケージに入れて身体接触を含む社会的な交流の機会を与える一方で，残りの 1 頭は隔離したまま飼育を続けた．そのようにして 3 ヵ月が経過したのちに，上記の実験と同じようにケージの前に 10 日間鏡を置く実験を行ったところ，社会的な交流の経験を持つ 2 頭のチンパンジーには自己認識の成立が見られたのに対して，ずっと隔離されて単独で育てられたチンパンジーには自己認識の能力が見られなかった (Hill *et al.* 1970)．同様の結果が，野生で生まれ育った後捕獲されたチンパンジーと研究所で生まれて生後間もなく隔離されて個別ケージで育てられたチンパンジーの比較でも得られた (Gallup *et al.* 1971)．このことは，自己鏡映像認知の基盤となる自己知覚がエコロジカル・セルフではなく，インターパーソナル・セルフであることを示唆している．

2.4.2 他者の視座の獲得，インターパーソナル・セルフ，一人称代名詞

前節で，見る主体としての自己と見られる対象としての自己の分裂が自己鏡映像認知と類似した構造をもつこと，および自己鏡映像を自己の像として認知できるためには，インターパーソナルな自己知覚が必要であることに触れた．しかしながら実は，自己鏡映像を自己の像として認知できることは，一人称代名詞の使用を支える能力の必要条件である可能性はあっても，十分条件であるということはできない．というのは，自閉症の人は，自己鏡映像を自己の像であると認知できる場合であっても，人称代名詞の使用に障害を示す場合があるからである (Loveland 1993)．それでは，一人称代名詞の使用を支える視座の移動は，実際，どのような性格のものなのだろうか．

子どもの言語発達過程における一，二人称代名詞の獲得と視点現象の関係を調査した Loveland（1984）によれば，人称代名詞の獲得に先立って，子どもは次のことを理解しなければならない．

(46)　a. 環境を見るときの視座は一つではなく，無数にありうること．
　　　b. 他者は子ども自身とは異なる観察点にいるものなので，他者にとっての環境の見えは自分にとっての環境の見えとは何らかのかたちで異なるということ．とくに，
　　　　　1. 自分には見えないものが他者には見えている場合があるということ．
　　　　　2. 自分に見えているものが他者には見えていない場合があるということ．

Loveland（1984）は，子どもがこれについて理解している度合いと，子どもが一，二人称代名詞を正しく理解・産出できる度合いとが相関していることを示した．これは，一人称代名詞を支える視座の移動が，単なる空間移動の能力に基づく別の視座への移動ではなく，対人的ないし社会的な能力に基づく他者の視座への移動であることを示している．他者の視座への移動には他者についての理解が必要であり，他者の理解には相補的に自己の理解が伴う．つまり，Loveland の知見は，一人称代名詞の成立基盤となる視座の移動の原点にあるのが，事物との関連で知覚されるエコロジカル・セルフではなく，他者との関

連で知覚されるインターパーソナル・セルフであることをさらに強く示唆する．インターパーソナル・セルフが視座の移動によって対象化され，視野の中に姿として存在するようになったものを指すのが一人称代名詞である．

ただし，インターパーソナル・セルフが対象化されたものとエコロジカル・セルフが対象化されたものは実体としては同一人物であり，なおかつ 2.1.4 節で述べたようにこの二つの自己は，すでに生後 9 ヵ月から 12 ヵ月の時期に「直接知覚される自己」として統合されていると考えられるため，一人称代名詞はインターパーソナル・セルフだけと対立するのではなく，エコロジカル・セルフも含めた直接知覚される自己全般と対立することになる．

また，子どもが (46b) を理解することができるのは，現在の自分がいる観察点が，過去ないし未来の他者の観察点と同一でありうること，および現在の他者がいる観察点が，過去ないし未来の自分の観察点と同一でありうること，によっている．すなわち一人称代名詞の意味構造の基盤をなす視座の移動の能力は，観察点の公共性（2.1.2 節）に基礎づけられていると言える．

2.5 記憶と想像の中の自己

Nigro and Neisser（1983）はエピソード記憶[16]における想起のモードに二種類あることを指摘している．想起の際，人は記憶のなかに自分自身の姿を見ることがある．これは，想起者としての現在の自分が観察者または第三者の視点から過去の自分を含むシーンを眺めたものである．このような想起のモードを「観察者の記憶（observer memory）」と呼ぶ．それに対して，その出来事を経験したときと同じ視座からシーンを想起する場合があり，これを「視野の記憶（field memory）」と呼ぶ．「視野の記憶」は過去の自分自身にとっての視野と見えをそのまま再現したものであるが，「観察者の記憶」は視野と見えの再現ではない[17]．

一方，人間が過去の経験を認知する際のもっとも原初的な認知ストラテジーが想起である[18]ことを考えると，過去時制形式の意味を根底で支える認知ストラテジーはエピソード記憶の想起であると考えることができる[19]．

以上のことから，「観察者の記憶」と「視野の記憶」の関係は，次の二文の

関係と並行していると考えることができる．

(47) a. Mulroney was sitting across the table from me.

b. Mulroney was sitting across the table.　　　(Langacker 2002: 19)

これらは過去時制の文であるが，これに関して Langacker（2002: 19）は次の現在時制の文と同様の観察をしている．

(23) a. Vanessa is sitting across the table.

b. Vanessa is sitting across the table from me.

すなわち，一人称代名詞を含む過去時制の文である（47a）は，話し手自身の姿を視野の中に含んでいる場合の表現であり，それに対して，一人称代名詞を含まない過去時制の文である（47b）は，話し手自身の姿が視野の中に含まれない場合の表現なのである．これは，一人称代名詞を含む過去時制の文である（47a）が「観察者の記憶」に基づく表現であるのに対し，一人称代名詞を含まない過去時制の文である（47b）が「視野の記憶」に基づく表現であると考えられるということである．

つまり，一人称代名詞が視野に含まれた自己を表すのに対して，ゼロ形は視野に含まれない直接知覚される自己を表すという関係は，現在時制の文だけではなく，過去時制の文の場合にも成立しており，それを背後から支えているのはエピソード記憶における想起の二つのモードであるということである．

なお，記憶は現実の過去の事柄についてのものであるが，未来の事柄についての予期や非現実の事柄についての想像の場合でも同じことが言える．すなわちこれらの場合にも，「観察者の記憶」に相当する，自分の姿が見えるような予期・想像の仕方と，「視野の記憶」に相当する，現場的な視座に立った自分の姿が見えない予期・想像の仕方があると思われる．

2.6 「捉え方」の意味論としての認知意味論と生態心理学

ところで，一人称代名詞において，〈その視野の中に自己を含む自己〉，すなわち〈（指示対象たる）自己を見ている（観念的に移行した先の）自己〉はいかなる性格のものなのであろうか．

本章では（24）において，明示的な指示を見えに対応させた．（25）におい

てその見えを作り上げている（直接知覚される自己に相当する）自己は視野の中には含まれず，そのために音形のある代名詞が用いられないのであった．同じことが一人称代名詞の背後にある〈自己を見ている自己〉にも言える．この自己は視野の中には入っていないし，また明示的に指示することもできない[20]．すなわちこの〈自己を見ている自己〉は直接知覚される自己としての性格をもっている．さらに本章では，一人称代名詞において指示対象となっている自己は，言語においては環境の一部である〈本〉〈石〉〈田中氏〉などと同様に扱われている，とした．このことから，「本」「石」「田中さん」のような表現にも直接知覚される自己が関わっていると言うことができる．

直接知覚される自己とその表現についての本書のこれまでの議論では，一人称代名詞との対立という観点から知覚者と対象の関係を取り上げてきたが，本節の議論はこれを認知全般とその表現に拡張できる可能性を示唆している．

(48) 一般に，言語表現は（一人称代名詞による指示を受けていない）直接知覚される自己としての認識者・話者の表現を伴う．

先に言及した，同一の行為を「指導」と捉えるか「言い聞かせる」と捉えるかの違いにエコロジカル・セルフのレベルでの自己知覚の違いが伴うという論点は，この点を先取りしたものと言える．

明示的な指示を見えに対応させた (24) および 2.1.1 節の議論を考え合わせると，(48) は次のような主張をしていることになる．

(49) 言語表現には認識された世界に関する「いかなる事態が起ったか」という情報と，その世界との関連で捉えられる，認識者・話者についての「その事態をどのように了解 (construe) したか」という情報が埋め込まれている．

「話し手が事態をいかに了解したか」という問題は認知意味論の最大の関心事である．話を少しだけ具体的にしよう．

(50) a. The bike is near the house.
b.? The house is near the bike.

(50a) において，話し手は家を基準点として設定し，それに基づいて自転車の位置を確定しようとしている．逆に (50b) の話し手は自転車を基準点として，それに基づいて家を位置づけようとしている．われわれの日常経験におい

て前者の捉え方は自然であるが，後者の捉え方は不自然である．その差が容認度の差に反映されている（Talmy 1978）．このように，認知意味論は（50）における話し手の捉え方の違いを表現形式の違いと結びつけて捉えようとする．

一方，生態心理学的な観点から言うならば，（50）の二文には，ともに自転車と家の空間内における位置関係についての情報が埋め込まれていると同時に，話し手がこの二文のいずれを選ぶかというところに，話し手がその位置関係をどのように了解したかについての情報も埋め込まれている．

すなわち，言語と知覚の間に並行関係を想定し，明示的な言語表現を見えに対応させる本書のアプローチは，認知意味論が目指す意味研究と同じ観点に立っていることになる．このような意味において，生態心理学の自己知覚論は認知意味論の意味観と高い親和性を持つといえる．

2.7 言語と知覚の並行性とその限界

以上，言語の構造を知覚の構造になぞらえて考える立場から自己の表現形式を検討してきた．しかし，ここまでの議論が妥当であるとすると，生態学的な知覚論において提示されている知覚の構造と言語の構造との並行性は全面的なものではないことが分かる．

Gibson の生態学的な知覚論においては，知覚を成立させる「情報」は環境の中に埋め込まれており，環境を探索してその情報を抽出することが知覚であるとされる．自己についての情報は環境についての情報と同様に環境の中に実在する．自己知覚も環境の知覚もともにその情報を抽出することで達成される．すなわち，「ギブソンは基本的に環境の知覚と自己の知覚を分けない」（佐々木 1993c: 97）[21]．これは知覚および認識における主体と客体の二元性という発想を放棄する立場でもある．

一方言語においては，すでに見たように，自己の表現に少なくとも 2 通りを認めなければならない．一つはゼロ形による表現であり，いま一つは一人称代名詞による表現である．前者は直接知覚される自己に相当するものであり，後者はそれとは性格を異にする，〈本〉〈石〉〈田中氏〉のような，環境の中に存在するものと同様に捉えられた自己を指示する表現であった．さらに，本章の

枠組みでは音形のある名詞句で指示できるか否かという言語における相違は，知覚において視野の中に含まれるか否かに対応していると想定している[22]．これらのことは，少なくとも言語の構造に現れた限りでは，視野の中に含まれる環境中の事物の認識のあり方が，視野の中に含まれない自己のエコロジカルなあるいはインターパーソナルな認識のあり方とは異なっていること，言い換えれば，言語においては視野の中に含まれるか否かが知覚の場合にはないような重要性を持っている，ということを示唆している．

2.8 Neisserの「五種類の自己知識」論

　本章で取り上げてきたNeisserによるエコロジカル・セルフの概念はGibsonの自己知覚論に基づくものであり，その限りにおいてはNeisserは生態心理学の発想を採っていると言うことができる．しかしながらNeisserは一方でスキーマや理想化認知モデル（Idealized Cognitive Models; ICM (Lakoff 1987)）の概念を採用するなど，人間が脳の中に蓄えている知識を重視する認知心理学の立場も合わせて採用している．

　Neisser (1988, 1993b) は人間の自己認識にエコロジカル・セルフ，インターパーソナル・セルフを含めて五つの層があることを指摘している．

　　(51)　a.　The ecological self is the self as perceived with respect to the physical environment: 'I' am the person here in this place, engaged in this particular activity.

　　　　　b.　The interpersonal self, which appears from earliest infancy just as the ecological self does, is specified by species-specific signals of emotional rapport and communication: I am the person who is engaged, here, in this particular human interchange.

　　　　　c.　The extended self is based primarily on our personal memories and anticipations: I am the person who had certain specific experiences, who regularly engages in certain specific and familiar routines.

　　　　　d.　The private self appears when children first notice that some of their experiences are not directly shared with other people: I am, in principle, the only person who can feel this unique and particular pain.

e. The conceptual self or 'self-concept' draws its meaning from the network of assumptions and theories in which it is embedded, just as all other concepts do. Some of those theories concern social roles (husband, professor, American), some postulate more or less hypothetical internal entities (the soul, the unconscious mind, mental energy, the brain, the liver), and some establish socially significant dimensions of difference (intelligence, attractiveness, wealth). There is a remarkable variety in what people believe about themselves, and not all of it is true.

(Neisser 1988: 36)

以下，これについて板倉（1999: 23-24）によるまとめも参考にしながら簡単に紹介しておく．

(51a) は本章で検討してきたエコロジカル・セルフであり，(51b) は本章で検討してきたインターパーソナル・セルフである．本書ではこの二つを直接知覚される自己と呼んでいる．これらは直接知覚される自己であるため，認知心理学的な立場をとらない生態心理学者もこれらについては認めている．

(51c) の時間的な延長を持つ自己（(temporally) extended self）は，本人の想起の中に現れ，未来に投影される自己である[23]．(51d) の私的自己は感情のような私的な経験のありかとしての自己である．これは私的な経験は他者と共有することができないということを子どもが悟ったときに現れる自己である．(51e) の概念的な自己とは自分についての（思い込みを含む）いわゆる知識としての自己である．たとえば筆者の場合には，「日本人である」「言語学者である」「頭がよい」「性格がよい」などのような（客観的に見て正しくないものも含む）要素からなる自己知識であり，これらの要素は相互に関連しあって自分についての一つのまとまりのある素朴理論（あるいは認知意味論に言う「理想化認知モデル」）を構成している．

時間的な延長を持つ自己，私的自己，概念的な自己の三種の自己は生態心理学の直接知覚論の範囲を超えるものであるが，しかし直接知覚される二種類の自己を基盤として成立するものである．その意味で，Neisser の自己論においては，個体にとっての自己あるいは自己知識の起源は，究極的にはその個体の

内部に求められるのではなく，物理的ないし社会的な環境に求められると言える．それは，自己についての伝統的な考えである，自己あるいは自己知識を単質的かつ自立的なものと考え，そのありかを個体の内部に求める本質主義 (essentialism) 的な自己観への批判を踏まえている．これが Neisser の自己論の大きな特徴である．

【注】

1) 本章は Honda (1994a, 1994c)，本多 (1994)，Honda (1995)，本多 (1997a, 2002a) の内容をもとに増補・改訂したものである．本章の内容と関連の深い研究としては Ikegami (2001)，池上 (2004) がある．
2) ちなみに筆者は非喫煙者である．念のため．
3) エコロジカル・セルフについては佐々木 (1993c) に解説があり，本節の記述はこれを参考にしている．また Gibson (1979) 自身はこの現象を「視覚性運動感覚 (visual kinesthesis)」と呼んでいる．
4) たとえば，足を動かすとモビールが動くという仕掛けに幼児を入れると，幼児はモビールの動きを見てその原因が自分の足の動きであることを知覚できる．同様の能力は生後数日以内の新生児にも見られる．発達心理学ではこれを「随伴性の探知 (contingency detection)」と呼んでいる (『発達心理学辞典』)．
5) 具体的に Neisser (1991: 203) が言及している研究は Siqueland and DeLucia (1969)，Rovee-Collier (1989)，Gibson (1993) である．
6) ただし，一人称代名詞の性質については，筆者は Neisser とは理解を異にする．本書の枠組みでは，2.3 節で述べるように，一人称代名詞はエコロジカル・セルフの直接的な表現ではない．
7) この葛湯のエピソードについては，3.2 節でも言及する．
8) 「観察点」は「視野」「見え」同様，あらゆる知覚および認知のシステムに適用できる用語として用いる．
9) Gibson (1979: 43; 邦訳 46) もあわせて参照のこと．
10) ここでは自己知覚を車の見えとの関連だけで考えている．現実の知覚においては，文に表現されていない環境の見えが成立しており，それらを中に含む視野全体を考慮に入れれば，事情は変わってくる．視野全体は変化せず，その中の車の見えだけが変化すれば，それは知覚者が静止していて車だけが動いていることを特定する情報となる．一方，視野全体が変化すれば，それは知覚者自身の移動を特定する情報となる．また視野全体が変化し，なおかつそれとの関係において車の見えがさらに変化するならば，それは車と知覚者の双方が移動していることを

特定する情報となる．

11) Langacker（1995）に形容詞で表される属性はそのすべてとは言わないまでもほとんどが動作主ないし経験者との相互作用を背後にもっているとの趣旨の指摘があるが，これは形容詞述語文の背後に知覚者を想定する本書の立場と相通ずるものである．Langackerのこの指摘については3.1節も参照のこと．

12) Sweetser（1996）自身はこれらを「主観的変化表現（subjective change expressions）」と呼んでいるが，本書ではその名称は採らない．「主観的変化表現」という名称は認知主体としての話し手が述語動詞に対応する状態変化をしているという印象を与えるが，本書では（34）のような述語動詞で表される状態変化とは直接対応しない話し手の位置変化による変化表現も，仮想変化表現に含めるためである．

13) *every time I read him* の *I* は直接には *read* で表された行為の主体として位置づけられているのであって，「面白くなる」という変化を知覚する知覚者として表現されているわけではない．*as you get older* の *you* についても同様である．

14) 例文（38）とそれについての観察は聖心女子大学における筆者担当の日本語学演習の2003年度受講生の指摘による．

15) 一人称代名詞全般についての議論ではないが，大江（1975: 215-218）が次の例との関連から，「離脱した自己（displaced ego）」という概念を提示している．

 (i)   a. I look pale.
     b. Don't you look pale?

大江のこの議論は本節の議論と軌を一にする．なお，この（i）の例については5.5節で取り上げる．

16) エピソード記憶とは，簡単に言えば，自分自身の，ある特定の時点に生じた経験についての記憶のことであり，いわゆる「知識」としての意味記憶と対立する．正確には，次のような記憶である（『認知科学辞典』より）．

 (i)   a. エピソード記憶：
     記憶の一種で，自己の経験として思い出すことのできる記憶をいう．「昨晩はカレーライスを食べた」「子どものとき，ハワイへ行った」「10年前のクリスマスの日に，インドで大地震があった」のような記憶で，特定化された場所や時間の意識を伴う記憶である．ワイキキの海岸で4,5歳の自分が写っている写真を見て，何もそのときのことは思い出せないが，自分はハワイへ行ったことがあると思う場合は，エピソード記憶ではない．それは自己に関する知識としての記憶で意味記憶のカテゴリに入る．また，単に1993年にインド大地震があったというだけで，そのときの自己の認知や行動が何も思い出せないならば，何百年も前の歴史上の出来事を覚えているのと同じで，これもエピソード記憶とはいわない．エピソード記憶を測定するテストには，自由再生テスト，手がかり再生テ

スト，再認テスト，再構成テストなどがある．
  b. 意味記憶：
    記憶の一種で，世界に関する知識の記憶をいう．言葉の意味，物の名前や概念，様々な法則や規則など，すべて意味記憶である．われわれが学校で学ぶことや自らの経験で得た知識は，意味記憶である．意味記憶と対比される記憶にエピソード記憶がある．両者の違いは，思い出すとき（検索時）の方法にある．たとえば，37＋29＝という問題で66と答えた人が，しばらくして再び37＋29＝という問題に出会ったとする．また頭の中で計算をして「66」と答えれば，それは意味記憶である．なぜならば足し算の知識を使用しているからである．しかし，自分が以前に66と答えたことを思い出し，計算をしないで「66」と答えたとすれば，それはエピソード記憶である．意味記憶の表象モデルとして代表的なものに，ネットワークモデルと集合論的モデルがある．前者は，ノード（概念）とリンク（概念間の関係）で知識構造を表現しようとするモデルであり，後者は，概念を要素の集合として表現するモデルである．

17) 「観察者の記憶」と「視野の記憶」についてはさらに Robinson and Swanson (1993) も参照のこと．
18) この点についての最近の研究としては大橋（2004）がある．大橋は大森（1992）などの時間論を踏まえ，過去および未来をそれぞれ想起と予期という能動的な行為との関連で捉え直す試みを提示している．その時間観は本書の時間観と基本的に同じである．
19) 定延（2001: 64-66）は「知識」と「体験」を対比させて，後者を日本語の「た」の使用と結びつけているが，定延の言う「知識」と「体験」はそれぞれ意味記憶とエピソード記憶に相当するものであり，したがってその立場は本書の立場と基本的に同じであると言える．
20) いわゆる遂行文については別途考察しなければならない．
21) Gibson（1993）も参照されたい．
22) 視野に含まれていて，明示的な表現が可能なものであっても，つねに明示的に表現されるわけではない．さまざまな構文的・談話的な理由によって表現が抑止されることはある．たとえば英語の *tough* 構文における知覚・行為者としての話し手がそれに当たる可能性がある（5.5節）．したがって，繰り返しになるが，本書はすべてのゼロ形が直接知覚される自己の表現であるという主張をしているわけではない．
23) Neisser は時間的な延長を持つ自己と観察者の記憶および視野の記憶との関係については述べていない．

第3章
探索活動とアフォーダンス

3.1 知覚の能動性：探索活動

　本書では，ここまで知覚をあたかも受動的なものであるかのように取り扱ってきた[1]．しかし，実際には知覚は受動的なものではない．

　物体の形状の知覚における知覚者の能動的な運動の役割を明らかにした先駆的な研究に結城 (1952) がある．物体の長さや形は触覚によって知覚することができる．しかしその際，知覚者は自力で手を動かして，手と対象の接触の仕方を自分でコントロールできる状態になければならない．すなわち，「なぞる」という能動的な行為が可能な状態になければならない．他者が物体を動かし，それに静止した手を接触させた状態では，自力で「なぞる」場合と全く同じ触刺激[2]が得られるにもかかわらず，形状の知覚は成立しない．また結城は，視覚による形状の知覚の場合にも，対象の輪郭をなぞる視線の移動が存在することを合わせて確認している．触覚の場合においても視覚の場合においても，知覚者が運動を行うことによって，入力される感覚刺激はランダムに攪乱される．一方，「なぞる」という営みは対象全体に対してランダムに行われるのではなく，対象の主要構成線である輪郭線にそって行われる．このことから，結城は形状の知覚は刺激の受容による対象物の模写という受動的なものではなく，知覚者による選択が関わる能動的なものであるとする．言い換えれば，知覚を成立させるのは感覚刺激の受容ではなく，対象に対する知覚者の側の能動的な行為であるという認識を提示しているわけである．

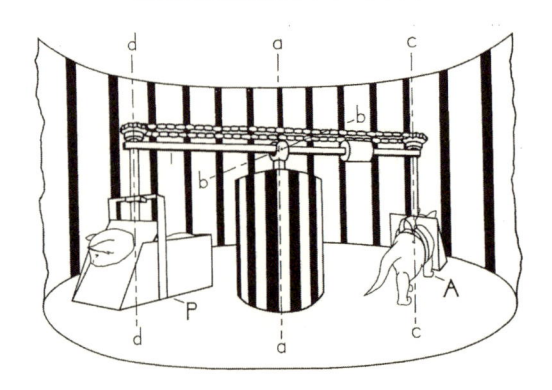

図 3.1 Held and Hein の実験（Held and Hein 1963: 873）

　その10年後に発表されたGibson（1962）で，Gibsonは触覚による形状の知覚に関して同趣旨の実験を行い，同じ結果を得ている．このような能動的な接触をGibsonは "active touch" と呼んでいる[3]．

　能動性は物体の属性の知覚だけではなく，空間の構造の知覚の発達にも関与する．これに関してはHeld and Hein（1963）のネコを用いた実験がよく知られている（図3.1）．誕生時から暗闇の中で育てた同腹のネコが歩けるようになるのを待つ．歩けるようになった時点で，2匹を棒でつなぎあわせて明るい場所に出す．ただし一方（能動ネコ）は装置の中を自由に移動できるが，もう一方（受動ネコ）は棒の端のゴンドラの中に入れられ，自由に移動することはできない状態におかれる．移動があることはあるのだが，それは能動ネコの移動に依存している．この実験の後で2匹のネコを比較すると，能動ネコに関しては視覚的断崖（visual cliff）（Gibson and Walk 1960）（図3.2）を回避するなど，視覚によって空間の構造を知覚する能力が成立していることが確認されたが，受動ネコの方にはその能力がみられなかった．

　この実験の場合，能動ネコと受動ネコは全く同じ量の感覚刺激（光）を与えられている．また両ネコの移動量も同じである．異なるのは，その移動が能動的であるか受動的であるかという一点だけである．なお，受動ネコの感覚器官に異常があったわけではない．これは実験後受動ネコに明るい場所での移動の自由を与えたところ，能動ネコと同様の正常な空間知覚能力の成立が見られたことにより確認された[4]．

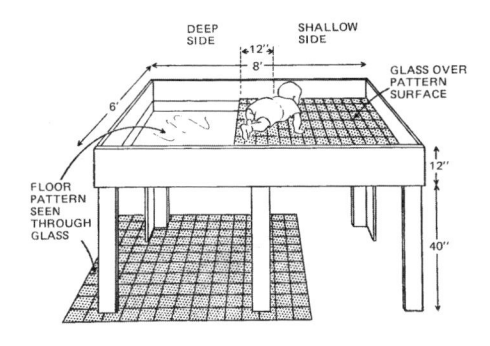

図 3.2 視覚的断崖 (Gibson 1991: 154)

同じことが人間の空間知覚の発達にも言える．Campos, Langer and Krowitz (1970: 197) の報告によれば，自力移動のできない乳児でも視覚的断崖の上面と底面の見えの違いを知覚できることが心拍数によって確認されるが，それに対して恐怖を抱くようになるのは 9 ヵ月を過ぎて自力歩行ができるようになってからである．Goldfield (1983: 385) によればこれは，運動能力の発達が空間認識能力の発達を促していることを示すものである[5]．

能動性は成人の空間知識の獲得にも関与する．Péruch, Vercher and Gauthier (1995) は，計算機に接続した大型表示装置を用いて視野の変化を引き起こし，それによって場所の移動をシミュレートするという実験を行った．被験者は三つのグループに分けられた．第一の条件においては，被験者はコンピュータに接続されたジョイスティックを自由に動かすことができた．それにより自由に環境の見えを変化させながら環境の中を探索することができた．この条件（能動的・動的・探索条件（the active dynamic exploration condition））は能動的な運動をシミュレートしたもので，Held and Hein の能動ネコの場合に相当する．第二の条件（受動的・動的・探索条件（the passive dynamic exploration condition））においては，被験者は自力で制御できない移動に伴って連続的に変化する見えを見ることによって環境の探索を行った．これは Held and Hein の受動ネコの場合に相当する．最後の条件（受動的・静的・探索条件（the passive static exploration condition））においては，被験者は経路上のいくつかのポイントからの見えを再現した不連続に変化する静止画像群を見た．それぞれの条件

で環境の探索を行った直後に，被験者は，環境の中心部付近の位置に置かれた，出発点からは見えない物体まで最短経路をとって到達するよう求められた．

　その結果は，第一条件（能動的・動的・探索条件）の被験者は課題の達成率が良好であったが，第二，第三条件の被験者は明らかに成績が劣っていた．Péruch らによればこれは Held and Hein の実験と同様，空間知覚の発達に知覚者の能動的な運動が必須であるということを示している[6]．

　このような，知覚を成立させる知覚者の能動的な活動を探索活動と呼ぶ．知覚による情報の獲得の背後には，時間の長短はあれ，必ず探索の過程を観察することができる（Gibson 1966, 佐々木 1994b: 64）．この探索活動は，感覚器官に入力される刺激をランダムに攪乱する．したがって，感覚刺激は知覚成立の原因にはなり得ないことになる．

　これらの研究とは独立に，言語学者の中にもこのような知覚における探索活動の役割に注目するようになった研究者がいる．たとえば Langacker（1995: 52）は（52）のように述べ，（53）の *hard* の背後に対象に力を及ぼす人間の動作主が存在することを指摘している．

(52) 　Ultimately, I believe that most if not all adjectival properties are best characterized with respect to some activity or process involving the entity ascribed the property. What varies is how specific and how salient that process is.

(53) 　a. hard surface
　　　b. The icecream is hard.

つまり，すべてとまで言えるかどうかはともかく，ほとんどの形容詞の意味構造に，その形容詞の表す属性の持ち主となる事物が関わる行為ないし過程が存在しているということである．そしてその過程がどれほど特定的なものであるか，そしてどれほど気づかれやすいものであるか，ということが個々の形容詞によって異なっているというわけである．*hard* においては背後に「接触」という行為ないし過程があることになる．この「行為ないし過程」は本章で「探索活動」という概念で捉えようとしているものにほかならない．

　このような形容詞の背後にある探索活動は，形容詞によっては次のような形で明示することができる（坂本 2002）．これは「*pretty* 構文」と呼ばれる構文で

ある.

(54) a. Its fur is soft to touch.
b. Mary is pretty to look at.
c. This music is beautiful to listen to.

また，篠原（1993）が（55）のような *tough* 構文との関連で，「前提行為」の名の下に探索活動に当たるものの存在を指摘している．

(55) This book is easy to read.

生態心理学の影響を受けた言語学者の研究として注目すべきなのが，日本語の形容詞の意味構造を包括的かつ詳細に論じた仲本（1998, 2000）である．仲本が「アフォーダンス的解釈」と呼んでいるものを「探索活動」と読み替えれば，本章の議論と一致するものになる[7]．

3.2 知覚システム：知覚のための身体の行為，知覚のために組織される身体

前節に述べたように，知覚の成立には知覚者の能動的な行為が必要である．そこで知覚の分類も，刺激の受容ではなく行為に結びつけて捉え直すことになる．Gibson（1966）は，知覚のための身体の行為，知覚のために組織される身体を「知覚システム」と名づけた（佐々木 1994b: 75）．脊椎動物は五種類の知覚システムを持つ．一つは大地と身体の関係を知覚するためのシステムで，他のシステムの基礎となる〈基礎的定位づけシステム〉である．それ以外に〈聴くシステム〉〈触るシステム〉〈味わい—嗅ぐシステム〉〈視るシステム〉がある（佐々木 1994b: 77）．

複数の知覚システムの獲得する情報は等価である．したがって，知覚システムが獲得する情報は冗長なことが多い．たとえば，火は聞くことも，嗅ぐことも，見ることも，熱を〈触るシステム〉で感じることもできる（Gibson 1966: 54, 佐々木 1994b: 77）．パチパチという音，こげくさい匂い，明るい炎，高い温度は，いずれも火を特定する[8]．3.1 節で言及した形状の知覚の研究は，物体の形状についての情報が〈触るシステム〉によっても〈視るシステム〉によっても獲得できることを確認したものでもある（cf. Gibson 1966: 53）．

感覚および知覚は伝統的には五感（「視」「聴」「触」「味」「嗅」）に分類されてきた．これはもともと感覚刺激を受け取る器官の種類に基づく分類であるが，生態心理学ではこれを行為と結びつけて環境に対する注意のモード（Gibson 1966: 49-51, 佐々木 1994b: 78）と捉え直すことになる．

知覚システムはばらばらに機能するわけではない．たとえばパチパチという音，こげくさい匂い，明るい炎，高い温度は，互いに共変し合う[9]ことで同じ一つの火を特定する．このように，実際の知覚経験においては，いくつかのシステムが協応して知覚者に情報を提供することが多い[10]．2.1.1 節（20）の葛湯のエピソードにおいては，葛湯の知覚に，〈味わい―嗅ぐシステム〉のほかに，〈視るシステム〉（葛湯とそれを取り囲む状況の見え），〈触るシステム〉（葛湯の温度の知覚，および周囲の気温の知覚）なども関わっていたと考えるのが妥当である．

複数の知覚システムからの情報が等価・冗長であるということは，一つのシステムが機能しない場合にもそのシステムから得られる情報と等価の情報を別のシステムから得ることが可能であるということでもある．これについては盲人の空間移動の例が挙げられる（佐々木 1994b: 79）ことがあるが，ここでは「打検士」（黄倉 2000, 2001, 佐々木 1994c）に言及しておく．打検士とは「打検棒」という金属棒で缶を打つことによって缶詰の品質検査を行う人のことである．彼らは缶を叩いた音から，内容物の腐敗などを知覚することができる．通常われわれが開缶後に〈味わい―嗅ぐシステム〉および〈視るシステム〉によって獲得する情報を，打検士は開缶前に〈聴くシステム〉によって得ていることになる．

打検士の場合にはかなりの知覚学習（3.5 節）が必要となるであろうが，このような複数のシステムからの情報の等価性・冗長性はより日常的な場面でも経験できるものである．たとえば真夏に聞く風鈴の〈音〉を「涼しい」と感じたり，真夏にセーターを着ている人を〈見〉て「暑苦しい」と感じたりするのは情報の等価性・冗長性の反映である．

このような情報の等価性・冗長性が言語に反映している例としては共感覚表現と擬態語がある．共感覚表現とは，たとえば「明るい声」「涼しい音色」などのような表現である．「明るい声」に現れる「明るい」は視覚に関わる形容

詞であるが,「声」は聴覚で認識する対象を表す名詞である.すなわち,修飾する形容詞と修飾される名詞の間に感覚のずれがあるわけである.このような共感覚表現は,上記の風鈴の音の場合のような経験を言語に表したものである[11].擬態語の例としては「ぴかぴか(光る)」「ぬるぬる(する)」がある.これらは通常「わんわん(吠える)」などの擬音語と同様,感覚的な印象をそのまま言語化した,類像性の高い表現であるとされている.しかし,「わんわん」吠える犬は「わんわん」という音(に近いもの)を発しているということができるが,「ぴかぴか」光っているものは,通常は「ぴかぴか」という音を発しているわけではないし,「ぬるぬる」している表面が,手と接触した際に「ぬるぬる」という音を立てるわけでもない.すなわち,擬音語の指示対象が〈音〉であり,それが言語記号の構成要素である〈音韻〉と類像的に結びつけられる可能性があることは明白であるのに対し,擬態語の指示対象である対象の視覚的なありよう(「ぴかぴか」),対象の触覚的なありよう(「ぬるぬる」)などは,〈音〉の場合と同じ意味で〈音韻〉と類像関係にあるということはできない.それにもかかわらず一般的に擬態語は擬音語同様に類像的であると感じられる.これはなぜか,ということが問題となるわけであるが,これも共感覚表現の場合と同様に[12],複数の知覚システムから得られる情報が等価的・冗長的であるためと考えれば自然に説明できることになる.

また,複数の知覚システムの協応が言語に反映した例として,擬音語・擬態語による複合感覚表現(武藤 2003)がある.

(56) a. 炊き立ての真っ白いご飯に<u>プチプチ</u>の明太子をたっぷりのせて,はふはふとお召し上がりいただきたい.

b. たらこ・塩数の子・塩いくらをセットにしました.一粒一粒ほぐして塩漬けにした<u>プチプチ</u>のいくら,スケソウダラの成熟卵を生のまま塩漬けにしたさらさらのたらこ,ニシンの卵を塩漬けにしたコリコリの数の子です. (強調原文)

「プチプチ」は,(56a) では視覚的意味が顕著であるが,(56b) では「触覚的印象(嚙み切ったときの食感),そして視覚的印象(粒状のものが細かくぎっしり詰まっている様子),および聴覚的印象(嚙み切ったときの音)のすべてを表す」(武藤 2003: 287).この後者のようなものが,複合感覚表現である[13].

3.3 生物体の運動と意思の知覚

　前節との関連でここで触れておきたいのが，人間を対象とした知覚である．
　Johansson（たとえば Johansson 1973 など）によって開発された運動知覚の研究法に，人の主要な関節部に光点を取りつけて，暗室内で観察するという方法がある．光点が静止した状態では，そこに見られるのはランダムな光点の集まりだけであるが，光点が動き出すと，そこに人を知覚できる．しかも，さまざまな行為（歩行，ランニング，ダンスなど）を区別することができる．Johansson はこの現象を生物体の運動（biological motion）と名づけた（cf.『心理学辞典』s.v.「生物学的運動」）．
　この生物体の運動という現象に関して興味深いことは，観察者が光の動きから，行為の種類だけでなく，行為者が誰であるか，あるいは行為者の性別が男女いずれであるか，などを知覚することができたということである．そしてさらに重要なことは，行為者が虚偽の行為を行った場合であっても，観察者はそれを見抜くことができたということである．たとえば男性の行為者が女性を演じたり，女性が男性を演じたりした場合，あるいは砂袋を手で持ち上げるという動作をする際に，その砂袋を実際の重さよりも重く見せようとする動きをした場合にも，そのことを観察者は光点の動きだけから知覚することができた．つまり観察者は，相手の（騙そうとする）意図という内的なものを，〈視るシステム〉によって知覚することができたということである（Runeson and Frykholm 1983)[14]．
　また Brownlow, Dixon, Egbert and Radcliffe（1997）によれば，生物体の運動から観察者は，「楽しい（happy）」ダンスと「悲しい（sad）」ダンスを区別することができた．このことは，相手の感情的な状態をも，〈視るシステム〉によって知覚することができたということである．
　以上は，他者の心理状態という私秘的なものが，少なくとも大まかには相手の動きの見えから知覚できるということである[15][16]．
　これと関連している言語現象として，次のようなものがある（大森 2004: 184）．

　　(57)　a. He was now smoking a *sad cigarette*.
　　　　　　（彼はそのとき悲しい煙草を吸っていた．）

b. She tapped Bruton Street with a *testy foot*.

（彼女はブルートン通りを不機嫌な足取りでコツコツ歩いた．）

c. It was plain that I had shaken him. His eyes widened, and an *astonished piece of toast* fell from his grasp.

（私が彼を動揺させたことは明白だった．彼の目は見開かれ，驚いたトーストパンが，つかんでいたはずの手から落ちた．）

(57a) において，悲しんでいるのは彼であるが，その悲しみを捉えたはずの形容詞 *sad* は，*cigarette* を修飾している．(57b) では，不機嫌さをあらわす形容詞 *testy* は不機嫌を感じている人物を指す *she* の述語としてではなく，その足を指す *foot* の修飾語となっている．(57c) においても，驚きを表す *astonished* が驚いている本人ではなく，非情物であるトーストを指す *toast* を修飾している．このように，修飾語句が，本来修飾すべきと考えられる語句から離れて，別の語句を修飾している場合，その修飾語を「転移修飾語（transferred epithet）」と呼ぶ．

これらについて，大森（2004: 187）は次のように述べている．

(58) [57a] の語り手は，彼は悲しんでいたと理解している．語り手はその彼の悲しみを，彼が吸っている，ゆらゆらと静かに青い煙がたちのぼる煙草に，そこはかとなく感じたのである．[57b] の語り手は，彼女が腹を立てていることを，コツコツと高い足音を立てて通りを歩いて行くその足取りに感じ取った．[57c] の語り手は，自分が彼を驚かせてしまったことを，彼の見開いた目，そして彼の手からはたと落ちるトーストによって実感したのである．

すなわち知覚者は，(57a, c) においては視覚的な見えから他者の心理状態を知覚しており，(57b) においては聴覚的な見え（聞こえ）から「彼女」の心理状態を知覚しているわけである．つまり (57a, c) と (57b) はそれぞれ〈視るシステム〉〈聴くシステム〉によって相手の心理状態についての情報を獲得していることになる[17]．言い換えれば，これらは「動く光の中に（相手の心理状態についての）情報がある」「変化する音の中に情報がある」ということの例となっている[18]．

また，次のような表現もこの文脈に位置づけることができる[19]．

(59) a. 目を輝かせる
　　　b. 目が輝く

これらは「興奮を伴った喜び」などを表す表現として定着しているが，相手の視覚的な見えから心理状態が知覚できる（動く光の中に情報がある）ことに基づいている．

3.4 アフォーダンスと自己知覚

3.4.1 アフォーダンス

3.1 節で，知覚の成立には探索活動が必要であり，その意味で知覚と行為を切り離すことはできないと述べた．生態心理学では知覚と行為がもう一つ別の意味で関連づけられている．それがアフォーダンスである．ある事物のアフォーダンスとは，その事物がある環境の中でそれぞれの知覚者に対して持つ意味である．より具体的には，環境の中のものが知覚者に提供する行為の可能性である．たとえば椅子は人間に対して「座る」という行為をアフォードする．空気は人間に対して呼吸をアフォードするが，水はそうではない．豆腐は人間に対して食べることをアフォードする．環境の中に存在するものは，物体，物質，場所，事象，他の動物，人工物のいかんによらず，すべてアフォーダンスを持つ．環境の中で活動している動物は，その探索活動を通じて環境の中のアフォーダンスを知覚している．

アフォーダンスは環境の中に実在しているものであり，知覚者が主観的に構成するものではない．たとえば筆者がいま座っている椅子は筆者にとって「座る」という行為をアフォードしているわけであるが，このアフォーダンスは筆者が現実に椅子に座っているか否かにかかわらず，この椅子に実在する．それは，この椅子がいまあるようなものであるということは座るという筆者の行為が実現するかしないかに依存せずに成立している事柄であると考えられるからである．

しかし，アフォーダンスはあくまでもそれぞれの知覚者にとっての意味である．たとえば，水は人間には呼吸をアフォードしないが，魚にはアフォードす

3.4 アフォーダンスと自己知覚

る．空気は逆である．体重 50 キロの人物に「渡る」ことをアフォードする吊り橋が体重 200 キロの人物にはアフォードしないこともある．筆者の研究室は筆者自身には「整理整頓」という行為をアフォードしないようであるが，同じ造りの他の研究室はそこを利用している教員に対しては整理整頓をアフォードしているらしい．このように，ある事物がある知覚者にとってどのような行為をアフォードするかは，その事物の持つ属性だけではなく，知覚者の属性やスキルにも依存する．すなわちアフォーダンスは，環境の中での事物と知覚者との「関係」として存在する．しかしアフォーダンスが関係であるということは，それが環境の中に実在しているということ，すなわち知覚者が主観的に構成することによって存在するのではないということ，を否定するものではない（河野 2001, 2003）．

3.4.2 再びエコロジカル・セルフについて

アフォーダンスが知覚者にとっての意味であり，事物と知覚者との関係として存在するということは，言い換えれば，アフォーダンスの知覚には自己の知覚が伴うということである．これは Gibson 自身の言葉では " To perceive the world is to coperceive oneself "（Gibson 1979: 141）と表現されている．環境についての情報は環境を探索する自己についての情報と合わせて獲得されるのである．このようにして知覚される自己は，先に 2.1.1 節で言及したエコロジカル・セルフである．これは先に 2.1.1 節で述べた，環境を知覚することと自己を知覚することの相補性の一環である（佐々木 1994b: 56-60）．

アフォーダンスとは知覚者と知覚対象を含み込んだ環境に実在する可能性である．これを知覚者の側を基準に捉え直せば，知覚者は環境を自己との関連において分節している，ないしは環境が持つ自分にとっての意味を発見している，ということになる．

事物のアフォーダンスの知覚に伴って知覚されるエコロジカル・セルフのあり方，とくに先ほど言及した「知覚者の属性やスキル」に当たるものを，エフェクティヴィティ（effectivity）と呼ぶことがある．これは「［…］アフォーダンスと相補的に定義される動物の特性（または過程）であり，行為の「可能性」としてのアフォーダンスを動物が実際に実現する可能性のこと」（『認知科学辞

典』）である．

3.5 情報の冗長性と知覚学習

いささか乱暴な言い方をするならば，ある事物が自分にとってある行為をアフォードするか否かを知るには，その事物に対してその行為を仕掛けてみればよい．吊り橋が渡れるかどうかは，渡ってみれば分かる．包丁の使い心地は，使ってみれば分かる．紙が破けるかどうかは，破いてみれば分かる．椅子が座れるかどうかは，座ってみれば分かる．鍋の中にある3日前のシチューが食べられるかどうかは，口にしてみれば分かる．すなわち，事物がアフォードする行為は，そのアフォーダンスを知覚するための探索活動としての役割を果たしうる．

しかしこれはやはり乱暴な議論と言わねばなるまい．吊り橋が渡っている途中で落ちたり，口にしたシチューが腐っていたりしたら，場合によっては生命に関わる．

先に3.2節で，複数の知覚システムによって得られる情報が等価・冗長であると述べた．これは，ある行為の可能性を知覚する際に，その行為を実際に行ってみる必要は必ずしもないということである．その行為に関わるシステムとは別のシステムを用いて探索を行えばいいのである．たとえば打検士は缶詰のアフォーダンス（「中身が食べられるかどうか」，あるいは別のレベルでは「出荷できるかどうか」）を食べたり出荷したりする前に知覚しているし，Campos et al. (1970), Goldfield (1983) の自力歩行ができる幼児（3.1節）が（視覚的）断崖を見て恐怖を示すのは，見ただけでそのアフォーダンス（「落ちる」）を知覚できているからである．

アフォードされる行為を実際にしなくてもその可能性が知覚できるということは，アフォーダンスの知覚によって得られるのが将来の行為の可能性についての情報であるということである．この意味で，アフォーダンスの知覚は予見的 (prospective) である．

ただし，このようなアフォーダンスの知覚には学習が必要である．訓練を受けていないわれわれがいきなりやみくもに缶詰を叩いてみたところで，中身の

腐敗が知覚できるわけではない．Campos *et al*.（1970），Goldfield（1983）の幼児の場合も，環境の中を自力で移動する経験が必要なのであった．

3.6 文化学習と知覚行為循環

　前節で，事物がアフォードする行為がそのアフォーダンスを知覚するための探索活動としての役割を果たしうるということ述べた．しかし，実はこれは問題の捉え方としては逆転している．ここには，アフォードされる行為の種類があらかじめ知識として知覚者に与えられているという前提がある．つまりシチューにおいて知覚されるのは食べることができるかどうかであって，破ることができるかどうかではないとか，椅子において知覚されるのは座ることができるかどうかであって，肉を切ることができるかどうかではない，といったように．

　たとえば，シチューを食べてみたり，食べられるかどうかを知るために凝視したり匂いを嗅いだりすることはあっても，シチューを破いてみたり，破けるかどうかを知るために凝視したり匂いを嗅いだりすることは，通常はない．言語的にも，「シチューを食べる」は普通の表現であるが，「シチューを破る」という言い方は普通はしない．しかしその理由は，前節までの議論からは明らかにはならない．

　つまり，事物がアフォードする行為がそのアフォーダンスを知覚するための探索活動としての役割を果たしうると言ってみたところで，そのこと自体は「その事物がどのようなアフォーダンスをもつか」を発見するための探索活動として，どのような行為がふさわしいかを知覚者に教えてくれるものではない．

　それでは，探索活動のあり方はどのように決まるのだろうか．

　その要因は，一つは社会的なものである．たとえば，電話には，話すというアフォーダンスのほかに，舐める，人を殴るといったアフォーダンスもある．しかしわれわれは通常，電話を使って人と会話することはあっても，電話を舐めまわしたり，電話で人を殴ったりすることはない．これは，電話のもつアフォーダンスの実現に対する，社会的な規制を，文化の中で学習することによる．これは Tomasello（1999: 84-87）の言う「意図的なアフォーダンス（intentional affordance）」と「自然的・感覚運動的なアフォーダンス（natural sensory-motor affordance）」の区別に相当する．われわれは，事物の意図的なアフォーダンスを文化学習（cultural learning）によって学習する．

いま一つは，逆説的だが，ほかならぬその事物に対する知覚である．事物に対する知覚が，ほかならぬその事物に対する探索活動をガイドするのである．三嶋（1998）は次のように述べている．

> （60）　日常の私たちの行為について，知ることと動くこととを区別することは難しい．たとえば暗闇で何かに手が触れたとする．私たちはふつう，それが何であるかを特定することができる．もちろん，それが何かまったくわからないときもある．いずれにせよ，私たちは手を適当に動かして，それを探る．しかし，このような探索行為は任意ではない．つまり，そのような探索は知覚によって常に支えられ，導かれている．やわらかい物を触るときにはやわらかく触るし，かたい物を触るときには叩いたりもする．つまり，私たちの動きは，私たちが持つ知覚能力によってのみ「適当な」ものになる．

事物をめぐる探索という行為がその事物に関する知覚を可能にし，その知覚が探索活動をガイドする．ここには循環的な構造がある．この循環を生態心理学では「知覚と行為の循環」と呼んでいる．そのような循環の中で発見される，事物のもつ行為の可能性がアフォーダンスであるということになる．この循環の成立が，アフォーダンスの知覚を支えているわけである．

3.7　プラスでないアフォーダンス

ここまでの記述は，アフォーダンスを「行為の可能性」と説明してきたこともあって，アフォーダンスはつねに知覚者にとって有益なもの，有利なものという印象を与えるものになっているかもしれない．だが，Gibson（1979: 137; 邦訳149），境・曾我・小松（2002: 159-160），河野（2003: 87）も指摘するように，アフォーダンスには「けがをする」「死ぬ」などのように有害なものもある．

「有益・有利」と「有害」という対比は，すべてのアフォーダンスがこのどちらかに分類できるかのような印象を与えるかもしれないが，実際にはそうで

ない．「有益でも有害でもない」中立的（neutral）なアフォーダンスも存在する．そこで本書では「プラス」「プラスでない」という表現を用いる．「プラスでない」は，「有害」と「有益でも有害でもない」「有益とも有害とも判断のしようがない」等を含む．

3.8 社会的なアフォーダンスとインターパーソナル・セルフ

　ここまでは，アフォーダンスを事物が提供する行為の可能性として捉えてきた．そしてそれに伴い，アフォーダンスの知覚と相補的に知覚される自己としてはエコロジカル・セルフを考えてきた．しかしながら，環境の中に存在するものがすべてアフォーダンスをもつということは，ある知覚者とともに社会を構成する他の知覚者，すなわち他者もアフォーダンスをもつということである．他者の持つアフォーダンスは社会的なアフォーダンスであり，その知覚と相補的に知覚される自己は，インターパーソナル・セルフである．

　ここまで（社会的でない）アフォーダンスについて述べてきたことは，社会的なアフォーダンスについても成立する．たとえば，ある人にとって，気安く話しかけられる人と話しかけられない人とがいる．また，ある人にとっては気安く話しかけられる人が，別の人にとっては話しかけられない人であったりする．

　あるいは，大学生の甲さんがサークルの友人の乙さんに対しては「まじかよ」のように言うのに対して，バイト先の上司の丙さんに対しては「本当ですか」と言うとする．この場合，友人の乙さんは甲さんに対して「まじかよ」というスタイルで話しかけることをアフォードするが，「本当ですか」というスタイルで話しかけることはおそらくアフォードしない[20]．一方上司の丙さんは甲さんに対して，おそらくは逆のアフォーダンスをもつことになる[21]．

　また，乙さんが（自分に対して）「まじかよ」というスタイルの話し方をアフォードするかどうかを知るには，甲さんは乙さんに対して実際にそのスタイルで話しかけてみればよい．その際の甲さんにとっての乙さんの反応，すなわち社会的な見えから，乙さんがそのようなアフォーダンスをもつかどうかが知覚されることになる．その一方で，乙さんがそのアフォーダンスをもつかどう

かを知覚するための探索活動は，そのような話し方を実際にすることに限られているわけではない．それ以外の方法によっても，そのアフォーダンスの有無を知ることは可能である．

なお，社会的なアフォーダンスの知覚は，第三者の存在の知覚や場面の知覚にガイドされることがある．たとえば日本語では，女性が自分の配偶者を指示する用語として，「主人」ないし「夫」，いわゆる下の名前（「太郎（さん／君）」など），あだ名などが使い分けられるが，この使い分けは，発話場面にいる配偶者以外の人物の違いに応じている．すなわち第三者の知覚にガイドされているわけである．あるいは筆者の場合，ある同僚を，食堂などの非公式な場においては「○○さん」と「さん」づけで呼ぶのがふさわしいと感じられるが，教授会等の公的な場においては「○○先生」と呼ぶのがふさわしいと感じられる，ということがある．

3.9 行為の二種類とその社会的な側面

Gibson（1966），Reed（1996）は，知覚のための活動（activity）と行動（behavior）のための活動とを区別している．彼らは前者を「探索的（exploratory）」，後者を「遂行的（performatory）」な活動と呼ぶ．彼らの言う探索的活動は，情報の走査と利用のことであり，ふつうは環境に変化をもたらすほど多大な力を消費する必要はない．他方，遂行的活動は，環境に変化をもたらす力を発揮する活動である．たとえば，食べ物を見たり，その匂いを嗅いだりすることは探索的な活動であるが，食べ物を獲得し，かみくだき，食べることは遂行的活動である．

ここでは遂行的な活動が環境に変化をもたらすということの社会的な側面に着目したい．その一つとして，言語による社会的な関係の構築が挙げられる．たとえばある人を指示したり呼びかけたりする際に使用する言葉を苗字＋敬称（「田中さん」など）からあだ名に切り替えるということは，その人との関係を「苗字＋敬称で呼ぶ（あるいは呼び合う）」関係から「あだ名で呼ぶ（呼び合う）」関係に明示的に作り変える試みとして機能する．逆に，苗字＋敬称をずっと使い続けるということには，「あだ名で呼ぶ（呼び合う）」関係への切り替えを拒

否する働きを持つ．

　これらには，すでに存在する社会的な関係の知覚という側面に加えて，社会的関係の構築・維持という能動的な側面もあるということである．

【注】

1) 本章は本多（1997c，2002a）の内容をもとに増補したものである．
2) 本章では「刺激」を「受容器に作用する物理的エネルギー」ないし「感覚器官への入力」という意味で用いる．したがって，「対象が発するもの」という谷口（1997）の理解とは異なる．
3) これは後の研究者によって "dynamic touch" の研究として受け継がれている．詳細は佐々木（1993b），佐々木（1994b: 第4章），三嶋（2000, 2001）などを参照のこと．
4) 佐々木（1987: 17-22）にこの実験の概要と意義が説明されている．
5) 河合（1992: 807-84）および無藤（1994: 1397-152）が Kermoian and Campos（1988）などをもとに，能動的な運動が空間認識能力の発達を促すと述べている．
6) この実験はまた，認知地図（cognitive map; 空間的な知識の心的な表示）の成立における移動の役割をも示唆している．認知地図と移動の関係については Gibson（1966: 278）が短く言及しているが，さらに興味深い議論が佐々木（1987: 72-77）にある．
7) 仲本の研究の最近の興味深い展開として仲本・小谷・井佐原（2003），仲本（2003）がある．
8) ちなみにこれを Peirce の記号論の用語で述べれば，たとえば「こげくさい匂い（記号表現）が知覚・行為者（解釈項）に対して火（記号内容）を指標する」となる．記号表現と記号内容の間に客観的に存在する指標的な関係（因果関係）を発見するのが，知覚者の能動的な探索活動である．
9) たとえば火勢が弱まれば，音は小さくなり炎は収まり，温度も下がり，匂いも変わる．
10) この点に関する理論的な問題をめぐって，生態心理学内部で論争があるようである．それについては野中（2004）を参照のこと．
11) 共感覚表現についての最近の研究としては瀬戸（2003a）に収められた諸論考，とくに瀬戸（2003b），小森（2003），山口（2003b）を参照されたい．また山口（2003a）も参考になる．
12) 石黒（1993）は擬態語の背後に共感覚があるという Werner and Kaplan の見解を紹介している．
13) 山梨（1988）が擬態語について詳しく論じているが，そこで視覚の擬態語とし

て挙げられているものの中には「のろのろ」のように運動感覚にまたがる複合感覚表現もある．運動感覚が視覚とともに複合感覚表現を生み出す背景には知覚システム間の等価性・冗長性のほかに「生物体の運動」の知覚の問題が関わっていると思われる．これについては 3.3 節を参照のこと．
14) Runeson and Frykholm（1983）の実験の概要と意義は佐々木（1994b: 11-15）に紹介されている．
15) Reed（1996: 157; 邦訳 327-328）は，言語の一つの機能として，考えていることを（相手に伝えるのではなく）相手から隠すということを挙げている．考えていることは身体の動きの見えから相手に知覚されてしまうので，それを妨害する機能を言語が帯びているという考え方である．
16) Blake, Turner, Smoski, Pozdol and Stone（2003）によると，健常の人が生物体の運動とランダムな点の運動を的確に区別できるのに対して，自閉症の人はその区別が困難である．自閉症が他者の心を読む能力である「心の理論」に関わる障害であるとする説があることと考え合わせると，このことは生物体の運動の知覚が他者の心理状態の知覚に関わるという本節の議論を支持するものといえる．
17) 本節で取り上げた生物体の運動の知覚は〈視るシステム〉によるものだけであったが，〈聴くシステム〉によっても同様の知覚が可能であろうと筆者は予想している．
18) ただし，転移修飾のすべての事例がこの，見えから意思を知覚するメカニズムで説明できるわけではない．このメカニズムで説明することができる例があるということである．
19) 小島直人氏からいただいた示唆（私信，1997）に基づく．
20) 無理にこれを試みれば，「他人行儀」「よそよそしい」といった印象を与えることになるだろう．
21) 甲さんが丙さんに「まじかよ」と言えば，おそらくは「生意気」「なれなれしい」のような印象を与えることになる．

第 4 章

探索活動とアフォーダンスに動機づけられた構文現象
英語の中間構文と関連構文

4.1 はじめに

　前章までの議論を踏まえ，本章では探索活動とアフォーダンスに動機づけられた構文現象を検討する[1]．具体的に取り上げるのは，英語の中間構文（middle construction）(61)と連結的知覚動詞構文（copulative perception verb construction）(62a)および主体移動表現（subjective motion expression）(62b)である．

　(61)　Bureaucrats bribe easily. （中間構文）　　(Keyser and Roeper 1984: 381)

　(62)　a. This flower smells sweet. （連結的知覚動詞構文）

　　　　b. This road goes from Modesta to Fresno. （主体移動表現）

(Talmy 1996: 215)

これらの構文は通常は別個に扱われている[2]．中間構文はヴォイス現象の一つとして「受動態に類似した意味を持つのに動詞が能動態の形で現れるのはどういうことなのか」ないし「他動詞の表す行為の対象（ないしは道具・場所など）を表し，したがって本来なら目的語（ないしは前置詞句内）の位置に現れるべき名詞句が，能動文の主語位置に現れるのはなぜか」という観点から論じられている．主体移動表現は「移動しないものを指す名詞句が主語として現れているのになぜ述語に移動動詞が用いられているのか」ないし「移動動詞の主語に移動しないものを指す名詞句が立ちうるのはなぜか」という観点から論じられている．この二つの観点は暗黙のうちに「これらの構文においては本来主

語になりえないと思われるものが主語に立っている．これはなぜか」という問題意識を共有しているが，両構文のつながりを中心に据えた研究は管見に入っていない．

また英語の連結的知覚動詞を主体移動表現に明示的に結びつけた研究も管見に入っていない．連結的知覚動詞はコピュラ文との関係において捉えられることはしばしばあるが，中間構文との類似を指摘した研究としては Jespersen (1949)，谷口 (1997)，Taniguchi (1997) があるのみである[3]．

本章では，この三構文の典型的な事例が基本的には同一の知覚のメカニズムに動機づけられていること，そしてそれが言語的な事実に反映していること（したがってこれらの構文が中間構文と同じ意味構造を持ち，これら 3 構文の間に言語学的に認定しうる並行関係が成立していること）を示したい．

あらかじめ仮説を提示しておくと，(61)(62) において動詞（*bribe*, *smell*, *go*）は前章で取り上げた探索活動にその認知的な基盤をもつ[4]．動詞句全体（*bribe easily*, *smell sweet*, *go from Modesta to Fresno*）はアフォーダンスに動機づけられている．さらに文全体は主語の指示対象の知覚者・行為者にとっての見えを表す．

4.2 中間構文の意味論

4.2.1 探索活動とアフォーダンス

中間構文において行為の対象が主語の位置にたつのは，その指示対象に「責任」("responsibility") があるためであるとされてきた (Lakoff 1977, van Oosten 1977)．これは直観的にみて自然な洞察であると思われるが，しかし今度は「責任とは何か」が問題になる．ここではこの問いに対して前章の議論を踏まえた検討を試みる．

(63) a. Bureaucrats bribe easily. (＝(61))
b. The car drives nicely. (Keyser and Roeper 1984: 384)
c. This knife cuts well. (Yoshimura 1990: 497)
d. This lake fishes well. (Yoshimura 1990: 497)

4.2 中間構文の意味論

中間構文は対象のもつ「任意の人にとっての実行可能性（generic doability）」を表すとされ，しばしば次のように可能性を表す助動詞 *can* によってパラフレーズされる（Fellbaum 1985: 21-22)[5]．

(64)　a.　This car handles smoothly.
　　　b.　One can handle this car smoothly.

また吉村（2001）は次のように述べる．

(65)　a.　They handle better, they brake better, they grip better.
　　　　　(they＝tyres)　　　　　　　　　　　　　　（吉村 2001: 292）
　　　b.　中間表現として，属性の前景化を行うためには，換言すれば，タイヤという対象が喚起する潜在的な説明モードに関連した行為に言及している必要がある．たとえば，タイヤに「減速性（brake-ability）」とでも呼べるような属性を認め，しかもその優劣を期待できるのは，述べられた行為の遂行に際し，その属性の発現を話し手が構想するからであり，かつ，そうした属性発現の主体が人間動作主であるよりは，タイヤに潜在するクオリア情報に依存すると話し手が考えるからである．たとえば，コーナリングや急停止の成功度（出来・不出来）は，本来の操作主体である運転者の技術や感覚に依存する一方で（背景化の対象），タイヤ自身の「構造的・目的的」機能にも依る（前景化の対象）と捉えているのである．前者の対象を残したければ他動表現や受動表現になるであろうし，後者の対象に情報の焦点を当てたければ中間表現を用いるであろう．　　（吉村 2001: 293-294）

「前景化」「背景化」「クオリア」などの概念を適用することの適否は別として，これらの観察が捉えている中間構文の基本的な特徴を本書の枠組みで述べ直すならば，中間構文は対象のもつアフォーダンスを表す，となる．

　(63) の例において述語動詞が表す行為は，(63a, b) においては主語が指示する対象に対する直接の働きかけであり，(63c, d) では主語の指示対象と密接な関連を持つ行為（ゆるやかな意味での「使用」）である．また動詞句はいずれも主語の指示対象が可能にする話し手らの行為を表す．すなわち述語動詞は探索活動を表し，動詞句は主語の指示対象が持つアフォーダンスを表す．パラ

フレーズに can が現れるのはこのためである．文全体としては，探索活動の結果生じる知覚・行為者にとっての対象の見えを表現している．すなわち，中間構文とは知覚経験を表す構文である．

したがって，英語の中間構文を日本語で説明的にパラフレーズすると，次のようになる．

(66) a. Bureaucrats bribe easily.
b. 役人というのは，実際にやってみれば（買収してみれば）わかる（確認できる）ことだが，簡単に買収できるものだ．

4.2.2 動作主

状態変化構文 (67a) と異なり，中間構文 (67b) には明示されない動作主 (implicit agent) が存在する (Keyser and Roeper 1984)．

(67) a. The door opened all by itself.
b. The door opens easily.

このことは，中間構文がアフォーダンス知覚を背後に含む構文であるという本書の立場からただちに導かれるものである．アフォーダンスの知覚は行為者によってなされるものなのである．

また，中間構文においてはその行為者を by による前置詞句で明示的に表現することはできない．

(68) a.*Bureaucrats bribe easily *by managers*. 　(Keyser and Roeper 1984: 406)
b.*This car drives easily *by anybody*. 　　　　　　　　（谷口 1995)

これは，アフォーダンス知覚における行為者が探索活動を行う自己，すなわち（視野の中に含まれない）エコロジカル・セルフであるということで説明することができる．

ただし，行為者を for による前置詞句で表すことは可能である．

(69) a. This bread cuts easily *for John*.
b. This bread won't cut even *for John*.
c. This book reads smoothly *for John*. 　　　(Condoravdi 1989: 21)
(70) a. That book read quickly *for Mary*. 　　　　(Stroik 1992: 131)
b. The pitch played well *for batsmen*, ...

(Ashes Cricket News 02/01/03, Report By Jon Cocks.

(http://www.abcofcricket.com/Article_Library/news020103/news020103.htm))

　この for による前置詞句は当該の人物を知覚者として概念化したものと考えることができる．これは，中間構文が知覚経験を表す構文であるという本書の立場を補強する事実である．

　また，中間構文の知覚者は，明示されない場合には，話し手または話し手を含めた一般の人と解釈される．これは観察点の公共性の現れである（2.1.2節）．すなわち，可能性としては，誰もが知覚・行為者の立場に立てる，あるいは知覚者の立場に立つ可能性があらゆる人に開かれている，ということである．

　もっとも，中間構文において知覚・行為者が明示されていない場合，それが「背景化されている」と言えるかどうかに関しては問題がある．これは「背景化」という概念をどのように定義するかの問題でもあるのだが，少なくとも行為者が（「図（figure）」との対比で捉えられる）「地（ground）」に埋もれていると考える立場は本書の立場とは相容れないものである．この点も含めて，中間構文における動作主についてはさらに5.6節で検討する．

4.2.3　副　詞　句

　よく知られているように，中間構文にはしばしば副詞句が現れる．副詞句は名詞句で指示される対象の属性を表すことは通常はないが，中間構文においては（主語）名詞句の指示対象の属性を表現している．しかしながら，この属性が探索活動という行為を通じて知覚されるものであることを考えれば，これは決して不自然なことではない．

　さらに，中間構文にしばしば現れる副詞句は必ずしも義務的な要素ではない．ただしその場合，かわりに否定辞，法助動詞，ないしは肯定判断を強調するいわゆる強意の do が現れるのが普通である（Dixon 1991: 325-326）．

(71)　a.??This dress fastens.　　　　　　　　　　　　（Fagan 1988: 201）
　　　b. This dress won't fasten.　　　　　　　　　　（Fagan 1988: 201）
　　　c. This dress buttons.　　　　　　　　　　　　（Fagan 1988: 201）
　　　d. This bread DOES cut / doesn't cut / *cuts.　（Roberts 1987）
　　　e.?This shirt washes.　　　　　　　　（Fellbaum and Zribi-Hertz 1989: 8）

f. This shirt washes easily. 　　　　　（Fellbaum and Zribi-Hertz 1989: 8）

g. This shirt doesn't wash. 　　　　　（Fellbaum and Zribi-Hertz 1989: 8）

(72) Does this wall paint?（walls that do not paint があると分かっている文脈で用いられる．）

Yes, this wall paints. / Yes, it does (paint).（but others do not. を含意する．） 　　　　　　　　　　　　　　　（Fellbaum and Zribi-Hertz 1989: 8）

　ある対象がある行為を（何らかのかたちで）アフォードするということがその対象についての百科事典的な知識などから前提となっており，問題になるのはその行為がどのようなかたちで実現されるかである，という場合には，副詞句が必要となる．この場合，副詞句を欠く表現形式では，存在することが前提となっているアフォーダンスの存在を述べることになり，文として十分な伝達内容を持てなくなってしまう．一方，ある対象がある特定の行為をアフォードするか否かということそれ自体が問題になる場合には，その行為を表す動詞を副詞句なしで用いることができる．ただしその場合，アフォーダンスの存在それ自体が問題となっているということを話し手および聞き手が認識している必要がある．その認識は対象についての百科事典的な知識（71c）や前後関係あるいは発話の状況（72）から得られる場合もあるが，そうでない場合には否定辞，法助動詞や強意の do が必要になるわけである．

4.2.4 過去時制の中間構文

　英語の中間構文はほとんど単純現在形で現れ，過去形で用いられることはまれであると言われることがある．特に特定の時点を含意する用法はほとんどないと言われる．たとえば Keyser and Roeper（1984: 384）は次の例を挙げている．

(73) a.?Yesterday, the mayor bribed easily, according to the newspaper.

b.?At yesterday's house party, the kitchen wall painted easily.

c.?Grandpa went out to kill a chicken for dinner, but the chicken he selected didn't kill easily.

d.?If it hadn't been for the wet weather, my kitchen floor would have waxed easily.

そしてその理由に関しては，中間構文が属性を表す構文であるため，主語の

4.2 中間構文の意味論

属性を表すのにふさわしい時制形式として単純現在形が用いられるのだとされている．

しかしこの議論には二つの問題点がある．一つは事実認識に関わる記述的な問題で，特定の時点を含意していると判断せざるを得ない過去形の中間構文の例は存在する．第二の問題は意味理論上の問題で，それは指示対象としての属性と言語形式としての単純現在形のつながりに関わるものである．

まず第一の問題から検討する．単純現在形の例と過去形の例の数量的な割合はともかくとして，特定の時点を含意していると判断せざるを得ない過去形の中間構文の例はそれなりの数，存在する．たとえば次の例がそうである．

(74) The door opened very easily. (Langacker 1991: 335)

しかしこの場合の *open* は中間動詞ではなく状態変化動詞であるという議論も成立しうるかもしれない．しかし次の例は中間動詞と考えるべきであると思われる．(75a) は先行研究に見られる作例であり，(75b) はインフォーマントによるチェックを受けた筆者の作例である．それ以降の例は実例である．

(75) a. That book read quickly for Mary. (＝(70a))
 b. This car drove nicely when I tried it yesterday.
 c. He was right about the Imapala: *it rode like a bus after the Trans Am*. But its engine felt like spun silk to handle.

(*Toxic Shock* by Sarah Parestky, 吉村 2001: 272)

 d. I liked this truck. I did grow weary of the climb up, but that displeasure quickly passes once you're behind the wheel. *It drove easily, braked surely, handled . . . well, like a truck,* and was ergonomically correct.

(http://www.thecarplace.com/02ram.htm)

 e. It 〔＝Tomy Turnaround; 抱っこ紐（引用者注）〕 washed easily.

(http://www.mumsnet.com/slings/12.html)

 f. They changed drivers. *The car handled easily when Peter drove it, when Micky drove it . . . but a little rough when Davy drove it*. Davy chuckled. "She'll come t'like me," he said with a grin. "Most girls do."

("How The Monkees Got The Monkeemobile" by Enola Jones

(http://www.angel.re.com/de/ejones/monkeemobile.html))

g. Gail Russell . . .was educated at Santa Monica High, and it was a chance meeting between two schoolmates and a Paramount executive which brought her into films: they boasted of her looks, 'the Hedy Lamarr of Santa Monica', and he arranged a test. She was painfully shy and had no acting experience, but *she photographed well enough for Paramount to offer the standard seven-year contract*.

("Gail Russell" by Paul Newton (http://www.jwaynefan.com/russell.html))

h. I finished reading this book to David the night before last. It's one I hadn't read before; my sister bought it for Dave some months ago, because my niece had loved it once upon a time. . . .

. . .

The book read easily and well, though it's a real lightweight compared to what we've been reading together.

("Foothills: December 2002" by Will Duquette

(http://www.wjduquette.com/foothills/arc200212.html))

i. He [=Steve Fallon] said: "We always fancy our chances and *the pitch played quite well on Saturday* which is pleasing."　　　(cf. (70b))

(Cambridge News: The Internet Gateway to Mid-Anglia, Tuesday, February 5, 2002 (http://www.cambridge-news.co.uk/archives/2002/02/05/footballnews.html))

j. Veteran Australian player, Jay Stacy, who played his 293rd game for Australia tonight, commented he likes the surface of the Olympic pitch. "*The pitch played quite well tonight*. Maybe a lot more water was better for the surface," he said.

(Indian Hockey. com. Bruce Hamilton at the Olympic Venue in Sydney, Sunday, Sept 26 1999 (http://www.indianhockey.com/html/leg2day4.htm))

　第二の問題は，意味理論上の問題である．指示対象としての属性と言語形式としての単純現在形を直結する立場は，認知意味論が批判してきた指示対象意味説に後退する可能性を持つ．認知意味論の立場においては，「指示対象が属性である」ということのほかに「話し手が属性を（知覚・行為者として）どの

ように認識するか」を考慮する必要がある．

　そもそも属性自体は恒久的ないし超時間的であっても，それを表す表現が常に単純現在形で現れるわけではない．もちろん本書は，単純現在形が用いられやすいことを否定するわけではない．しかし，実際，中間構文以外にも，明らかに恒久的な属性を表す表現でありながら，単純現在形以外の時制形式が特定の時点を含意しながら用いられている例が存在する．

> (76)　a. The boy I spoke to had / ?has blue eyes.　　　（Lakoff 1970: 838）
> 　　　　b. Water will consist of H_2O every time.　　　　（樋口 2004: 90）

（76a）の過去形は特定の時点を含意するが，この例ではこれが現在形よりも自然と判断されている．（76b）は "I don't care how many times you check." に続く文である．したがって，属性を指示対象とする構文であるからと言って，必ずしも単純現在形で用いられる場合ばかりではないわけである．特定の時点を含意する過去形の中間構文はこれと同様のメカニズムによると考えられる．これについて詳しくは，主体移動表現との並行性との関連で 4.6 節で取り上げる[6]．

　なお，本書の枠組みでは，

> (74)　The door opened very easily.

を説明的な日本語でパラフレーズすると，次のようになる．

> (77)　そのドアは，開けてみたら，簡単に開いた．／やってみたら，簡単に開けられた．

以上で英語の中間構文の意味構造に対する生態心理学の観点からの検討を終える．次節から，連結的知覚動詞構文と主体移動表現の検討に移る．

4.3　連結的知覚動詞構文

4.3.1　探索活動とアフォーダンス

　連結的知覚動詞構文の例としては，次のようなものがある（Taniguchi 1997: 270-271）．

> (78)　a. That sounds reasonable.

b. The cloth felt soft.

c. This flower smells sweet. （＝(62a)）

d. That cake tastes good.

e. John looks happy.

これらの例において，動詞 *sound*, *feel*, *smell*, *taste*, *look* は知覚システムによる対象に対する働きかけを表す（それぞれ〈聴くシステム〉，〈触るシステム〉，〈味わい―嗅ぐシステム〉，〈視るシステム〉である）．また動詞句 *sound reasonable*, *feel soft*, *smell sweet*, *taste good*, *look happy* はその結果可能になる知覚経験を表す．言い換えれば，これらの動詞は知覚システムによる探索活動を表し，動詞句は主語の指示対象がもつアフォーダンスを表す．文全体としては，探索活動の結果生じる知覚・行為者にとっての対象の見えを表現している．以上の点で連結的知覚動詞は中間構文と並行している．

ただし連結的知覚動詞構文は中間構文とは異なり，主語の指示対象の情報が副詞句（*easily*）ではなく形容詞句（*soft*）で表現されている．その意味では，並行関係は完全とは言えない．しかし歴史的には連結的知覚動詞は副詞句と共起していたと考えられる（Taniguchi 1997: 281-289）．また一方で，中間構文にも形容詞句が現れることがある[7]．

(79) a. The meat cuts *tough*. (＝This meat is tough when someone cuts it.)[8]

（Horton 1996: 329）

b. The cake eats *short and crisp*. (＝The cake is short and crisp when someone eats it.)　　　　　　　　　　　（Horton 1996: 329）

c. His letters read *stark and bald as time tables*.

（Jespersen 1949: 348, Horton 1996: 324）

cut, *eat*, *read* が典型的な中間構文に用いられる動詞であることを考慮に入れるならば，これらは中間構文と連結的知覚動詞構文の連続性を示すものと考えることができる．したがって，連結的知覚動詞構文は，少なくとも構文成立の動機づけのレベルとしては，中間構文と並行していたと考えることができる[9]．

以上から，英語の連結的知覚動詞構文を日本語で説明的にパラフレーズすると，次のようになる．

(80) a. This flower smells sweet. (＝(62a))
　　 b. この花は，においを嗅いでみると，甘いにおいがする．

4.3.2 エコロジカル・セルフと公共性

　連結的知覚動詞の知覚者は音形のある名詞句で明示する必要がない．明示されない場合，それは話し手自身ないしは総称的存在と解釈される(Taniguchi 1997: 289)．これは観察点の公共性の現れである (2.1.2節)．すなわち，知覚者の立場に立つ潜在的な可能性があらゆる人に開かれているということである．この点でも中間構文との並行性が成立している．

4.3.3 知覚動詞と中間構文

　知覚動詞には中間動詞としての用法が存在しないと言われ，その理由を考察する試みもなされてきた (Taniguchi 1994: 190)．

(81) a.*That mountain *sees* clearly from a distance.
　　 b.*The loud noise *hears* easily.

しかし本章のこれまでの議論が正しいとすれば，これは疑似問題である可能性があることになる．すなわち中間構文と連結的知覚動詞構文がともに探索活動を介してのアフォーダンス知覚をその意味構造の中にもっているとするならば，(78)のような連結的知覚動詞構文こそが，知覚動詞の中間動詞用法に対応するものであるということになる．実際，Taniguchi (1997: 275) が認識しているように，*smell* には他動詞としての用法と連結動詞としての用法の双方がある．また *feel*, *taste* も同様である．これは，連結的知覚動詞が中間動詞と同じ振舞いを示しているということである．

(82) a. John smelled the garlic. （Taniguchi 1997: 275）
　　 b. Garlic smells good. （Taniguchi 1997: 275）[10]
　　 c. I felt the cloth (to see how soft it was).

　　　　　　　　　　　　　　　　　（adapted from Viberg 1983: 125）

　　 d. The cloth felt soft. (＝(78b))
　　 e. I tasted the cake.
　　 f. The cake tasted good.

それではなぜ(81)が不可能になるのかが問題になる．その理由を，小西(1998: 3) は次の例と関連づけて論じている．

(83) a. I smelled the milk to see if it was sour.
b. I tasted the cake to see if it was sweet enough.
c. I looked in /*saw the refrigerator to see if there was anything to eat.
d. I listened /*heard in the silence to see if there was any noise.

これらの例に関して小西は，連結的知覚動詞構文に生じることができる動詞は探索活動を表すことができると指摘している．これは，探索活動を表すことができない動詞はこの構文に生じることができないということと同値である．

すなわち，(81) が不可能なのは，これらの動詞の主語の動作主性が低く，能動的な行為に相当する部分をその意味構造に含んでいないためであると考えられる．探索活動は能動的な行為であり，その担い手は動作主として捉えられるべきものである．したがって，動作主性の低い動詞は中間構文に現れることができないわけである[11)12)]．

また，中間構文と連結的知覚動詞構文の境界は非常に曖昧である．Taniguchi (1997: 296) は次例を連結的知覚動詞構文に含めている．

(84) He tested positive for HIV.

この positive は副詞句でないことが明らかなのでこれは中間構文とは言いづらい．しかし次のような例では動詞の後続要素が形容詞句であるか副詞句であるか明らかではない．

(85) a. The house measures six meters in width.

(adapted from *COBUILD*² s.v. measure 3)

b. This little ball of gold weighs a quarter of an ounce.

(*COBUILD*² s.v. weigh 1)

これは連結的知覚動詞構文と中間構文の境界例であるといえよう．さらに進んで，中間構文と連結的知覚動詞構文が同質であるという積極的な根拠となる例もある．

(86) a. In a speech that *sounded* much better than it *reads*, ...

(O'Grady 1980: 59)

b. He was right about the Imapala: it *rode* like a bus after the Trans Am.

But its engine *felt* like spun silk to handle. (＝(75c))

(86a) では連結的知覚動詞 *sound* と中間動詞 *read* が比較構文で並立させられている．(86b) では中間動詞 *rode* と連結的知覚動詞 *felt* が but で等位接続されている．二つの構文が同一の知覚のメカニズムに動機づけられていると考える本論の立場が正しいものであれば，両構文が連続していることも不自然ではないことになる．

4.3.4 プラスでないアフォーダンスを表す文

Taniguchi (1997: 295) は次の (87) について，連結的知覚動詞構文というカテゴリーが行為動詞を含むように拡張したものとしている．これらの例は，「行為の可能性」という意味でのアフォーダンスを表すとは言えない．したがって，典型的な中間構文が行為の可能性を表すということを考慮すると，これらは中間構文との連続性という観点からは説明できない例であるかのように見えるかもしれない．

(87) a. This article reads as follows: …
    b. The thermometer reads 22℃．

しかしこれらもアフォーダンスを表すことに変わりはない．

3.7節で見たように，アフォーダンスは知覚・行為者にとって有益なものばかりではない．この例は有益か有害かの判断のしようがないアフォーダンスを表すと考えることができる．そしてアフォーダンスを表している限りにおいて，中間構文と連続していると言える．

4.4 主体移動表現

4.4.1 探索活動とアフォーダンス

本節では (62b) に例示された構文を検討する．

(62) b. This road goes from Modesta to Fresno.

道など，それ自体移動の主体となりえないはずの対象を表す主語に移動動詞（この例では *go*）が用いられるのは，意味構造に認識・表現主体の移動（通常

主体の移動（subjective motion[13]）ないし仮想の移動（fictive motion）と呼ばれる）があるためであるとする見解が有力である（Langacker 1990, 1991, 1998, Matsumoto 1992, 1996a, 1996b, Talmy 1996, 松本 1994a, 1994b, 1997, 山梨 1993, 1994, 1995). 本書も基本的にこの見解を踏襲し，この構文を「主体移動表現」と呼ぶ[14]．

3.1 節に述べたように，空間の中を能動的に移動することは，空間についての知識の獲得を促す．その意味で移動は探索活動としての要件を備えている．(62b) に現れている go は探索活動としての知覚者の移動に基礎づけられていると考えることができる．"go" という探索活動によって "this road" についての情報が獲得できる，ということである．また同時にこの文は，"this road" を選択すれば "go from Modesta to Fresno" という行為が可能になるということを述べているとも解釈することができる．すなわち動詞句 *go from Modesta to Fresno* は "this road" のアフォーダンスを表現しているということができる．文全体としては，探索活動の結果生じる知覚・行為者にとっての対象の見えを表現していることになる．

4.4.2 知覚と行為の循環

主体移動表現においては，知覚と行為の循環（3.6 節）の反映が明らかに見て取ることができる．たとえば次の例を考えてみよう．

(88) The trail zigzags down a rocky valley, ...

(*Day Walks Near Tokyo*, by Gary D'A. Walters, Kodansha International, p. 137)

この例において，動詞 *zigzag* は山道のあり方を知覚するための探索活動を表している．しかし一方で，この探索活動のあり方は山道のあり方についての知覚にガイドされている．ジグザグな山道はその道のあり方にそってジグザグに進むことはできても，直線に進むことはできないわけである．道のジグザグな形の知覚が探索をガイドすることにより，知覚者の移動はジグザグな形に進み，一方知覚者はジグザグに動くことにより，道がジグザグであることを知る．このような循環の中で，対象のあり方についての知覚が進んでいくのである．

4.4.3 移動と空間情報

移動という探索活動による空間情報の獲得は，たとえば次のような形で進む．

(89) a. The road runs *straight*. 　　　　　　　　　　(Matsumoto 1992)

　　 b. The road *ascends* from Jericho to Bethel. 　（Matsumoto 1996b: 3）

　　 c. The land *falls* (away) towards the river. 　（*LDCE*² s.v. fall 11）

　　 d. The highway runs along the coast *for a while*.

　　　　　　　　　　　　　　　　　（Matsumoto 1992, Matsumoto 1996b: 4）

これらの例においては，道のもつ事実が知覚者による行為（移動）の可能性として認識・表現されている．そこでたとえば形状は行為の様態として認識・表現され，距離は行為の持続時間と捉えられる．

ここに現れる *straight*, *for a while* は形容詞句でなく副詞句でありながら，名詞句の指示対象についての情報を表現している．これは，この情報が行為を通じて獲得されるものであることによる．これは中間構文において副詞句が探索活動を通じて獲得された名詞句の属性を表現することと並行している．

しかも場合によっては副詞句は義務的である（Matsumoto 1992）．

(90) a.*The road runs.

　　 b. The road runs *straight*.

これについても中間構文と同様の説明が可能である．すなわち (90a) は存在することが自明なアフォーダンスの存在を主張しているに過ぎない文であるということである．

また，主体移動表現においては，移動の様態を表す表現は経路の特性を表すものに限られる（たとえば松本 1997: 212 など）．

(91) *The road runs *angrily / happily / desperately / slowly* through the forest *by car / on foot*. 　　　　　　　　　　　　　　　　　（松本 1997: 212）

この例における *angrily / happily / desperately / slowly* および *by car / on foot* はいずれも行為者（ここでは移動者）のありようを表す様態表現である．このように行為者志向の様態表現が容認されないという制約は，中間構文にも見られるものである．

(92) a.*These chairs fold up *clumsily / competently*.

    b. These chairs fold up *easily / quickly / in a jiffy*.　　　(Fellbaum 1985: 24)

これは，本書の枠組みでは，行為者自身は視野の中に含まれておらず，したがって音形のある言語形式による明示的な指示の対象にはなりえない，ということによる．

空間情報と移動の関係については，さらに第6章でも検討する．

4.4.4 知覚学習と観察点の公共性

Matsumoto（1996b: 23-25）は（62b）のようなタイプの主体移動表現（範囲占有経路表現（coveragepath expressions））がさらに「第一類」と「第二類」の二種類に分類できることを指摘している[15]．

(93)　第一類（Type I）

    a. The highway passes through a tunnel there.

　　　　　　　　　　　　　　　　　　　　　　　　　　（Matsumoto 1996b: 23）

    b. The road runs through the center of the city.

　　　　　　　　　　　　　　　　　　　　　　　　　　（Matsumoto 1996b: 25）

(94)　第二類（Type II）

    a. The highway I was driving on passed through a tunnel then.

　　　　　　　　　　　　　　　　　　　　　　　　　　（Matsumoto 1996b: 23）

    b. The highway was running along the shore when I woke up.

　　　　　　　　　　　　　　　　　　　　　　　　　　（Matsumoto 1996b: 27）

松本によればこれは移動の特定性（specificity）（Matsumoto 1996b）ないし現実性（actuality）（Matsumoto 1996a: 360）の違いである．第一類（93）に関与する移動は任意的（arbitrary）ないし仮想的（hypothetical）な人物の移動，ないし場合によっては単なる注意の焦点の移動であり，特定の時点で起こるものではなく，任意の時点に喚起されるものである．一方第二類（94）は特定の時点における特定の人物の移動に基づき，その意味で特定的（specific）である．

筆者自身は以前（Honda 1994b, 1994c），（93）は視線の移動をシミュレートし，（94）は身体全体の移動をシミュレートするものであると述べた．これは前章の議論を踏まえてみれば，松本の洞察を環境の探索という観点から捉え直していたことになる．

4.4 主体移動表現

筆者のこの見解に対して前章の議論をさらに適用して再検討すると，次のようになる．3.5節に述べたように，環境がある行為をアフォードするか否かを知るには，その環境に対してその行為を仕掛けてみればよい．アフォードされる行為は，アフォーダンスを知覚するための探索活動としての機能を果たしうる．ある空間が移動をアフォードするかどうかを知るには，実際に移動してみればよい．そのような探索活動の結果生じた道の見えを記述しているのが上記の第二類であると言える．

一方複数の知覚システムによって得られる情報は等価・冗長であり，そこに知覚学習の余地がある．そこで学習の結果，実際に身体を動かさずとも，注視点の移動（走査）を行うことによって，身体を動かした場合と同様の情報が得られるようになる（3.5節）．それを反映したのが上記第一類であると思われる．

なお，第一類の主体移動表現には「観察点の公共性」（2.1.2節）が関わっている．すなわち，道という対象がどの知覚・行為者にとっても同じ意味（通行可能性）を持つと捉えられている．このことが第一類の主体移動表現における移動者の任意性の基盤となっている．

4.4.5 拡張：移動をアフォードしない経路の表現

ここまでで検討してきた主体移動表現の例においては，動詞句は主語の指示対象のアフォーダンスを表すと解釈することができた．しかし英語の主体移動表現は次例のように通行不可能な経路を表す主語とともに用いることもできる．

この場合，述語動詞に関して言えば，対象の空間的なあり方を知覚するための視線の移動を表すと言える．その限りにおいて，述語動詞が探索活動を表すという側面は残る．また，文全体が探索活動の結果生じる知覚・行為者にとっての対象の見えを表現するという面も残る．しかし動詞句に関しては，主語の指示対象のアフォーダンスを表すとはもはや言えない．

(95) a. That mountain range goes from Canada to Mexico.[16]
　　　b. The wire goes along the river. 　　　(Matsumoto 1996b: 34)
　　　c. His wavy, reddish hair falls to his shoulders. 　　(*COBUILD* s.v. fall 7)

また，(95a)のような場合には，距離を表す時間表現の生起が許されない（Matsumoto 1996a: 362）．

(96) *That mountain range goes along the coast *for some time*.

(Matsumoto 1996a: 362)

これは行為との関連性が極めて希薄になっているということであり，動詞句がもはやアフォーダンスを表すとは言えないことと呼応している．

本書では，これらはアフォーダンスを表す主体移動表現からの拡張と考える．

また，Matsumoto（1996b: 34-35）の観察では，通行可能な対象に関しては英語でも日本語でも主体移動表現が同じように可能であるのに対し，通行不可能な対象に関しては英語と日本語で差が出る．すなわち英語では（95）のように通行不可能な対象に関しての主体移動表現が可能であるのに対して，日本語の場合にはかなり制約が強いということである．これは，次のように考えることで説明することができる．

(97) 通行可能な対象についての主体移動表現は一般的な認知のあり方であるアフォーダンスの知覚を直接的なかたちで反映しているため，英語と日本語で大きな差が出ない．他方通行不可能な対象への拡張の仕方はアフォーダンス知覚からは予測できないために言語による差が生じ，そのために（95）が可能な言語と制約が出る言語がある．

すなわち（95）は確かにアフォーダンスに基づく説明に対する反例ではあるが，その説明の妥当性を否定するものでは必ずしもないということである．(95)が（62b）のような場合からの拡張であるとすれば，アフォーダンスに「動機づけられている」ということは可能であると思われる[17]．

4.4.6 エコロジカル・セルフ

主体移動表現においては，移動者を音形のある名詞句で表現することはできない（Matsumoto 1996b: 5-7）．この点で主体移動表現の移動者は中間構文の行為者と類似の振舞いを示す（Matsumoto 1992 および Matsumoto 1996a: 363）．これは本書の観点では，移動者が探索活動を行う自己，すなわちエコロジカル・セルフ（3.4節）であることと表裏一体の関係にある．

(98) *The road ran from Los Angeles to New York *by drivers*.

(Matsumoto 1996a: 363)

4.4.7 中間構文との連続性

ここまで，主体移動表現の性質とその中間構文との並行性を見てきたが，ここで両構文の連続性について検討しよう．

中間構文で主語になるのは，述語動詞が通常の能動態で用いられた場合に目的語として現れる名詞句が典型であるが，目的語以外の名詞句が中間構文の主語になる場合もある．

(99) a. *This knife cuts* well. (＝(63c))
　　　b. *The new jug doesn't pour* properly. (Dixon 1991: 322)
　　　c. *That pogo stick jumps* well. (Dixon 1991: 324)

(100) a. *This lake fishes* well. (＝(63d))
　　　b. *Each room sleeps* five people. (Levin 1993: 82)
　　　　(cf. We sleep five people in each room.) (Levin 1993: 82)
　　　c. *The cricket pitch played* well. (『ジーニアス英和大辞典』s.v. play)
　　　d. *The pitch played* quite well tonight. (＝(75j))
　　　e. *The chair sits* comfortably and supports the user in a variety of tasks and applications.
　　　　　　(http://www.isdesignet.com/Magazine/Mar'96/Source_uphfurn.html)

(101) a. *This music dances* better than the other one [i.e., piece of music].
　　　　　　(van Oosten 1986: 84)
　　　b. She sings Yiddish Songs (vol.1 and vol.2) with a beautifully clear and pure, but powerful voice, and she's accompanied with swinging rhythm by the Ensemble, so that *the music dances easily and joyfully*.
　　　　　　(http://www.inform.dk/numen/jew1.html)

(99) の主語は道具を表す (instrumental) 名詞句であり，(100) の主語は場所を表す (locative) ものである．(101) は比喩的な場所にあたるものである．いずれも述語動詞が通常の能動態で用いられた場合には目的語にはならず，前置詞句内に現れるものである．これらを目的語が中間構文の主語になる場合と区別して，「擬似中間構文 (pseudo-middle)」ないしは「非人称中間構文 (impersonal middle)」と呼ぶこともある．

擬似中間構文は行為動詞を核として形成される．ところで，移動は行為の一種である．そこで，移動を表す動詞を擬似中間構文（特に (100) や (101) の類）に用いるという可能性が出てくる．第一類の主体移動表現は，そのようにして成立した構文であると解釈することもできる．つまり第一類主体移動表現は擬似中間構文の一種であると考えられ，そうであるならば必然的に，中間構文と主体移動表現は連続していることになるわけである．

当たり前のように聞こえるかもしれないが，主体「移動」表現の述語になるのは移動動詞に限られる．しかしこれは主体移動表現の特性に由来するのではなく，主体移動表現の研究が移動動詞の用法の研究という枠組みの中から始まった，という研究史的な事情によるものである．学史的には移動を表す動詞は独立した類をなすものとして取りたてて検討されることが多い．それはそれなりに意味のあることではあるが，ここでは移動が行為の一種であるという点に着目しているわけである．

主体移動表現をアフォーダンス知覚に動機づけられていると考え，中間構文との並行関係において捉える本章の観点は，主体移動表現の研究を移動動詞の研究という枠組みから解放することを可能にするものである．

4.4.8 主体移動表現と仮想変化表現

次の例においては主体移動表現である *run* と仮想変化表現である *open* が *and* で等位接続され，自然なまとまりを持つテクストを構成している[18]．

(102) a. It [＝the posterior external jugular vein; 静脈の一種（引用者注）] *runs* down the back part of the neck, and *opens* into the external jugular vein just below the middle of its course.

（http://www.yahooligans.com/reference/gray/168.html）

b. When I look down the valley from my workshop I look at a landscape that I find immeasurably appealing. The valley *runs* from North to South and *opens* into a further valley which runs more or less East to West. （http://www.lgu.ac.uk/matrix2001/rp_gaston.html）

主体移動表現と仮想変化表現はいずれも，移動に伴う知覚者にとっての対象の見えの変化を記述した表現である．二つの構文が *and* によって等位接続さ

れてまとまりのあるテクストを構成できる背後には，対象に対する捉え方が同一であることが関係していると考えられる．

4.5 視座の移動による自己の客体化

2.3.3 節で，運動・位置関係・状態変化の相対性に基づく視座の移動・自己の客体化に言及した．

(103) a. Kyoto is approaching.

b. We are approaching Kyoto.

同様の現象は，中間構文・連結的知覚動詞構文・主体移動表現にも見られる[19]．

(104) a. This car handles smoothly. （中間構文） （＝(64a)）

b. We can handle this car smoothly. (cf. (64b))

c. The cake tasted good. （連結的知覚動詞構文） （＝(82f)）

d. I tasted the cake. （＝(82e)）

e. This road goes from Modesta to Fresno. （主体移動表現）（＝(62b)）

f. You can go from Modesta to Fresno if you take this road.

また，次の (23) (2.2.1 節) と同様の現象が，中間構文と連結的知覚動詞構文に観察されている．

(23) a. Vanessa is sitting across the table.

b. Vanessa is sitting across the table from me.

(105) a. The ship steers easily. （中間構文）

b. The ship steers easily for me.

c. This water tastes good. （連結的知覚動詞構文）

d. This water tastes good to me.

4.6 属性表現と時間性

4.4.4 節で，主体移動表現が第一類と第二類の二種類に分類できるという Matsumoto (1996b:23-25) の指摘を検討した．

(106) a. The highway passes through a tunnel there.

(第一類主体移動表現)（＝(93a)）

　　　b. The highway I was driving on passed through a tunnel then.

(第二類主体移動表現)（＝(94a)）

　これに対応する区別は中間構文にも見出すことができる．ここで注目すべきなのは 4.2.4 節で検討した例である．次の（107）と（108）の区別は *drive* という行為の特定性ないし現実性の違いと捉えることができる．（107）は主体移動表現の第一類に該当し，（108）は第二類に該当する．したがってこれらをそれぞれ「第一類中間構文」「第二類中間構文」と呼ぶこともできる．

(107) 第一類中間構文

　　　The car drives nicely.　　　　　　　　　　　　　　（＝(63b)）

(108) 第二類中間構文

　　　This car drove nicely when I tried it yesterday.　　　（＝(75b)）

同様の区別は連結的知覚動詞構文にも見出すことができる．

　ここでは第二類構文についてもう少し検討しておきたい．これらは，恒久的ないし超時間的な属性を指示対象としているにもかかわらず，単純現在形以外の形式が特定の時点を含意しながら用いられている．その点で，すでに述べたように次の例と同様の性質をもっている．

(76) a. The boy I spoke to had / ?has blue eyes.

　　　b. Water will consist of H_2O every time.

（76a）において，恒久的な属性を表す had に用いられている過去時制は，工藤（1998a: 73–77）の言う「話し手が発話内容を確認・体験した過去の時点」を表す例に該当する．すなわち，"have blue eyes" というその少年の属性を話し手が認識したのが過去であるということがこの過去時制によって表されているわけである．そしてこれを本書の枠組みで言えば，話し手は，少年の属性を（視野の記憶のモードの）エピソード記憶（2.5 節）として想起しているために，過去時制が用いられているということになる．

　（76b）においては，"consist of H_2O" という属性を水が持っていることを聞き手が認識するのが未来であることが will によって示されている．本書の枠組みで言えば，話し手は，水の属性の（視野の記憶のモードでの）認識を予期し

4.6 属性表現と時間性

ているために，*will* が用いられているということになる．

中間構文，主体移動表現，および連結的知覚動詞構文の場合，「話し手による発話内容の確認・体験」をもたらすものは，具体的には探索活動である．すなわち第二類構文においては，過去時制は動詞の表す行為に直接該当する探索活動と，それによってもたらされる知覚経験との時点を示すわけである．

これは，主体移動表現に関して第一類と第二類の違いを移動の特定性ないし現実性の違いと捉えた松本の議論を工藤の枠組みに位置づけることによって一般化したことになる．

ところで，第二類構文は，出来事的であると考えるべきなのだろうか，それとも状態的であると考えるべきなのだろうか．出来事を表していると考えるべきなのか，それとも状態としての属性を表していると考えるべきなのか．

答えは「両方」である．

たとえば次の (74) は，一方では，ドアを開けるという話し手の行為が容易に実現したことを表している．その意味でこの文は出来事を表した文であると言える．しかしながら他方で，この文は，開けるという話し手の探索活動によって立ち現れた，容易に開けることができるという，恒久的な属性としてのドアのアフォーダンスを表した文でもある．その意味において，この文は状態的な属性の表現であるとも言える．

(74) The door opened very easily.

第 2 章で述べたように，知覚が，知覚の対象と知覚者自身の双方についての情報を知覚者に与えるように，言語表現はその意味として，その表現の指示対象のあり方とその対象を認識・表現する話し手についての情報を合わせてもつ．本節で取り上げた過去時制の中間構文の例は，事物のもつ恒久的・超時間的な属性を指示対象とし，それを意味の一部として含むと同時に，その属性を認識・表現する話し手の時点特定的な知覚経験をも意味の一部として含むわけである．比喩的な言い方をするならば，話し手は時点特定的な行為という窓を通して恒久的・超時間的な属性を捉えているわけである．

ちなみに，特定の時点を含意する中間構文の例は，実は過去時制形だけでみられるわけではない．単純現在形で用いられた例の中にも，「発話時」という特定の時点を含意すると解釈すべきものがある．

(109) a. I thought we were out of gas, but the car DRIVES!

(Fellbaum 1986: 9)

b. This wall PAINTS ... (Phew!).

(Ackema and Schoorlemmer 1995: 179)

（109a）においては，車の運転可能性がガソリンの残量に依存しているものとして捉えられている．（109b）における phew は安堵なり驚きなりを表すが，この語の存在は，この例において壁の塗装可能性が発話時における実際の塗装行為によって確認されたことを示唆する．いずれにおいても単純現在形は発話時と結びつけられているのであって，超時間的なものとしての「属性」を表す用法で用いられているわけではない．

なお，（109a）のような例の場合には，車の属性ないしアフォーダンスはガソリンの残量に依存する一時的なものであり，その意味でこの文の出来事性は他の例より高いと言える[20]．

4.7 本章のまとめ

本章では，アフォーダンスとその探索という観点から英語の中間構文，連結的知覚動詞構文，主体移動表現の並行性をみてきた．仮に本章の見解が正しい方向を示しているとすれば，冒頭で言及した「主体移動表現と中間構文においては本来主語になりえないと思われるものが主語に立っている」という認識は妥当でないことになる．アフォーダンスとは対象のもつ（知覚者にとっての）性質である．動詞句がある対象の性質を記述したものであるならば，その対象を指示するものが主語位置に生じるのはきわめて自然なことである．その意味では，コピュラ文と関連づけて考えられることの多い連結的知覚動詞構文のみならず，主体移動表現や中間構文も形容詞文的な性質を持つと言える．

本章は，生態心理学の立場からの知覚経験の記述を紹介し，それをもとに文法現象の中で一見例外的とされている事項に対して複雑かつアドホックな情報処理のプロセス[21]を想定することなしに自然な説明を与えようとしたものである[22]．

【注】

1) 本章は本多（1997c, 2002a）の内容をもとに増補したものである．
2) これらの構文の間の類似性を断片的に指摘した研究は存在する（後述）．
3) Jespersen（1949: 348）は(i)を "activo-passive use" の例として中間構文の例と同様に扱っている．

   (i) a. It feels cold indoors.
       b. That doesn't listen so bad. Sounds racy.

  Kemmer（1993: 136-137）は印欧語の一部に中間構文と知覚動詞構文に同一の形態を用いる例がある（たとえばドイツ語の *es hört sich gut an* "it sounds good"）ことを指摘しているが，英語の連結的知覚動詞構文と中間構文を結びつける発想はない．

4) *smell* は知覚システムの表示でもある．
5) ただし本書の立場では (64) の a と b は同義ではない．4.5 節参照．
6) 日本語の可能文に関して，井島（1991: 158）が，次の (i) に目の前にあるはさみを指さして言う用法と実際にはさみで紙を切りながら言う用法とがあることを指摘している．後者は切る行為が発話時という特定の時点に実現していることを含意する用法である．

   (i) このはさみはよく切れる．

7) ただし Taniguchi（1997: 296）は (79a, b) を，連結的知覚動詞構文というカテゴリーが行為動詞を含むように拡張したもの，すなわち連結的知覚動詞構文に含まれるものであるとしている．
8) このパラフレーズは Horton（1996: 329）によるものである．本書の枠組みに基づいてパラフレーズするならば，*cuts* の動作主は第三人称的に把握される人物の表現としての *someone* ではなく，話し手および聞き手を含みうることが明確な表現である *you* ないし *we* になる．次例に関しても同様である．
9) *be* によるコピュラ文との影響関係も考察する必要がある．
10) Viberg（1983: 124）はこの構文を "source-based / phenomenon-based" と呼ぶ．Kemmer（1993: 136）の用語では "stimulus-based" である．
11) 探索活動を表すことができない動詞は連結的知覚動詞構文（および中間構文）に現れることができないという本論の主張は，探索活動を表すことができれば必ず連結的知覚動詞構文・中間構文に現れることができるということを論理的に含意するものではない．

   (i) *The noise *listened* loudly.

  この例は本論の主張に対する反例とは言えないが，検討すべき問題であるとは言える．ただし Jespersen（1949: 348）は (ii a) の例を挙げている．また Lemmens（1998: 16, n. 5）は，国際認知言語学会における発表の後で誰かから冗談で (ii b) のように言われたと述べている．

(ii) a. That doesn't *listen* so bad. Sounds racy.　　　　　　　　　(cf. 注3)
　　　b. Your talk *listened* very well.
12) Gibson (1966: 49-50) は次のように述べている.
　(i) The suggestion is that the higher animals have five principal ways of orienting the perceptual apparatus of the body, *listening*, *touching*, *smelling*, *tasting*, and *looking*. They are not to be confused with the human capacities to *hear*, to feel *touches*, to experience *smells* and *tastes*, and to *see*, respectively. The latter are passive abilities.　　　　　　　　　　　　　　　　　　　(Gibson 1966: 49-51)
　すなわち Gibson は, *listen*, *touch*（動詞）, *smell*（動詞）, *taste*（動詞）, *look* が能動的な行為としての知覚を表すのに対して, *hear*, *touch*（名詞）, *smell*（名詞）, *taste*（名詞）, *see* が, 受動的な感覚とその受容を表すと理解しているわけである.
13) subjective という術語の解釈は Langacker (1985, 1990, 1998) に従って「概念化の対象と対比された概念化の主体に関わる」とし, 訳語としては「主観的」ではなく「主体（の／的）」を用いる.
14) 主体移動表現にはいくつかのタイプがあるが (Talmy 1996), 本節では, 主体移動表現のなかの「範囲占有経路表現 (coverage path expression)」と呼ばれるもののみを検討する. 第6章で,「到達経路表現 (access path expression)」と呼ばれる主体移動表現を検討する.
15) 松本 (1997: 210) は三分類を採用している. 第一類と第二類は本節で取り上げる二種類に対応し, 第三類は 4.4.5 節で取り上げる類に対応する.
16) Matsumoto (1996a: 360) はこれを第一類の例としていたが, 松本 (1997: 210) は第三類としている.
17) この問題は, 7章で取り上げる日本語と英語における視座のとり方の違いと関連づけることによって説明できる可能性もあるが, それについては今後の研究に期待したい. また, カテゴリーの構造が一様ではなく, 同じカテゴリーに属する成員にも中心的なものとそうでないものとがあるという, 認知言語学で標準的に採用されているカテゴリー観を採るならば, 主体移動表現の中にアフォーダンスを表さないものがあってもまったく問題ではないことになる.
18) ここで取り上げた仮想変化表現は, 次の例と同様の, 知覚者の空間移動に伴う対象の見えの変化を記述したものである.
　　(34b)　The road widened when we passed the state border.
19) 主体移動表現, 中間構文の場合には探索する自己を客体化した構文は同時にアフォードされる行為の実行を記述した表現にもなっているが, 連結的知覚動詞構文の場合にはそうなっていない. これは検討課題になりうる.
20) それでは (73) が不自然になるのはなぜかということが問題になる. (73a) に関しては, *according to the newspaper* とあるように, 行為者と話者が完全に別であ

るということが影響していると考えられる．しかし (73b–d) は課題として残る．
21) 他のアプローチの検討は，5.4 節および 5.6.3 節を参照のこと．
22) 本書では取り上げないが，次のような英語の前置詞句主語構文もアフォーダンスの表現と考えることができる．

 (i) Under the bed is a nice place to hide.

詳しくは出原（1998）を参照されたい．

第 5 章
英語の中間構文の諸相

5.1 はじめに

前章に引き続き，本章では英語の中間構文についてさらに検討を進める[1]．

次節から5.3節までは，動詞の意味的な類型と中間構文の容認可能性の関係を，前章で提示した立場（110）から検討する[2]．

(110) a. 中間構文の述語動詞は探索活動を表す．
b. 中間構文の動詞句は主語の指示対象が持つアフォーダンスを表す．
c. 中間構文は，文全体としては，探索活動の結果生じる知覚者・行為者にとっての対象の見え（ただし視覚のモダリティに限定されるものではない）を表現している．
d. 中間構文の行為者は，明示されない場合，エコロジカル・セルフのレベルで捉えられている．

5.4節以降では英語の中間構文をめぐるいくつかの理論的な問題を検討する．

5.2 文に十分な情報量を与えることができない動詞

5.2.1 表面接触動詞をめぐって

表面接触動詞は通常中間構文には用いられない．

(111)　a.＊This nail *hammers* easily.　　　　（Rapoport 1990, Nakamura 1997: 131）

　　　b.＊This wall *hits* easily.　　　　　　　（Levin and Rapoport 1988: 284）

　　　c.＊The door *kicks* easily.　　　　　　　（Levin and Rapoport 1988: 285）

　　　d.＊This cup *touches* easily.　　　　　　（Nakamura 1997: 142）

しかし（111c）と同様に kick を用いていながら，容認可能な中間構文の例が，実際にはある．

(112)　a. Well, I don't know, this new ball doesn't *kick* very well.

　　　　　　　　　　　　　　　　　　　　　　　　（Lemmens 1998: 11）

　　　b. In my opinion, the 24 panel pellet is one of our finest bags. It breaks in very quickly and while *it kicks well*, it stalls like a sand footbag.

　　　　　　　　　　　（http://www.profootbags.com/footbags/pellet.html）

（112a）はプロのサッカー選手の発話としては可能である（Lemmens 1998: 11）．また（112b）は 24 panel pellet という規格の "footbag" を紹介した文章である．"footbag" とは球の名称であると同時にそれを使うスポーツの名称でもある．このスポーツは，お手玉くらいの大きさの球（これが "footbag" である）を脚を中心に（手以外で）保持しつづけるというものである．

擬似中間構文でも kick が容認可能となる例が報告されている．

(113)　My new steel-tipped boots *kick* well.　　（Dixon 1991: 329）

また，hit を用いた中間構文が可能な場合があることも知られている．

(114)　These baseballs *hit* like a dream.　（Massam 1988: 318, 吉村 2001: 301）

また，表面接触動詞でも結果構文で用いられた場合には，特別な状況がなくても中間構文が可能になる．

(115)　a.＊This kind of meat *pounds* easily.

　　　b. This kind of meat *pounds thin* easily.　（Levin and Rapoport 1988: 285）

　　　c.＊These dishes *wipe* easily.

　　　d. These dishes *wipe dry* easily.　　　　（Levin and Rapoport 1988: 285）

　　　e.＊The door *kicks* easily.

　　　f. The door *kicks down* easily.　　　　　（Levin and Rapoport 1988: 285）

　　　g.＊The metal *hammers* easily.

　　　h. The metal *hammers flat* easily.　　　　（Taniguchi 1994: 191）

（111）の例が容認されないのは，接触をアフォードしない具体物はない，ということによると考えられる．社会的な禁忌の問題は別として，少なくとも物理的には，具体物であれば何であっても，そのものの属性や行為者・知覚者のスキルによらず，接触することは容易にできる．したがって（111）が容認されないのは，存在することが自明なアフォーダンスの存在を表しているため，すなわち文として十分な情報量を持たないためであると考えられる．これは，次例で cuts が容認されないのと同様の理由である．

(71)　　d.　This bread DOES cut / doesn't cut / *cuts.

それに対して，（112）や（114）において問題になっているのは単なる接触ではない．これらにおいては kick や hit が使役移動動詞として用いられている．どれだけ楽に蹴り飛ばす（ことによって操作する）ことができるのか，あるいはどれだけ楽に遠くまで打って飛ばすことができるのか，ということは個々のフットバッグやボールによって異なるものであり，それは十分伝達に値する情報である．それゆえ（112）や（114）は容認可能になるわけである．

擬似中間構文の例である（113）において問題になるのは「ブーツに接触すること」ではなく，「ブーツによって別の何かに接触すること」である．ブーツに接触することの可能性を述べるのは，接触をアフォードしない具体物はないという点で情報的な価値が低いということになるであろうが，「別の何かに触れるときに助けになるかどうか」はそのものの持つアフォーダンスとして伝達するに値する事柄である．

また，問題となる行為が単なる接触ではなく，ある特定の感触を伴う接触である場合にも，その対象の属性と行為者・知覚者の属性の相互作用（を知覚者の側からみたもの，すなわち対象のもつアフォーダンス）が問題になる．その場合にも，その対象を主語とした構文が可能になる．

(116)　　The cloth *felt* soft.　　　　　　　　　　　　　　　　　（Viberg 1983: 125）

ただしこれはすでに前章で検討したように，連結的知覚動詞構文の例とされる文である．

次に（115）に移る．結果構文は行為が対象に対してある特定の変化をもたらすことを表す．対象に対して特定の変化を及ぼすことができるかどうかは，単なる接触とは異なり，行為者・知覚者のスキルやそのものの種類・属性によ

らず自明というわけではない．これは個々の対象によって異なりうるものであり，それゆえ伝達上の価値を十分にもちうるものである．(115)が容認可能になるのはこのような事情によるものと考えられる．

5.2.2 位置変化動詞

位置変化を表す動詞も中間構文には用いられないとされている（Nakamura 1997: 137）．

(117) a. *These books *put* on the table easily.

b. *Paperback books *lift* onto the table easily.

c. *Wine *pours* into a glass easily.

d. *The plate *throws* easily.

e. *The ball *tosses* easily.

(117)の例が容認されないのも，具体物が共通に持つ特性によると考えられる．すなわち，位置変化をアフォードしない具体物はない，ということである．ただし位置変化に関わる動詞でも，次のような例は容認される．

(118) a. Small packages *ship* easily. 　　　　　（Fagan 1992, 谷口 1995）

b. The trailer *pulls* easily. 　　　　　　　（van Oosten 1977: 459）

c. The baggage *transfers* efficiently. 　　　（Stroik 1992: 127）

d. These weeds *pull out* easily. 　　　　　（Fellbaum 1986, 谷口 1995）

e. That box *lifts* easily.

f. The custard / new jug doesn't *pour* properly. 　　　（cf. 99b）

g. This boomerang *throws* well.

h. The new design of ball *catches* well.

i. Your case *carries* easily.

j. That pram *pushes* easily.

これは，動詞の表す行為が主語の指示対象の機能（118a–c）や人間生活に対する影響（118d）に関わるものであるため，その実行可能性（主語の指示対象がその行為をアフォードするかどうか）を問題にすることに情報伝達上の有用性が生じるためであると考えられる．

また，Dixon (1991: 322, 329) は（118e）以下の例をすべて容認可能として

いる．この中には（117）に挙げられた動詞を用いた文も含まれている．これは，本節で問題にしている容認可能性が情報伝達上の有用性によって決まることを裏書していると考えられる．あるアフォーダンスに伝達上の価値があるかどうかは発話場面の性質に依存するものであるため，判断が揺れやすくなっても不自然ではないわけである．

5.3 探索活動を表すことができない動詞

5.3.1 認知・受領に関わる動詞

認知動詞（119）および受領動詞（120）も，中間構文に現れることができない．

(119) a.*French *acquires* easily. （Keyser and Roeper 1984: 383）
　　　 b.*The answer *learns* easily. （Keyser and Roeper 1984: 383）
　　　 c.*FBI agents *recognize* on the spot. （Nakamura 1997: 134）
　　　 d.*His mistakes *notice* easily. （Nakamura 1997: 134）
　　　 e.*The formula *memorizes* easily. （Nakamura 1997: 134）
　　　 f.*His paper *understands* easily. （谷口 1995）
(120) a.*Flowers *receive* with pleasure. （Fellbaum 1986, Taniguchi 1994: 188）
　　　 b.*Certain titles *inherit* automatically. （Fellbaum 1986, 谷口 1995）

その理由は，これらの動詞のアスペクト的な特性に求められる．

これらの動詞は，アスペクト的には achievement である．achievement は事態の単一局面だけを指示対象とする．しかもその単一局面とは，通常は事態の最終局面である．このことから，achievement は探索活動を指示対象に含まないことが予測される．そこで，次のような一般化ができることになる．

(121)　achievement は中間構文に現れることができない．

5.3.2 静態動詞

静態動詞は中間構文に現れることができない．これも，この種の動詞が探索活動を表すことができないためと考えられる．静態動詞は状態のみを指示対象

とするため，能動的な行為である探索活動に当たる部分を意味構造の中に持たないのである．

(122)　a. *The answer *knows* easily.　　　　　（Keyser and Roeper 1984: 383）
　　　　b. *John *believes* easily.　　　　　　　（Fagan 1992, 谷口 1995）
　　　　c. *John *believes* to be a fool easily.　（Keyser and Roeper 1984: 407）
　　　　d. *Fred *considers* sick easily.　　　　（Keyser and Roeper 1984: 409）
　　　　e. *John *considers* to be a fool easily.　　（Nakamura 1997: 134）
　　　　f. *Spinach *hates* easily.　　　　（Fellbaum and Zribi-Hertz 1989: 6）

5.3.3　作成動詞と同族目的語構文

knit wool sweaters や *build two-by-four houses* は作成動詞を含む動詞句である．これらはアスペクトとしては activity ないし accomplishment である[3]．activity と accomplishment は，主語の動作主性が高い場合には，持続的な行為に相当する部分をその指示対象に含む．すなわちこれらのアスペクトは探索活動に当たる行為を指示対象に含むことができ，したがって中間構文が可能になるはずである．が，それにもかかわらず作成動詞を含む動詞句は中間構文に使用することはできない．

(123)　a. *Wool sweaters knit* easily.　　（Fellbaum 1986, Taniguchi 1994: 191）
　　　　b. *Two-by-four houses build* easily.　　　　　（谷口 1995）
　　　　c. *This / These cabinet(s) build(s)* easily.
　　　　　　　　　　　　（谷口 1995, Fellbaum 1986, Taniguchi 1994: 191）
　　　　d. *This type of bridge builds* easily.　（Fellbaum and Zribi-Hertz 1989: 11）
　　　　e. *Pictures / This picture draw(s)* well.　（Nakamura 1997: 135, 136）
　　　　f. *This type of chair makes* easily.　　　　　（谷口 1995）
　　　　g. *This assumption makes* easily.　　　　　（谷口 1995）
　　　　h. *This book / This kind of poem writes* easily.
　　　　　　　　　　　　（Nakamura 1997: 136, Fellbaum and Zribi-Hertz 1989: 11）

また同族目的語をとっている他動詞 (124) およびそれに準ずる目的語をとっている他動詞 (125) も中間構文に使用することはできない．

(124)　a. Mary sang that song.

b. *That song sings beautifully.　　　　　　　（谷口 1995）
c. *This sonata plays easily.　　　　　　　　　（谷口 1995）
(125) a. *The waltz dances easily.　　　　　　　　　（谷口 1995）
b. *Pictures of Mary photograph well.　　　　（谷口 1995）

これらが容認不可能になる原因は，主語の指示対象が述語動詞の表す行為に先立って存在するものではないということに求められる．中間構文において述語動詞は探索活動を表すというのが本書の立場であるが，その行為に先立つかたちで主語の指示対象が存在しないということは，主語の指示対象が探索活動の向けられる対象になりえず，したがって探索活動が成立しえないということである．

作成に関わる動詞であっても，主語の指示対象が何らかのかたちで（たとえば，部品（谷口 1995）などとして）あらかじめ存在している場合には，その対象に向けられた探索活動が成立しうるため，中間構文が容認されることになる．その例が（126）の *assemble* である[4]．

(126) These toys assemble rapidly.　　　　（Keyser and Roeper 1984: 384）

また（124）（125）に例示されている動詞であっても，主語が行為の実現それ自体を指す同族目的語や行為の産物を指す名詞句ではなく，あらかじめ存在している対象を指す場合には，その対象に向けられた探索活動が成立しうるため，中間構文が容認されることになる．それを示すのが次の例である．

(127) a. *This piano plays* easily.　　　　　　　　　　（谷口 1995）
b. *Mary / this type of scenery photographs* well.
　　　　　　　　　　　　　　　　　　　（Fellbaum and Zribi-Hertz 1989: 35）

5.3.4 心理動詞をめぐって

心理動詞は通常の能動態で用いられた場合に経験者を主語にとる *fear* タイプの動詞と経験者を目的語にとる *frighten* タイプの動詞に分かれる．

(128) a. Animals *fear* fire.
b. The noise *frightened* the baby.　　　　（Nakamura 1997: 132）

fear タイプの動詞は中間構文に使用することができない．

(129) a. John *fears / likes / shames* Mary.

b. *Mary *fears* / *likes* / *shames* easily. 　　（Nakamura 1997: 132）

これに対して *frighten* タイプの動詞は中間構文が可能な場合（130）と不可能な場合（131）とがある．

(130)　a. John *frightened* / *scared* / *excited* Mary.　（Nakamura 1997: 132）
　　　 b. Mary *frightens* / *scares* / *excites* easily.
　　　　 (*discourage*, *amuse*, *annoy*, *bother*, *fluster*, *confuse*, *surprise*, *please*
　　　　 も同様)　　　　　　　　　　　　　　　　　　（Nakamura 1997: 132）
　　　 c. Mary *scares* easily.　　　　　　　　　　　　　　　（谷口 1995）

(131)　a. John *depressed* / *frustrated* / *vexed* / *infuriated* Mary.
　　　 b. *Mary *depresses* / *frustrates* / *vexes* / *infuriates* easily.
　　　　　　　　　　　　　　　　　　　　　　　　　　（Nakamura 1997: 133）

このような心理動詞の一見複雑な振舞い[5]も，探索活動の問題として考えることができる．

　中間構文に使用できる心理動詞は，通常の能動態で使われた場合に動作主を主語にとる動詞である．それに対して中間構文に使用できない心理動詞は，能動態の場合に主語として動作主以外（*fear* タイプの場合は経験者，*frighten* タイプの場合は原因）を取る（Nakamura 1997: 132）．

　動作主は探索活動の担い手になれると考えられる．言い換えれば，通常の能動態で動作主を主語に取れる動詞は，探索活動を表すことができる動詞であると考えられる．したがって，中間構文にも使用可能となる．それに対して経験者および原因は探索活動の担い手になれない．ということは，通常の能動態で経験者や原因を主語にとる動詞は探索活動を表すことができない動詞であるということになる．これらの動詞が中間構文に使用できないのはそのためであると考えられる．

5.4 アスペクト，動作主性，被影響性

　5.3.1 節で「achievement は中間構文に現れることができない」と述べたが，中間構文の容認可能性がアスペクトと関係していることはすでに Fagan（1992），谷口（1995）などの先行研究で指摘されている．具体的には，Vendler（1967）

の四分類のうち，中間構文になりうるのは activity と accomplishment だけであって[6]，achievement（とくに，事態の最終段階を指示対象とするもの）と state は中間構文には使用できない．

また，中間構文に現れることができるのは通常の能動態で使用された場合に主語として動作主を取る動詞に限られる，という指摘もなされている（たとえば Nakamura（1997）など）．

本書の枠組みでは（110）によって，これら二つの観察を次のように統一的に把握することができる．

(132) 中間構文の述語動詞は探索活動を表す（110a）．したがって探索活動を表すことができない動詞は中間構文に現れることができない．

まず，動作主性の問題から検討する．探索活動は知覚の能動性と関係する概念である（第3章）．したがって，探索活動の担い手は動詞の項構造には動作主として現れると言える．そこで，ある動詞が探索活動を表すことができるかどうかは，その動詞が通常の能動態で用いられた場合の主語が動作主であるかどうかによって決まることになる．そのため，主語として動作主を取ることができる動詞のみが中間構文に使用可能となることになるわけである．

またアスペクトに関して言うと，activity と accomplishment は〈行為の持続〉をその指示対象に含む．そして行為の持続は動作主性の高さと結びつきやすいものである．そこでこれらは探索活動を指示対象に含むことができると言える．そのため，これらは中間構文に現れることができるわけである．一方，achievement は指示対象に〈行為の持続〉は含まない．含むのは〈変化〉の局面だけである．そして〈変化〉は，動作主性の高さとは結びつかない．また，state は静的な状態を指示対象とするので，やはり動作主性は低い．したがって，これらは探索活動を指示対象に含むことができないと言える．そのため，これらは中間構文に現れることができなくなるわけである．

なお，中間構文の成立に必要な条件として被影響性（affectedness）が挙げられることがある（たとえば Fellbaum and Zribi-Hertz（1989）など）[7]．それに対して Fagan（1992: 65）は以下のように，対象が影響を受けているとは言えない例を挙げて，被影響性が説明概念として有効でないことを指摘している[8]．

(133)　a. This book reads easily.

b. She photographs well.

　本書の理論的な立場においては，被影響性には本質的な説明概念としての位置づけは与えられない．探索活動は対象に何らかの影響を及ぼす場合もあるが，及ぼさない場合もある．対象がアフォードする行為も，そのものに対して影響を及ぼす場合と及ぼさない場合とがある．

　もっとも，被影響性による分析は本書の立場と相容れないわけではない．探索活動は対象への働きかけである．そして静態動詞や achievement のように探索活動を表さない動詞や，作成動詞のように探索活動の向けられる対象を持たない動詞は，中間構文を許さない．ここに関わる〈対象に対する働きかけがあること〉〈働きかけの対象が既在であること〉は，被影響性の成立要件でもあるため，この限りにおいては被影響性に基づく分析と本書の分析は両立可能なわけである．

　また，表面接触動詞の場合のように，対象のもつアフォーダンスが文の意味内容として伝達するに値するものかどうかということが，被影響性の有無と有意な関係にある場合も存在する．

　しかしながらこれらは，被影響性という概念に理論的な意味合いを与えることを根拠づけるものではない．むしろ，探索活動とアフォーダンス知覚に基づく本書の分析が，従来の研究において被影響性という概念で捉えようとしていたものを適切に捉えることができるということである．

5.5　経験知の表現としての中間構文：*tough* 構文との比較から

　英語には，中間構文に類似した意味を表す構文として *tough* 構文があることがよく知られている．

　(134)　a. This book reads easily.　（中間構文）

　　　　 b. This book is easy to read.　（*tough* 構文）

この両構文の違いに関して，坂本（2002: 17-18）が次のような興味深い指摘をしている．

　(135)　a. This car is easy for John to drive.

　　　　 b. This car drives easily *by John / ?? for John.

中間構文において知覚者を *for* によって表すことができるということは先行研究で指摘されており，すでに見たように実例も存在するわけであるが，それでも *tough* 構文の場合に比べると相当に困難であると言えるわけである．これに関して坂本は次のように述べている．

(136) 中間構文では，話者が，知覚者としての自己と一体化し，探索活動に自ら関わった形で主体的な解釈がなされている．そのため，知覚者は話者の〈見え〉の中に含まれず，言語化されない．それに対し，Tough 構文では，話者は，探索活動を行う知覚者と自己を切り離している．For-phrase で明示される知覚者が話者以外の場合は，明らかに話者と知覚者が切り離されているが，たとえ知覚者と話者が一致している場合でも，話者は，知覚者としての自己を客体化し，知覚者によるアフォーダンスの探索活動として解釈している，ということになる．そのため，知覚者は話者の〈見え〉の中に含まれ，言語化されうるということになる．

(坂本 2002: 18)

つまり中間構文と *tough* 構文の意味的な違いの一つとして，状況を見る際の話し手の視座のありかの違いを挙げているわけである．中間構文における話し手の視座は，探索活動を行い，アフォーダンスを知覚する知覚・行為者と一致するのが常態である，すなわち当事者として状況を捉えるのが常態である．それに対して *tough* 構文では，話し手は知覚・行為者とは離れた視座から状況を捉える，すなわち外部的な観察者として状況を捉えることが常態であるということである[9]．

坂本のこの議論は，以下のような報告からも支持される．筆者のインフォーマントは，次の二つの文に関して，いずれも「racing driver のような expert であれば言う」としている．それは，これらの文において話し手が知覚・行為者と一致しているということである[10]．

(137) a. The car drives nicely. (= (63b))

b. This car drove nicely when I tried it yesterday. (= (75b))

また，先に紹介したように，Lemmens (1998: 11) は次の例がプロのサッカー選手の発話としては可能であるとしている．

(112) a. Well, I don't know, this new ball doesn't kick very well.

さらに (138a) は釣りを趣味とする人あるいは釣りの専門家の発話としては可能であり，また (138b) は教師の間での会話に用いられるのであれば自然であるが一般の人の発話としては不自然である[11]．

(138) a. This lake fishes well.
　　　 b. This session teaches easily.

　以上をまとめると，英語の中間構文は話し手自身の知覚の経験に密着した知識を表現しているということになる．すなわち中間構文は探索活動による知識の獲得を直接反映した構文であり，また話し手はエコロジカル・セルフとして知覚の当事者の位置にとどまるのが（不可避ではないにしても）常態であり，そこから視座をずらして知覚者を for 句で明示することは（不可能ではないにしても）まれであるということである[12]．

　一方 tough 構文は，中間構文とは異なり，話し手の視座が知覚の当事者の位置からもともと外れている可能性がある．たとえ明示的な知覚者の表現がない場合であっても，（中間構文とは異なり）話し手はその知覚者の位置から事態を見ているのではないということである．仮にそうだとするならば，話し手自身が知覚者である場合であっても，話し手は自分自身を姿として自らの視野の中に捉えていることになる．そしてそれが for 句で明示されない場合，そのゼロ形はエコロジカル・セルフではなく，「地」の中に埋もれて背景化したものであることになる．つまり tough 構文は，中間構文とは異なり，経験から得た知識をそのまま捉えて表現する構文ではなく，知識を客観化して表現していることになる．

　中間構文が表す経験知がいわゆる「宣言的知識」に属する，命題的ないし表象的なものとして頭に蓄えられている知識なのか，それとも「手続き的知識」ないしはある種の「身のこなし」としての身体知に近いものなのかについては，いまのところ確定的なことは言えない．しかし，この構文が探索活動に基づくアフォーダンス知覚という経験を直接的な形で反映していると考える本書の立場は，後者の可能性が大きいことを示唆している．

　中間構文は「広告・宣伝」に多く用いられるとされる（Fellbaum 1985: 29, 吉村 2001: 261）が，その理由が以上のことから説明できる．行為および知覚の当事

者としての経験に密着した構文としての中間構文が商品の宣伝に用いられれば，その宣伝は商品を使用するユーザーの立場に立った表現となる．すなわち読み手を，その商品を利用する当事者の立場に引き込む表現となる．しかもそれは身体知に基盤をおく実感的な表現ともなるため，宣伝効果を得やすくなると考えられるわけである．

なお，中間構文が広告・宣伝に用いられやすい理由として，Fellbaum（1985: 29）は，"attributing to the product certain properties that can be beneficially exploited by any potential agent" を挙げている．これは，「誰にとっても益がある」ということである．しかしこれは *tough* 構文にも成り立つ説明である．したがって，この説明が正しいならば，*tough* 構文も中間構文と同様に広告・宣伝に使われやすくなることが予測される．

一方，本書の枠組みではその理由を，中間構文が読み手に当事者感を与える構文であることに求めている．そしてそれに対して *tough* 構文は読み手に当事者感を与える構文ではないと考えている．したがって，本書の枠組みが正しければ，*tough* 構文は中間構文に比べると広告・宣伝には使われにくいことが予測される．どちらの予測が正しいかについては，別途検証が必要である[13]．

以上の議論に関連する事柄として，次の文についての大江（1975: 215-216）の観察を挙げることができる．

(139) a. I look pale.
b. Don't you look pale?

大江によればこれらの文は，それぞれ話し手と聞き手が鏡を見ている場合でなければ不自然となる．これは，中間構文が当事者感の高い表現であるという本書の議論を裏書する事実であるといえる．

5.6 中間構文における動作主の性格

5.6.1 カテゴリーとしての中間構文

坂本（横山（坂本）1997, Sakamoto 1998）は英語の中間構文を次のような成員からなるカテゴリーであるとしている．

(140) a. This door opens easily.
　　　b. These programs are enrolling fast.
　　　c. Harry seduces easily and willingly.
　　　d. This book sells easily.
　　　e. This book reads easily.
　　　f. The lake fishes easily.

　坂本によれば（140a）は（141a）のような状態変化構文に動作主の存在を読み込むことによって成立したものである．また（140b）は動詞が状態変化と行為の様態を同時に表すもので，ここでは対象の状態変化を介して，二次的に属性認知が起こっている．（140c）は（140a, b）からのさらなる拡張であると同時に（141b）のような非能格（unergative）構文からの拡張でもある．ちなみに，（141a）と（141b）はともに一項動詞を持つ文であるという共通点がある．

(141) a. The door opened. （状態変化構文）
　　　b. John runs. （非能格構文）

　（140d）が中間構文のプロトタイプである．（140a-c）と同様対象に状態変化が生じているが，それと同時に，対象の属性が人間の行為のあり方を決定づけていることから，人間と対象の相互作用を介した属性認知も生じており，意味の中心はそちらに移行している．以下，拡張が進むに連れて順次状態変化の度合いが薄れていき，(140f)ではそれが完全になくなる．以上が横山（坂本）(1997)，Sakamoto (1998) の概要である．

　坂本の議論は本書の議論と通じ合う部分が多い．本節のこれまでの議論は（140c-f）についての坂本の捉え方に対して生態心理学の立場から基礎づけを与えたものと見ることも可能である．ただ，これまでの議論で捉え切れていない点がある．それは（141a, b）から（140a, c）への拡張である．これはいずれも中間構文と動作主性に関わる問題である．ここではこれについて検討する．

5.6.2 状態変化構文と中間構文

　まずは状態変化構文から中間構文への拡張について考察する．

(142) a. The door opened. （状態変化構文）　　　　　　　　　（＝(141a)）
　　　b. This door opens easily. （中間構文）　　　　　　　（＝(140a)）

5.6 中間構文における動作主の性格

2.1.1節で，出来事の知覚に伴う行為の主体としての自己の知覚に言及した．それに直接対応する言語現象は（143）のような状態変化構文である．

(143) The glass broke.

出来事の知覚に行為者としての自己の知覚が伴うとは，（143）で記述されるような，視野の中で生じた出来事の背後に，その出来事を引き起こした，視野に含まれない自己の存在を知覚することである．

ところで，（143）のような状態変化構文は知覚者にとっての出来事の見えをそのまま記述したものである．この出来事は上記のように知覚者自身が引き起こした場合もあるが，そうでない場合もある．そして行為者としての自己知覚が伴うのは前者の場合であるが，状態変化構文の場合にはその自己知覚は構文の意味の一部として慣習化してはいない．

一方，そのようにして知覚された自己をゼロ形で表現することが構文の持つ慣習的な意味として確立すれば，それがすなわち中間構文の成立である．

言い換えると，中間構文の成立の契機となった，状態変化という出来事((141a)ないし(143))に動作主の存在を読み込むという認知の営みは，生態心理学の観点からはエコロジカルな自己知覚ということになる．そして，このエコロジカルな自己知覚は，中間構文全体に関与している[14]．

行為者としての自己知覚に加えて，先に述べた視座の移動とそれに伴う自己の客体化がここで生じれば，事態は次のような文によって記述されることになる．

(144) I broke the glass (on purpose).

ここで問題になるのは，中間構文における見えない動作主の性格である．中間構文において知覚・行為者が明示されていない場合，それが「背景化されている」と言われることがあるが，その捉え方は妥当なのだろうか．これは「背景化」という概念をどのように定義するかの問題でもあるのだが，少なくとも行為者が（「図（figure）」との対比で捉えられる）「地（ground）」に埋もれていると考える立場（たとえばLemmens (1998)の立場）は本書の立場とは相容れないものである．この点を検討するには，「図と地の分化」あるいは「図と地の反転」とは元来どういうものなのかを検討する必要がある．

5.6.3 図 と 地

　日章旗を見る場合のように，視野が均質ではなく，中に異質な部分がある場合，その異質な部分が「図 (figure)」として浮かび上がって見え，その周囲は「地 (ground)」となる．このように視野が図と地に分割されることを「図地分化」という（図 5.1）．図は形をもつが，地には形がない．両者の境界線は輪郭線として図のみに所属する．図は前面に浮かび，地は図の背後まで広がっているように見える．また，図は注意をひきやすく，地は注意の対象となりにくい．

　図は「物」として知覚され，地はそれが存在する「場」として知覚される．言い換えれば，「物」ないし「形」の知覚を支えているのがこの図地分化である．完全に均質な視野（「全体野」）では「物」や「形」の知覚は成立しない（図 5.2）．したがって，「地」が存在せず，「図」だけが存在するようなことは，知覚経験としては生じない．

　図と地の分化の仕方は常に固定しているわけではない．たとえば「ルビンの盃」（図 5.3）の場合，盃の形が図として知覚されたり，二人の人物の顔の形が図になったりする．同じ人が同じ物を同じところから見ているにもかかわらず，知覚経験は一つに定まらないのである．この場合，盃の存在が知覚されているときには二人の人物の顔は存在せず，逆に二人の人物の顔が見えるときには盃は見えない（つまり，「盃：二人の人物の顔＝図：地」ではない）．

　このような現象を「図と地の反転」と呼ぶ．盃が見えているときも，二人の人物の顔が見えているときも，知覚者が見ている図柄自体，すなわち感覚刺激は同じである．しかしそこから得られる知覚経験は一つに固定されているわけではないのである．

　ちなみに図 5.1 においては「白地に黒」と捉えるのが普通であろうが，これを反転させて「黒地に白」と捉えることも不可能ではない．

　図と地の分化・反転は，仮現運動（apparent motion）とともに，恒常仮定（constancy hypothesis）に対する反証と位置づけられる．恒常仮定とは「感覚刺激と知覚経験の要素との間には一対一の対応関係がある」すなわち「外部からの刺激が同じであればそこから得られる知覚経験も同じであろう」という仮説である．この仮説が成立しないということである[15]．

5.6 中間構文における動作主の性格

図 5.1 図と地の分化　　**図 5.2** 全体野

ここで図と地の分化・反転に関して，以下のことを強調しておきたい．

(145) a. 図と地の分化・反転は知覚経験を記述したものである．すなわちそこには必ず（見えない）知覚者の存在がある．
b. 図と地の反転は，同一の感覚刺激が同一の知覚経験を生み出すわけではないということを示すものである．そして，感覚刺激が同一であるということは，同一の対象を同一の視座から見ているということである．

さらに本書の枠組みと関連づけて考えるならば，図と地に関して次のことを付け加えることができる．

(146)　図と地はともに知覚者の視野の中に含まれるものである．

視野に含まれるのが図と地のうちのいずれか一方だけである場合，その視野は知覚者にとっては全体野である．全体野は事物や事象の知覚経験を成立させるものではないのである．

話を中間構文に戻すならば，本書の枠組みにおいては中間構文において明示されない動作主は話し手，すなわち知覚者自身と，話し手を含む一般の人であった．しかもこの場合の話し手は視野の中に含まれない自己，すなわちエコロジカル・セルフとして捉えられているのであった．一方動作主が地の中に埋もれていると考えることは，動作主が知覚者の視野の中に含まれていると考えることになる．これは明らかな矛盾である．すなわち動作主を地に埋もれていると考える立場は，本書の立場からは，(145a) と (146) に関わる問題があるわ

図 5.3 ルビンの盃

けである．

　一方，(145b) と (146) に関わる問題をはらむ分析として，図と地の反転による分析がある．中間構文とそれに対応する通常の能動文との関係が図と地の反転の例であると言われることがある．

(104)　a. This car handles smoothly.　（中間構文）
　　　 b. We can handle this car smoothly.

　また，次のような例も同じように分析されることがある（岩田 1994, Sweetser 1996, 1997）．

(42)　a. Kyoto is approaching.
　　　b. We are approaching Kyoto.

(44)　a. The students get younger every year.
　　　b. I get older than the students every year.

　図と地の分化・反転に対する本書の見方が妥当であるならば，これらの例を図と地の反転の例と考えることは，「それぞれのペアにおいて話し手はどちらの文でも状況を同じ視座から見ている」および「どの例においても話し手の姿が話し手自身の視野の中に含まれている」と考えることになる．これがそれぞれの例に関する英語話者の直観を適切に捉えているかどうかは疑問である．

　一方本書の枠組みではこれらは状況を異なる視座から見ていると考える．一人称代名詞が含まれている例では，話し手は，自分自身の姿が自身の視野の中に含まれる位置から状況を見ていると考えることになるが，人称代名詞がない

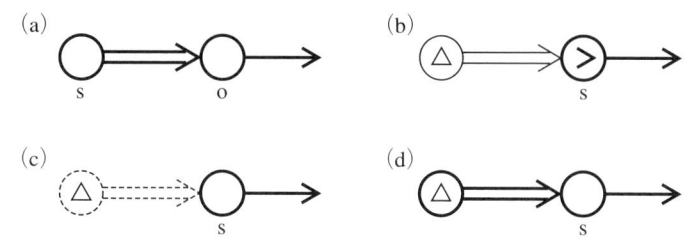

5.6 中間構文における動作主の性格   111

図 5.4 Langacker のアクション・チェイン (Langacker 1991: 335)

例に関しては，自分自身の姿が自身の視野の中に含まれない位置から状況を見ていると考えることになる．そして，状況を見る視座が異なれば，当然感覚刺激も異なる．したがって本書の枠組みでは，上記の (104) (42) (44) はいずれも図と地の反転の例とは考えられないことになる．

同様の問題をはらむ分析として，Langacker によるアクション・チェイン分析を取り上げておく．Langacker は (147) の例文を図 5.4 で捉えることを提案している．

(147)　a. He opened the door.
　　　　b. The door opened very easily.
　　　　c. The door suddenly opened.
　　　　d. The door was opened.　　　　　　　　(Langacker 1991: 335)

すなわち Langacker は「(147) はすべて共通の base（アクション・チェインを含む）をもつ．各文の違いはその base のなかで profile される部分の違いである」と考えていることになる．

Langacker の認知文法における profile と base は，それぞれ知覚論における図と地に対応する．したがって，Langacker の分析も暗黙のうちに，(147) のすべてにおいて話し手は同じところから（同一の視座から）事態をみていると考えていることになるわけである．しかもその視座は，表現されている事態の当事者ではなく，そこから一歩引いた観察者としての視座である．

もっとも，上記の Langacker の図には話し手（概念化者；conceptualizer）が書き込まれていない．そこで，図の中の適切な位置に話し手を書き込めば問題

は生じないと思われるかもしれない．しかし，実はそれでは問題は解決しない．次の図 5.5（吉村 2000: 92）を考えてみよう．

　この図にはまず，話し手（ここでは Viewer がそれに当たる）の位置をこの図のように想定することが妥当かどうかの問題がある．5.5 節で述べたように，中間構文は話し手および聞き手にアフォーダンスの知覚者としての当事者感を強く与える構文である．これは，この図において Viewer が Agent と一致しなければならないことを意味する．

　さらに，この図が表現しているものは話し手にとっての見えではない．話し手には事態はこの図のようには見えていない．そもそも話し手自身は Viewer としての自分自身の姿をこのような形で見ることはできないはずなのだから．

　アクション・チェイン分析で採用されている図のように事態を見ているのは，話し手ではなく，分析者であるわれわれである．そして話し手の言語知識の中に，分析者であるわれわれが占めるべき位置が確保されていると考えるのは不自然な想定である．

　あるいは，分析者としてのわれわれ以外に，これらの図が捉えているような知覚を経験する知覚者を話者の脳内に想定する立場もありうるかもしれない．しかしその立場は知覚心理学におけるホムンクルス理論と同じ構造をもつものであり，したがって佐々木（1993a）が述べている，説明の無限後退というホムンクルス理論の問題点をそのまま受け継ぐことになる．

　つまり，「(147) の文の違いはすべて共通の base の中の profile される部分の違いである」という Langacker の分析は，決して話し手の直観を捉えることができない[16]．

　この問題に関して参考になる洞察を与えてくれるのは，現象学（とその影響を受けた言語過程説）の考え方である．谷（2002: 177-179）は「超越論的自我は自転車に乗れるか」という問いに対して二つの図（図 11.2）を用いて答えを出している．その意味合いについては 11.2 節で検討することにして，ここでは予告にとどめる．

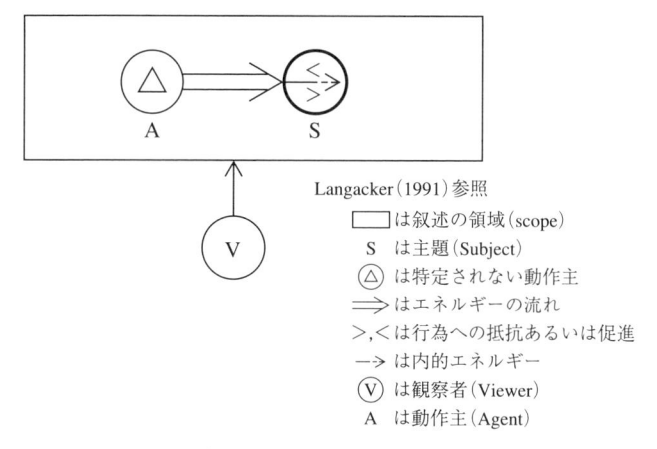

5.6 中間構文における動作主の性格   113

```
        ┌─────────────────┐
        │   △ ──→ ⓢ      │      Langacker(1991)参照
        │   A     S       │      □ は叙述の領域(scope)
        └────────↑────────┘      S は主題(Subject)
                 │               △ は特定されない動作主
                 Ⓥ              ⇒ は エネルギーの流れ
                                 >,< は行為への抵抗あるいは促進
                                 —→ は内的エネルギー
                                 Ⓥ は観察者(Viewer)
                                 A は動作主(Agent)
```

図 5.5　吉村 (2000: 92) による中間構文の概念構造

5.6.4 非能格構文と中間構文

次に非能格構文と中間構文の関係の検討に移る．

(141)　b. John runs.（非能格構文）

すでに述べたように，中間構文において行為の対象が主語の位置にたつのは，その指示対象に「責任」("responsibility") があるためであるとされてきた (Lakoff 1977, van Oosten 1977)．

また次の文において willingly はハリーの意思を指す (van Oosten 1977: 462)．

(140c)　Harry seduces easily and willingly.

このようなことから，中間構文の主語に動作主性を認める立場がある．また，(140c) のような中間構文と (141b) のような非能格構文はともに形式の上では一項動詞を中心に構成されている．そこで中間構文を非能格構文と関連づける立場が出てくることになる．

Lakoff らが「責任」という概念で捉えようとしている中間構文の主語の特性は，本書の枠組みにおいては，対象が知覚・行為者に対して持つアフォーダンスということになる．アフォーダンスは行為の可能性であるから，知覚・行為者（でありなおかつ話し手）の行為を可能にするものであるという点において，中間構文の主語には動作主性を認めることができる．

しかしその一方で，知覚者はアフォーダンスを探索活動による発見というかたちで知覚する．これを知覚・行為者の側から見直すならば，事物のアフォーダンスは，それをめぐる知覚・行為者自身の働きかけに応じたかたちで立ち現れてくるものということになる[17]．中間構文が話し手にとっての対象の見えを表すという本書の主張には，このような意味合いも込められている．

そして中間構文が話し手に対する立ち現れあるいは見えを表すと考えることは，主語に動作主性があることを認めながらも，この構文を「する」的というよりはむしろ「なる」的な構文（池上 1981, Ikegami 1991）であると考えることでもある．そしてそれは，中間構文を，「する」的な構文の例と見なされる非能格構文とは相当性格を異にすると考えることでもある．

5.7 中間構文の周縁

ここでは中間構文の周縁に位置する構文について簡単に触れておきたい．まずは次のような *happen* の用法についてである．

(148) It won't happen again.

この表現に対して『ジーニアス英和辞典 第3版』は「(悪いことをして叱責されたときに) もう二度といたしません」と訳をつけ，「I'll never do it again. より普通」と付記している．*happen* は通常中間動詞とは見なされず，*arrive* などと同じような非対格 (unaccusative) 動詞に位置づけられるが，ここでは行為者としての話し手がゼロ形で組み込まれることが半ば慣習化しつつあるという点で，中間構文に近い振舞いを示している．

次例においては，話し手を含まない人々がゼロ形の行為者となっている．このゼロ形はエコロジカル・セルフの表現ではない．

(149) a. My favourite song was playing on the radio.

(*Longman Word Wise Dictionary* s.v. play)

b. The film is now showing. (「その映画は今上映中です（略式）」)

(『ジーニアス英和大辞典』s.v. show)

【注】

1) 本章は本多（1997c, 1999）の内容をもとに増補・改訂したものである．本章の内容は，1998 年度に文部省科学研究費補助金の助成を受けて行われた研究および本多（2003c）の内容の一部を含む．
2) 以下で採用した動詞の分類は基本的に Nakamura（1997）によっている．ただし本章の議論は網羅的なものではなく，Nakamura（1997）が提示した問題に完全に答えているわけではない．
3) activity になるか accomplishment になるかは目的語の単複，定不定による．
4) *assemble* のほかに，*compose* も中間構文を許す．
   (i) Letters to oneself *compose* quickly.　　　　　　　　　　(Stroik 1992: 129)
   OED^2 (s.v. compose) は，この場合の *compose* に対応する他動詞としての語義を，"To construct (in words)" と記述するが，これは "To make by putting together parts or elements; to make up, form, frame, fashion, construct, produce" という廃語義の "special senses" の一つと位置づけられている．すなわち，この場合の *compose* にも〈前もって存在する構成要素〉という概念が含まれていると言えるわけである．
5) 本節のここまでの記述は Nakamura（1997: 132）に負う．
6) 言うまでもなく，これは，activity か accomplishment であればどんな動詞でも中間構文に使用できるということではない．
7)「他動性モデル」による分析（Taniguchi 1994, 谷口 1995）も被影響性概念による説明をその一部とするものである．
8) 本書の枠組みでは中間構文を疑似中間構文，連結的知覚動詞構文，および主体移動表現と関連づけているが，これらにおいても被影響性は低い．
9) 実例である "The pitch played well *for batsmen*"（70b）については，"batsmen" が話者と同じチームのメンバーであるため，話者にとって共感しやすい相手である，ということが容認度に影響している可能性もある．
10) 余談になるが，そのインフォーマントは，次の文の容認可能性を報告する前に，この文の容認可能性を判断することそれ自体に対して，明らかなためらいと戸惑いを示した．これは（137）の判断を求めたときの反応とは明らかに異なっているように筆者には感じられた．
    (i) Bureaucrats bribe easily.　　　　　　　　　　　　　　　　　(= (61))
    これは，この文の容認性を判断するには，いったん自分自身を贈賄行為の当事者の位置におかなければならない，ということからくる不快感によるものという可能性がある．
11) 西村義樹氏（私信）による．
12) 石崎（2003）によれば，スペイン語における再帰中間構文（他動詞＋再帰代名詞 *se* による中間構文）は，BE 動詞による中間構文とは異なり，行為の当事者の

視座から状況を見ている構文である．すなわちこの構文は，英語の中間構文と並行した性格を持つ構文ということになる．再帰中間構文はヨーロッパの諸言語に広く見られる構文であるが，当事者感の高さという特徴づけがそれら再帰中間構文全般に関して言えることであるかどうかは興味深い問題である．

13) 吉村（2001: 261）は，中間構文の「使用域が「広告・宣伝」文に集中し，受動文よりはるかに制限的・局所的である」としている．したがって，tough 構文の使用域が広告・宣伝文に集中していないことが示されれば，本章の予測が確認されることになる．

14) ただし状態変化構文それ自体はアフォーダンスの表現とは言えない．

15) 恒常仮定をめぐる議論については 11.3.4 節で紹介する．

16) もちろん Langacker らの図は，話し手の知識を捉えたものとしてではなく，各構文が何を指示対象としているかだけを捉えて記述したものと解釈するならば，その限りにおいては妥当性を持つものである．ただしそれは，話し手の捉え方とは独立に見た文の指示対象の表示であるから，指示対象意味論を棄却して認知意味論の立場をとるならば，文の意味を記述したものと考えることはできなくなる．

17) それゆえ "responsibility" という用語をその語構成のままに解釈して「応答可能性」と捉えるならば，本書の見方に近くなるかもしれない．

第6章
空間と時間の意味論

6.1 探索活動としての移動

　空間の中を能動的に移動することは，空間についての知識の獲得を促す（3.1節)[1]．その意味で移動は探索活動としての要件を備えている．移動は環境の見えを変化させる．その変化する見えが，変化しない環境の諸特性を特定する．先に挙げた次の例はその一部である．

(89)　　a. The road runs straight.

　　　　d. The highway runs along the coast for a while.

　道の形状を知覚するための移動の様態は，道の形状の知覚にガイドされる（知覚と行為の循環；3.6節および4.4.2節)．道がジグザグに曲がっていれば，移動もジグザグになり，道がまっすぐであれば，移動もまっすぐになる．一方，視野の中での道の見えは，道の形状を知覚するための移動の様態に伴って変化する．したがって，視野の中での道の見えの変化は，道の形状を特定することになる．そこで (89a) のように，主体移動表現においては移動の様態を表す副詞句を，名詞の指示対象の属性を表現するのに用いることができるようになる．

　また，道の長さを知覚するための移動の持続時間は，道の空間的な長さの知覚にガイドされる．道が長ければ，その長さを知覚するための移動は長く持続するが，道が短ければ，移動も短く終わる．一方，視野の中での道の移動の持続時間は，道の長さを知覚するための移動の持続時間と共変する．したがって，視野の中での道の移動の持続時間は，道の空間的な長さを特定することにな

る[2]．(89d) で経過時間を表す副詞句を名詞句の指示対象の属性である空間的な長さを表すのに用いることができるのは，このような知覚のメカニズムによっている．

(89d) はまた，時間的な意味と空間的な意味との間に相互浸透が生じている例ということもできる．

(89) の文はいずれも，移動する知覚者・話者にとっての見えを記述している．話し手自身は視野の中に入っておらず，エコロジカル・セルフのレベルで捉えられているため，音形のある言語形式による表現はされていない．

また，複数の知覚システムの獲得する情報は等価・冗長である (3.2 節)．したがって，知覚学習 (3.5 節) により，現実に全身的な身体移動をしなくても，視線の移動（走査）によって身体移動と同様の空間情報を得ることができるようになる．これが第一類主体移動表現の成立の基盤となる (4.4.4 節)．

本章では，以上の枠組みによって捉えることができる言語現象についてさらに検討していく．ただし以下の議論では，現実に全身的な身体移動がある場合と，身体移動はなく，視線の移動のみがある場合とを，とくに必要のない限り区別せずに論じていく．

探索活動としての移動と，それによって獲得することができる空間情報の関係をまとめると，次のようになる．

(150) a. 物体との出会いがその存在を特定する．

b. 移動の終点に捜し求める物体が位置している．

c. 対象の移動の様態が経路の形状を特定する．

d. （対象の）移動の向きが経路の向きや物体の存在する方向を特定する．

e. 対象の見えの始まりと終わりが広がりのある領域の両端を特定する．

f. （対象の）移動の持続時間が経路の長さや二つの物体の間の距離を特定する．

g. 物体と遭遇する時点が物体の位置を特定する．

h. 物体や事態と遭遇する順序が物体や事態の位置の相互関係を特定する．

i. 物体と遭遇する頻度が物体の存在密度を特定する．

(cf. Givón 1979: 324-325)

これについて順に例を検討していく．

6.1.1 遭遇と存在の認識

次の (151) は，その次の (150a, g, i) の例となる．

(151) a. There is a house *every now and then* through the valley. (= (26))

b. Lurid accounts of real caves are *frequent* in ancient literature.

(*Word Bank*)

c. ... some of the more *frequent* wild flowers of Britain

(*COBUILD* s.v. frequent)

(150) a. 物体との出会いがその存在を特定する．

g. 物体と遭遇する時点が物体の位置を特定する．

i. 物体と遭遇する頻度が物体の存在密度を特定する．

日本語の「たまに」も同様の用法を持つ．

(152) 町にはたまにぽつんと警察官が立っているほかにはだれもいなかった．

次の例では逆に，位置表現がその位置を通過する時点を表している．

(153) I haven't had a drink since *Cambridge*. (Engberg-Pedersen 1998: 148)

次の文は，(155) に示すように，二通りの解釈を持つ曖昧な文である（影山 2003: 42）．

(154) 静岡から東京まで雨だった．

(155) a.（テレビの気象情報を見ていて）雨が降っているのは静岡から東京までの地域だ．

b.（新幹線に乗っていて）静岡以降，東京に着くまで雨がずっと降っていた．

この曖昧性は，身体の移動の有無の観点から説明できる．いずれの解釈においても，知覚者・話者の移動がある．「静岡から東京まで」は降雨現象が生じている空間的な範囲を表現しているが，移動する知覚者・話者は上記の道の長さを表す (89d) の場合と同じように，これを時間的なものとして経験してい

る．（155a）の解釈は，地図上を静岡から東京まで走査する視線の移動によって探索が行われる場合であり，（155b）は実際に静岡から東京までの身体の移動による探索がある場合である[3]．

　ここで取り上げているような，時間的な意味を保持しながら空間的な分布を表すのに用いられる表現を，定延（2002）は「空間的な分布を表す時間語彙」と呼んでいる．その一つである「あと5分したら」に関して，定延（2002: 192）は，次に示すように，これが「存在表現を好み，アリサマ表現を好まない」と指摘している．

　　（156）（並木道を歩いている二人のうち一人がもう一人に）
　　　　a.＊あと5分したら木が大きいですよ．　（アリサマ表現）
　　　　b. あと5分したら大きい木がありますよ．（存在表現）

　本書の枠組みでは，この違いの理由は，木の存在認識をもたらす移動と木の高さを測るための視線の移動が性質を異にすることに求められる．前者は木との出会いに至る水平方向の身体の移動であるが，後者は木の根元に始まって先端で終結する垂直方向の視線の移動である．

　「あと5分」で表される時間経過は，大きい木の存在認識につながる身体の移動とは親和性を持つ．木の存在の認識に至る身体の移動は発話時において継続中であり，なおかつ発話時以後さらに5分間継続しうるものである．したがって「あと5分」と表される時間経過と親和する．そこで（156b）は自然な文となる．

　しかしこの同じ時間経過は，木の大きさを測るための視線の移動とは親和性を持たない．木の大きさを測るための視線の移動は，木の根元を見ることによって開始されるものであるから，その成立の前提として，知覚者がその木の存在認識を達成していることが必要となる．そこで，発話時に存在認識が成立していなければ，その移動も発話時にはまだ生じていないことになる．一方「あと～分」という表現で表される時間経過は，発話時を基点とするものであり，これは問題となる移動が発話時においてすでに生じていることを示唆する．したがってこの表現は，発話時には生じていない木の大きさを測る移動とは親和しない．また，木の大きさを測る視線の移動は一瞬で終わるものであるから，「5分」という時間経過とも親和しない．そこで（156a）は容認できなくなる

6.1 探索活動としての移動　　　　　　　　　　　　　121

わけである．

　ちなみに同じような制限が日本語の数量詞遊離構文にも見られる．遊離数量詞は存在表現とは共起できる（157c）がアリサマ表現とは共起できない（157b）．

　（157）　a. 二，三人の生徒　が／は　頭がいい．
　　　　　b.*生徒　が／は　二，三人頭がいい．　　　　　（Harada 1976: 342）
　　　　　c. 頭のいい生徒　が／は　二，三人いる．

これは日本語の数量詞遊離構文と空間的な分布を表す時間表現との同質性を示唆している．数量詞遊離については 8.2 節で検討する．

6.1.2 到達経路表現

　ここでは次のような英語の例を考える．

　（158）　There is a tower across the river.
　　　　　（川を渡ったところに塔が立っている．）　　　　（松本 1997: 220）

このような表現を，Talmy（1996）は "access path expression"（「到達経路表現」（松本 1997））と呼んでいる．

　到達経路表現は，「対象までの移動による到達」という主語の指示対象のアフォーダンスを表す．たとえば，次の文は通常は容認されないが，スーパーマンに関しての文としてであれば容認される．これは，通常の人間は壁を突き抜けて移動することはできないが，スーパーマンにはそれが可能であるということによる（松本 1997: 222）．

　（159）　His office is across/through this wall.
　　　　　（彼の事務所はこの壁を突き抜けたところにある．）

これは，「彼の事務所」が〈壁を突き抜けての到達〉というアフォーダンスを人間に対しては持たないが，スーパーマンに対してであれば持つことによる．

　同様に，次の文はトンネルなどの存在によって山を通り抜ける移動が可能になっている場合には容認される（松本 1997: 222）．

　（160）　Through the mountain is a beautiful city.
　　　　　（その山を通り抜けたところに美しい町がある．）

　また，すでに述べたように，事物がアフォードする行為は，そのアフォーダンスを発見するための探索活動となりうる．到達経路表現にも，探索活動とし

ての移動が関わっている．そこで，次の（89d）の場合と同じように，到達経路表現においても，経過時間を表す副詞句を空間的な距離を表すのに用いることができるようになる．

(89) d. The highway runs along the coast *for a while*.

(161) a. The city lies *many hours* across the desert.
（その町は何時間も砂漠を横切って行ったところにある．）
(松本 1997: 222)

　　　b. They live *40 minutes* from the center.　(Engberg-Pedersen 1998: 148)

そして，探索活動としての移動の主体となる知覚・行為者は，視野の中に含まれないエコロジカル・セルフとして捉えられる．つまり（161a）では，明示されない知覚者・話者からみた砂漠の向こうにある都市までの距離が，この話者が砂漠を渡るのに要する時間として表現されていることになる．（161b）も同様である．

また，観察点の公共性 (2.1.2 節) により，（文に述べられた所要時間による）対象への到達の可能性は，あらゆる人に開かれていることになる．そのために，到達経路表現における時間表現は，距離を客観的な空間的特性として表すことになる．

到達経路表現には，「終点焦点（end point focus）」という特徴づけがなされることがある．たとえば Lakoff (1987: 440) は次の例を挙げている．

(162) a. Sam walked *over the hill*.　（経路（path））
　　　b. Sam lives *over the hill*.　（経路の終点（end of path））

(163) a. Harry walked *through that doorway*.　（経路）
　　　b. The passport office is *through that doorway*.　（経路の終点）

これらの例において，a の文では，主語の指示対象（サム，ハリー）が，前置詞句で表現される経路の全体を移動している．それに対して到達経路表現である b の文では，主語の指示対象（サム，パスポートオフィス）が，前置詞句で表現される経路の終点に位置している．つまり前置詞句が表す経路の終点のみに焦点が当てられていることになるわけである．このような現象が終点焦点現象である．

Lakoff (1987: 442) はこの例を「経路焦点 ↔ 終点焦点」というイメージスキ

ーマ変換で捉えようとしている．

　本書の枠組みでは，終点焦点現象は物体の位置を知るための探索活動としての移動のあり方から自然に説明することができる．(162)(163)のbの文には，それぞれサムとパスポートオフィスの位置を知るための移動が関わっている．サムの位置を知るための知覚者の移動は，知覚者がサムに到達したところで終了し，パスポートオフィスの位置を知るための移動は，パスポートオフィスに到達してそれを発見したところで終了する．これを見方を変えて捉えなおせば，位置を知るべき物体は，必然的に，その位置を知るための移動の終点に位置することになるわけである[4]．

　すなわち到達経路表現は，

　　(150b)　移動の終点に，捜し求める物体が位置している．

の例ということになる．

　Lakoff (1987: 441) は，*by* と *to* が終点焦点効果をもたないことを指摘している．

　　(164)　a. Sam walked *by the post office*. （経路）
　　　　　b. Sam lives *by the post office*. （＝near;≠経路の終点）
　　　　　c. Sam ran *to the house*. （経路）
　　　　　d.*Sam stood (three feet) *to the house*. （≠経路の終点）

　これらの例外とも見える例に関して，Lakoff and Brugman (1986: 443) は次のように述べている．

> In this case, the nonexistence of an end-of-path reading for *by* ［and *to*（引用者注）］ suggests that only prepositions which code the shape of the path relative to the shape of the reference object are available for end-of-path readings.

　すなわち終点焦点現象を起こしうる前置詞は，その目的語の指示対象の形状との関連で経路の形状を表すことができるものに限られるというわけである．

　本書の枠組みでは，これは到達経路表現が到達のアフォーダンスを表現する文であることによる，情報伝達上の必要性の観点から説明される．到達経路表現が到達というアフォーダンスを伝達する表現として成立するには，その文で伝えられる経路についての情報が十分に特定的で，聞き手が間違いなく目標物に到達できるように聞き手の移動をガイドできるものでなければならない．そ

のため，経路を十分に特定的に表現できる前置詞はこの構文に現れることができるのに対して，経路を十分に特定できない前置詞は現れることができないのである．

ただし以上は，*to* が探索活動としての移動に基づく表現に用いることが全く不可能であるということを意味するものではない．たとえば 6.1.4 節の (169) のような例がある．

また，これらと同じように終点焦点現象を示す表現であっても，知覚者・話者が対象と同じ位置にいると捉えられる場合は事情が変わってくる．次例 (Taylor 1994: 161-162) では，経路を表さない前置詞が終点焦点現象を示している．

(165)　a. Mandela is *out of prison*.

　　　　(cf. Mandela came out of prison.)

　　　b. John is *from America*.

　　　　(cf. John has just arrived from America.)

経路の終点が同時に知覚者・話者の位置でもあり，問題となっているのが対象の現在位置ではなくその出所である場合には，すでに到達という行為は達成されている．そのため，あらためて聞き手に経路を詳細に伝える必要はなくなる．そこでこの場合には経路を表さない前置詞も終点焦点現象を示しうることになる．

(165a) においては〈監獄の外の一般社会〉という位置がマンデラ氏と話し手がともにいる位置と捉えられており，(165b) においてもジョンと話し手は現在同じところにいると捉えられている[5]．

6.1.3　経路の形状を表す様態表現

本節では (150c) に関して，とくに副詞と動詞に着目して検討する．

(150)　c. 対象の移動の様態が経路の形状を特定する．

次の (89a) は，先に述べたことから明らかなように，これの例に当たる．

(89)　a. The road runs *straight*.

4.4.3 節で述べたことの繰り返しになるが，主体移動表現に現れることができる副詞句は経路の形状を表すものに限られる (Matsumoto 1992, 松本 1997)．

(166)　a.*The road runs *angrily/happily/desperately/slowly* through the forest

6.1 探索活動としての移動 125

　　　　by car/on foot.　　　　　　　　　　　　　　　　　　　(= (91))

　　　b.*The highway runs *slowly* in the desert.

　　　c.*The road went up to the mountaintop *angrily*.

　　　d. The road *slowly meanders* through the mountains.

　　　e. The road runs *carelessly* under the cliff.

同じ制約が動詞にも見られる (Matsumoto 1992, 松本 1997). 意味構造に様態を含む動詞が現れることができるのは，その様態が経路の形状を表しうる場合のみである．

　(167)　a.*The road *walks* through the center of the park.

　　　　b.*The path *crawls* into a small room in the pyramid.

　　　　c. The road goes *galloping* over the mountains.

本書の枠組みでは，経路の形状を表す表現が現れることができるのは，知覚と行為の循環の現れである．道の形状の知覚が探索活動としての移動によって可能になる一方，その移動の様態は道の形状の知覚にガイドされる．つまり道の形状に関わる様態は，道の形状を知覚するための行為と知覚の循環に現れるものである．そしてこの循環の中に位置づけられる様態は，副詞による表現としてであれ，動詞による表現としてであれ，主体移動表現に現れることができるわけである．それに対して，この循環の中に位置づけることができない様態は，そもそも知覚のプロセスに寄与するものではない．知覚を表す構文に，知覚過程に寄与しないものを表す表現が現れることがないのは自然なことである．

また，4.4.3 節でも述べたように，*angrily/happily/desperately/slowly*, *by car/on foot*, *walk/crawl* はいずれも行為者（ここでは移動者）のありようを表す様態表現である．行為者自身は視野の中に含まれておらず，したがって音形のある言語形式による明示的な指示の対象にはなりえないのである．指示対象になりうるのは，話し手の視野の中に含まれるものだけである．

6.1.4 経路の向きを表す表現

同様に，知覚と行為の循環に動機づけられて，移動の向きを表す表現が経路の向きを表すことになる．

　(150)　d. (対象の) 移動の向きが経路の向きや物体の存在する方向を特

定する．

(168) a. The road *ascends* from Jericho to Bethel. 　　　(= (89b))
　　　 b. From there on, the trail *climbs* (*up*) steeply. 　（Matsumoto 1992）
　　　 c. The land *falls* (away) towards the river. 　　　(= (89c))
　　　 d. His wavy, reddish hair *falls* to his shoulders. 　(= (95c))

ちなみに，経路の向きとその知覚は，経路の形状とその知覚とは異なる．そこで (164d) でみたように形状の表現には用いられない前置詞 *to* も，(169) に示すように向きの表現には使用可能となる．

(169) a. Cheshunt is a few kilometres *to* the north of London.
　　　　　　　　　　　　　　　　　　　　　　　　（*LDCE*² s.v. north 1.1）
　　　 b. His was the third door *to* the left. 　（*LDCE*² s.v. left 3）
　　　 c. It ［＝リンゴ（引用者注）］ is the one *to* the front of the box.
　　　　　　　　　　　　　　　　　　　　　　　　（Allen and Hill 1979: 144）

物体の存在する方向を表す表現としては，次の例がある．この例の *off* も，経路の形状は表していない．

(170) 　The motel is *off the main road*.
　　　　(cf. We drove off the main road.) 　（Taylor 1994: 161-162）

ちなみに，〈経路〉と〈（経路の端に存在すると想定される）物体〉がともに〈方向〉を知るべき対象として同じように知覚されうるということは，英語の *high* が〈延長を表す用法 ("extensional")〉と〈位置を表す用法 ("positional")〉という二つの用法を持つ（Dirven and Taylor 1988）ことと並行している．

(171) a. The bookshelf is *high*. 　（本棚の背が高い; 延長）
　　　 b. The ceiling is *high*. 　（天井の位置が高い; 位置）

6.1.5 空間の構造を表す時間表現

次の (150e, f, g) は空間の構造を表す時間表現に関わる．

(150) 　e. 対象の見えの始まりと終わりが広がりのある領域の両端を特定する．
　　　　f. （対象の）移動の持続時間が経路の長さや二つの物体の間の距離を特定する．

6.1 探索活動としての移動

g. 物体と遭遇する時点が物体の位置を特定する．

(150e) は *begin*, *end* といった動詞の用法に関わる．これらは動詞としてはもともと時間的な意味を持つものと考えることができるが，(172) においては空間的な広がりの両端を表すのに用いられている．

(172) a. The field *begins* here and *ends* there.

b. Chaos *begins* at the gate and *ends* at the back fence.

〈Givón 1979: 315-316〉

この例における *begin* が時間的な意味を保持しつつも指示対象としては空間的な広がりの端点を指しているのであって，時間的な出来事の始まりと終わりを指示対象としているのではないということは，次例と比べることで明らかになる．

(173) The concert *began* at 8:00 and *ended* at 10:00. 〈Givón 1979: 315〉

この *begin*, *end* は (172) とは明らかに性質を異にしている．

(172) には，空間的な広がりのあるものの探索と知覚のプロセスが関わっている．空間的な広がりのあるものを知覚する一つの方法は，一つの端点から探索を始めてもう一方の端点まで移動していくことである．移動の始まりと終わりが端点で起こる．これを知覚者にとっての対象の見えに即した形で述べ直せば，対象は知覚者がその一方の端点にいるときに視野の中に存在し始め，もう一方の端点にいるときに視野の中における存在を終了する．このことから，広がりのある対象の見えの始まりと終わりが，その対象の両端点のありかを特定することになる．このような探索と知覚のあり方を反映しているのが (172) である．

次に (150f) を考える．

(150) f. (対象の) 移動の持続時間が経路の長さや二つの物体の間の距離を特定する．

これについては，本章の冒頭で次の (89d) との関連で議論した．

(89) d. The highway runs along the coast *for a while*.

次の *away* に伴う *half a day* も同様に考えることができる．

(174) *half a day away* by bus （『英語基本形容詞・副詞辞典』s.v. away）

なお，この *away* は次例とは区別しなければならない．

(175) His arrival is still six hours *away*.

（『英語基本形容詞・副詞辞典』s.v. away）

こちらの *away* は時間的な隔たりを指示対象としている．これは空間から時間へのメタファーの例である．

次のように，時間の長さを表すのに探索活動それ自体を利用することも可能である．

(176) *a long bus ride* away　　　（『英語基本形容詞・副詞辞典』s.v. away）

二つのものの間の距離の例としては，すでに言及した次の到達経路表現の例がある．

(161) a. The city lies *many hours* across the desert.
　　　 b. They live *40 minutes* from the center.

次例における日本語の「すぐ」が同じように分析できる．

(177) a. この道は (もう) すぐ舗装されます．
　　　 b. この道は (もう) すぐ二股に分かれます．
　　　 c. 太郎は二郎のすぐ上にいる．／角を曲がるとすぐに郵便局があります．

「すぐ」はもともとは (177a) のように非常に短い時間を表す副詞であると考えられる．しかしある延長を持つ対象にそった移動が非常に短い時間で行われうるならば，それはその延長が短いということである．またある対象から別の対象への移動が非常に短い時間で行われうるならば，それは二つの対象が非常に近い距離にあるということである．そこで移動に要する時間が空間的な延長ないし距離を特定することになり，(177b, c) のような表現が可能になるわけである[6]．

ちなみに，〈経路の長さ〉と〈二つの物体の間の距離〉が同じように知覚されうるということも，先に (171) として提示した英語の *high* の多義性と並行している．

6.1.6 空間的な有界性を表す時間的有界表現

前節の内容との関連で，ここで (178) のような英語の進行形の特異な用法を検討しておきたい．

(178)　This road is winding through the mountains.　　（Langacker 1987b: 256）

英語の進行形は通常，述べられている事態が時間的に有界である（始まりと終わりがあり，永続的でない）ことを表す．このことは次の例によって示すことができる．

(179)　a. A statue of George Lakoff stands in the plaza.
　　　　b. A statue of George Lakoff is standing in the plaza.

（Langacker 1987a: 86）

(179a) は，彫像が恒久的にその広場にあることを示唆するのに対して，(179b) は通常は像がその広場に一時的に置かれていることを表す（Langacker 1987a: 86）．すなわち (179b) においては "stand" という事態は時間的に有界であると捉えられているわけである（Langacker 1987a, Tomozawa1988a, 1988b, 友澤 2002）．これは英語の進行形についての妥当な見解であると考えられる．

この議論を (178) に適用するならば，この文においては道の湾曲が時間的に有界であると捉えられていることになる．すなわち，

(180)　もともとまっすぐであった道が，ある時点で "wind (through the mountains)" と記述できる形状に変化して現在その状態にある．しかしこの形状は一時的なもので，やがてはまた形を変えて "wind (through the mountains)" とは言えない状態に変わる．

という道のあり方を捉えた文になるはずである．しかし，山の中を走る道がそう簡単に形を変えることがありえないということを考慮すると，この議論は，(178) がありえない状況を記述した不自然な文であることを予測することになる．ところが実際には (178) は自然な文として成立している．

実は (178) は，道の形が一時的なものであるということを表しているわけではない．過去においても未来においても道の形に変化がなくてもこの文は成立する．それではなぜここで進行形が使われているのだろうか．

ちなみに同じ道路の形は，次のように単純現在形で表すことも可能である．ただし (178) と (181) は同じ道路の同じあり方を記述した文ではあるが，意味が異なる．

(181)　This road winds through the mountains.　　（Langacker 1987b: 255）

それでは (178) はどのようなときに用いられるのだろうか．Langacker (1987b:

257) は次のような場合を報告している．曲がっているのは道の一部分だけであとは真っ直ぐである，すなわち道の湾曲が空間的に有界であるとする．そして知覚者がその道を走っているとする．その場合，知覚者は最初は道の真っ直ぐな部分を走り，ある時点を境に湾曲した部分を走り始め，そしてしばらく経った後，またある時点を境に真っ直ぐな道を走ることになる．(178) はそのような場合に自然になるのである．このとき，道の湾曲の空間的な有界性は，移動する知覚者の視野においては時間的な有界性として経験されている．そこで進行形の使用が可能になるわけである．

客観的には恒久的・長時間的なものとして存在しているものが，話し手の知覚のプロセスの反映としてあたかも一時的な出来事であるかのように表現されるというこの現象は，4.6節で見た次の例と並行している．

(76) a. The boy I spoke to had / ?has blue eyes.

b. Water will consist of H$_2$O every time.

(108) This car drove nicely when I tried it yesterday.

そして次の (182a, b) の関係は，(183a, b) の関係および (106a, b) の関係に並行している．

(182) a. This road is winding through the mountains. (=(178))

b. This road winds through the mountains. (=(181))

(183) a. The car drives nicely. （第一類中間構文） (=(107))

b. This car drove nicely when I tried it yesterday. （第二類中間構文）

(=(108))

(106) a. The highway passes through a tunnel there.

（第一類主体移動表現） (=(93a))

b. The highway I was driving on passed through a tunnel then.

（第二類主体移動表現） (=(94a))

そして (182) は次の (34b) と同様の，移動する話し手にとっての対象の見えの変化を記述した仮想変化表現である．

(34) b. The road widened when we passed the state border.

したがって，仮想変化表現に対しても第一類と第二類の区別を立てることができることになる．

```
     J              T              M
─────────────────────────────────────────▶
```

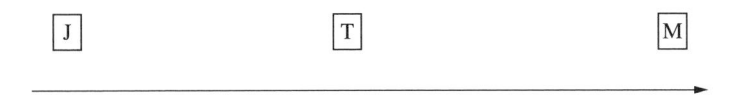

図 6.1 「のち／あと」

6.1.7 空間的な配置を表す時間順序表現

（150h）を見ておく．

（150）　h．物体や事態と遭遇する順序が物体や事態の位置の相互関係を特定する．

ジョン，トム，メアリーの三人が図 6.1 のような配置で適当な距離をおいて立っているとする．

知覚者が全員を同時に見ることができない場合にも，三人の相対的な位置関係を知ることは可能である．矢印に示した方向に動けば，一人ずつに出会う順序から三人の位置関係が分かる．知覚者は「最初に」ジョンに出会い，その「後」にトムに出会い，さらにその「後」にメアリーに出会う．三人はそれぞれの位置を同時に占めているわけであるが，知覚者と三人の出会いは時間的な前後関係を持つものとなるわけであり，なおかつ知覚者の移動がこの矢印の方向である限り，出会いの順序はこの順でしかありえない．その結果，知覚者の視野においてはジョンとトムとメアリーがこの順に姿を現すことになる．そこで物体や事態と遭遇する順序が，物体や事態の位置の相互関係を特定することになるわけである．

これと同じ現象が生じているのが次例における日本語の「のち」「あと」である．ここでは「のち」が，時間表現でありながら空間的な配列を表すものとして機能している．

（184）　ブナとカシが混生するところがかなりつづいた<u>のち</u>／<u>あと</u>，純粋なブナ林になる．

英語では次のような例がある．

(185) a. The turn is about two kilometres *before* the roundabout.

(*COBUILD*³ s.v before 9)⁷⁾

b. Seven kilometres *after* the sharp bends and *before* the village of Piccione, turn right to Montelabate. (*COBUILD*³ s.v. after 8)⁸⁾

c. The interior was dark *after* the bright sunlight. (*COBUILD* s.v. after 3)

(185a, b)は道案内の文であり，移動する知覚者の存在が想定されている．(185c)は，室内が話し手の入室のずっと前から暗かった場合であっても使用することができる．すなわち客観的には，明るい日差し（に関わる話し手の経験）の「あと」ではなく，以前から室内が暗かった場合であっても使用できる．

6.1.8 「もう」と「まだ」

次の例を考えてみよう．

(186) a. このあたりは<u>もう</u>田中さんの土地だ．
b. このあたりは<u>まだ</u>田中さんの土地だ．

(186a)は所有権の変更があった場合に用いることができる．その場合には探索活動としての話し手の移動は関与しない．しかし，この文は所有権の変更がない場合にも使用することができる．たとえば移動しているうちに田中さんの土地に入り込んだ場合などである．同様の観察は(186b)にも成立する．

英語では次のような例がある．

(187) a. Death Valley is *still* in California. (Michaelis 1996: 179)
b. Death Valley is *already* in California. (Michaelis 1996: 224)

(187a)はカリフォルニア州とネバダ州の境界付近を東に進んでいる人に向けての発話であり，(187b)は西に進んでいる人に向けた発話である（Michaelis 1996: 224)．

ドイツ語の *noch*, *schon* にも同じ用法が観察されている．

(188) a. Carlisle liegt *noch* in England.
b. Dumfries liegt *schon* in Schottland. (König 1977: 176)

これらも，時間表現が空間のあり方を表現するのに用いられた例である．

6.1.9 比喩的な空間における探索

ここでは，メタファーによって構築された領域における探索活動としての移動の現れを検討する．最初に例として取り上げるのはカテゴリーという領域であり，そこにおける（150a, g, i）の現れである．

(150) a. 物体との出会いがその存在を特定する．

　　　g. 物体と遭遇する時点が物体の位置を特定する．

　　　i. 物体と遭遇する頻度が物体の存在密度を特定する．

Lakoff（1990: 52-53）は，古典的なカテゴリー観においては，カテゴリーがメタファーによって「閉じた領域」として捉えられていると述べている．カテゴリーの成員はその領域の中に存在する事物と捉えられる．このようにカテゴリーが空間的に捉えられうることを，これまで見てきたように空間の構造を記述するのに時間的な表現が用いられうることと関連づけることから得られる見通しとして，カテゴリーの構造の記述にも時間表現が生じうるのではないかという予測が得られる．次例における *often*, *always*, *sometimes* はこの予測が正しいことを示している．

(189) a. Americans are *often* very tall. 　　　　　　(*LDCE*[2] s.v. often 2)

　　　b. People *often* throw rubbish into the river.

　　　　　　　　　　　　　　　　　　　(『ジーニアス英和大辞典』s.v. often)

　　　c. Good books are *always* worth reading.

　　　　　　　　　　　　　　　　　　　(『ジーニアス英和大辞典』s.v. always)

　　　d. A dog is *sometimes* a dangerous animal.

　　　　　　　　　　　　　　　　　　　(『ジーニアス英和辞典』s.v. sometimes)

(189a) の *often* に対しては，"in many cases" という意味記述が与えられている．また (189b, c, d) に対しては，パラフレーズとしてそれぞれ (190a, b, c) が挙げられている．(190a) に対しては「many は often に対応してほぼ同じ意味を表す」という注記がある．

(190) a. Many people throw rubbish into the river.

　　　b. All good books are worth reading.

　　　c. Some dogs are a dangerous animal.

(189a) において，アメリカ人が現実に身長を変化させる必要はない．空間的な領域として捉えられた「アメリカ人」というカテゴリーの中を話し手が探索し，その際に背の高い人にしばしば出会った，あるいは「アメリカ人」というカテゴリーの中を探索する話し手の視野の中に，背の高い人がしばしば立ち現れた，ということである．(190b) 以下も同様である．

日本語の「しばしば」「ときどき」「たまに」にも同様の用法がある．

(191) a. 文芸評論を生業とする人々は，<u>しばしば</u>作家になろうとしてその夢を実現できなかった人であり，…

b. 教師はカウンセリングの専門家ではないので，この当たり前のルールに対する認識が素人なみに浅い人が<u>ときどき</u>いるのです．

c. 結婚に敗れ，再婚している人が私の周りには多い．再婚に敗れ，再々婚してる人もめずらしくない．再々婚に敗れ再々再婚してる人も<u>たまに</u>いる．

(http://www.kennichi.com/culture02/c021111a.html)

(191a) においては，「文芸評論を生業とする人」というカテゴリー空間を探索すると，話し手の視野の中に「作家になろうとしてその夢を実現できなかった人」が「しばしば」立ち現れる（そのような人に「しばしば」出会う）ということである．(191b) においては，「教師」というカテゴリー空間を知覚者が探索すると，「この当たり前のルールに対する認識が素人なみに浅い人」が視野の中に「ときどき」現れるということが述べられている．(191c) においては「私の周りの人々」が（アドホックな）カテゴリーを構成しており，それが広がりを持つ空間と捉えられている．

英語には次のような興味深い *still*，*start* の用法がある．

(192) Compact cars are *still* fairly safe; subcompacts *start* to get dangerous.
（コンパクトカーはまだそれなりに安全だ．危なくなるのはサブコンパクトからだ．） (Michaelis 1996: 211)

この文は図 6.2 のようなカテゴリー空間を矢印で示したように移動していくときの見えを記述したものと考えることができる．

次の日本語の例の「まだ」「もう」も，同様に考えることができる．

```
|  safe          |  fairly safe           |  dangerous    |
|                |  (other kinds of cars) | compact cars | subcompacts → |
```

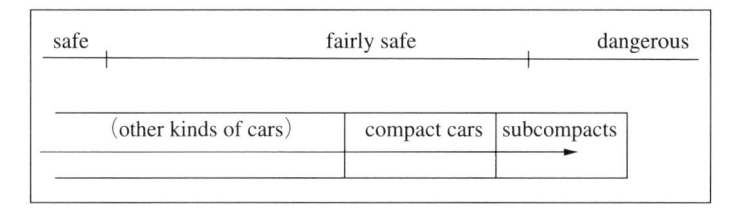

図 6.2　カテゴリー空間における移動と *still*, *begin*

(193)　100 点満点で 50 点ぐらい取ってる子はまだ何とかできるけれど，40 点行かない子にはもう単位は出せないね．

カテゴリー以外では，たとえばリストという空間についての言語表現でも同じような用法を見ることができる．

(194)　a. I wrote my name *after* Penny's at the bottom of the page.
　　　　　　　　　　　　　　　　　　　　　　　　　（*COBUILD*³ s.v. after 9）[9]

　　　　b. *After* Germany, America is Britain's second-biggest customer.
　　　　　　　　　　　　　　　　　　　　　　　　　（*COBUILD*³ s.v. after 10）[10]

　　　　c. Methane is often regarded as the second most important greenhouse gas *after* carbon dioxide.　　（*COBUILD*³ s.v. after 10）

6.1.10　メタファー表現との比較

本節で取り上げてきた言語現象の中には，時間表現でありながら空間の構造を記述するのに用いられているものがあった．ここで認識と言語において時間が持つ意味合いに言及しておきたい．

元来空間的な意味を持つ表現がメタファーによって時間表現に転用されることがしばしばある一方で，その逆は（ほとんど）観察されていない（籾山 1992, 1995）．

(195)　a. 過去を振り返ってもしようがない．
　　　　b. 締め切りが 近づい／迫っ てきた．
　　　　c. 訪問の予定を繰り上げる．
　　　　d. 問題を先送りする．

e. 月曜日は火曜日の前だ．
　　f. これまで一生懸命がんばってきた．
　　g. これからも一生懸命がんばっていきます．
　　h. 時代をさかのぼる．
　　i. 時代はくだって明治元年．
　　j. この事業の 先行き／行く末 が心配だ．

　この事実と関連づけて，認知意味論では，空間概念は時間概念に比べてより基本的であると主張されることが一般的である（Lakoff and Johnson 1980, 瀬戸 1995）．

　しかしながら本節で検討してきた例はこの「空間から時間へ」という一般化に対する反例に当たる．この点についてはどのように考えるべきなのだろうか．

　本書の枠組みが正しいとするならば，本節で検討してきた空間の構造を表す時間表現は，時間から空間へのメタファーによって成立したものではない．

　メタファーとは，一つのもの（A）を理解してそれについての概念を構築する際に，それとは別のもの（B）についての理解の仕方（概念構造）を転写するという認知のストラテジーである．たとえば（195）においては，空間（B）についての理解の仕方を図6.3に示すかたちで時間（A）に転写することによって時間概念が構築されている．

　このAとBを言語によって表現する場合，同じ一つの語であっても，Aを表現するのに用いられた場合とBを表現するのに用いられた場合では，別の語義と認識される．すなわちメタファーは語に明らかな意味変化を引き起こす．

　一方本節で検討してきた例においては，時間表現は時間的な意味を保持し続けている．これは，（195）のような空間から時間へのメタファーの例においてはもともとの空間表現としての意味が失われていることと明らかな対照をなす．また本節の例においては，時間表現は探索活動のもつ時間性に由来している．時間の概念構造が空間に転写されているわけではない．

　ただし，（89d）における *for a while* や（161）における *many hours* などが時間的な意味を保持しているということは，これらが客観的にみて時間（移動の持続時間）を指示対象としているということではない．これらが指示対象としているのはあくまでも，経路の長さや二つの物体の距離という，対象の空間的

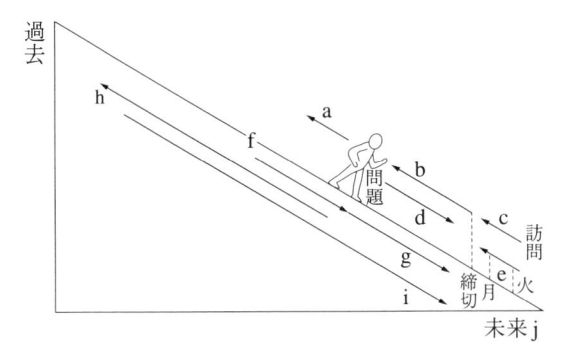

図 6.3 空間から時間へのメタファー

なあり方である．

　空間それ自体は静的なものであるが，それを認識する人間の営みとしての探索が動的なものであることから，知覚者の見えのレベルでは空間が時間性を持つものとして立ち現れることになる．*for a while* などはこの対象の見えがもつ時間的側面を指示している．立ち現れた対象の見えの時間的側面は，客観的には，対象の空間的なあり方に対応するものである．

　これは，京都という都市自体は位置変化のない静的なものであるにもかかわらず，(25) においては知覚者の移動に伴って，知覚者の視野においては移動するものとして立ち現れるということと並行している．

(25)　a. Kyoto is approaching.
　　　b. 京都が近づいてきた．

この「京都」は客観的にはあくまでも静止した対象としての都市を指示対象としているのであって，移動する物体を指示対象としているのではない．

6.2　空間の構造を語るテクスト

6.2.1　Tversky (1996)

　ここまでは空間の構造を語る表現を文のレベルで検討してきたが，ここからは文を超えたテクストのレベルでの空間表現を検討する．

Tversky (1996) は，空間の経験および表現のスタイルを三つに分類している．一つは "walking tour" 型ないし "route" 型である．あとの二つは "gaze tour" と "survey" 型である．以下，それぞれの表現の例を挙げる．

(196)　a. walking tour (intrinsic) /route:
- you turn left at the end of the corridor and see the table on your right.　　　　　　　　　　　　　　　　　　　　（Tversky 1996: 469）
- you turn north.　　　　　　　　　　　　　（Tversky 1996: 479）
- if you turn left on Maple St., you will see the School straight ahead.
　　　　　　　　　　　　　　　　　　　　　（Tversky 1996: 482）

　　　b. gaze tour (relative) /survey (extrinsic):
- the lamp is behind the table.　　　　（Tversky 1996: 469, 482）
- X is on your right, north of Y.　　　　　（Tversky 1996: 479）
- The bookcase is to the right of the lamp.　（Tversky 1996: 482）
- the road runs east and west.　　　　　　（Tversky 1996: 481）
- The Town Hall is east of the Gazebo across Mountain Road.
　　　　　　　　　　　　　　　　　　　　　（Tversky 1996: 482）

Tversky によれば，"walking tour" 型ないし "route" 型は，"you turn left" などのような具体的な移動のイメージを伴う経験・表現の仕方であり，移動者 "you" の身体の内在的な構造に基づく（intrinsic）な経験・表現の仕方である．これをここでは「ルート型」と呼ぶことにする．

"gaze tour" と "survey" 型に関しては，Tversky は，"gaze tour" 型が相対（relative）指示枠に基づく経験・表現の仕方であるのに対して "survey" 型が外在的（extrinsic）指示枠に基づく経験・表現の仕方であるとして，この二つを分けている．しかし実際にはこの二つの区別は明確ではなく，Tversky 自身も同じ表現の例を "gaze tour" 型と "survey" 型の両方に含めている場合がある．そこで本節ではこの二つを分けていない．ここでは二つをまとめて「視線移動型」と呼ぶことにする．

実際のテクストには，ルート型と視線移動型の両者が同時に現れる混合型が存在する．

この二つの移動のあり方を概念的に本書の枠組みに位置づけると，ルート型

は全身的な身体移動がある探索活動に相当し，視線移動型は身体移動がなく，視線の移動のみがある探索活動に相当する．また，挙げられた例に着目すると，ルート型は移動する知覚者を明示しているのに対して，自然移動型では，知覚者が明示されず，知覚者にとっての見えだけが表現されている．したがって，ここに挙げられた例だけを見てまとめるならば，次のような対応関係が成立することになる．

(197)　a. 全身的な身体移動がある ― 知覚者が明示される　（ルート型）
　　　 b. 全身的な身体移動がなく，視線の移動のみがある ― 知覚者が明示されない　（視線移動型）

しかしこの対応関係は，(201) においては成立するかどうか疑問がある．

　Tversky が明らかにしたことは，空間に対する表現の仕方の選択が，対象となる空間の内部構造に応じて決まるということである．空間内に存在する目標物（landmarks）の大きさがほぼ同じスケールになるような空間に対しては，ルート型の表現が多くなったが，目標物の大きさがさまざまな規模になる空間に対しては混合型が多くなった．また，単一の経路を通って全体に行くことができるような形の空間に対してはルート型の表現が多くなったが，さまざまな経路がありうる空間に対しては混合型が多くなった．また，全体を一望の下に見渡せるような構造をもつ空間の記述には，視線移動型（survey 型）の表現が用いられた．

　空間の構造の違いによって探索および表現のあり方が変わるということは，空間の知覚を可能にする行為が空間の知覚にガイドされるということである．すなわち知覚と行為の循環がここにも現れていることになる．

6.2.2　Linde and Labov (1975)

　空間を記述した具体的なテクストの例として，本節では Linde and Labov (1975) が取り上げているアパートの間取りの表現を紹介する．

　Linde and Labov (1975) は，被験者に自分の住むアパートの間取りを言葉で説明してもらうという実験を行った．その結果出てきた記述のスタイルは，(198) のような地図タイプ（the map type）と (199) のようなツアータイプ（the tour type）の二種に分かれた．

(198) I'd say it's laid out in a huge square pattern, broken down into four units.
If you were looking down at this apartment from a height, it would be like — like I said before, a huge square with two lines drawn through the center to make like four smaller squares.
Now, on the ends — uh — in the two boxes facing out in the street you have the living room and a bedroom.
In between these two boxes you have a bathroom.
Now, between the next two boxes, facing on the courtyard, you have a small foyer and then the two boxes, one of which is a bedroom and the other of which is a kitchen and then a small foyer — ah — a little beyond that.　　　　　　　　　　　　　　　　　(Linde and Labov 1975: 929)

(199) As you open the door, you are in a small five-by-five room which is a small closet.
When you get past there, you're in what we call the foyer which is about a twelve-by-twelve room which has a telephone and desk.
If you keep walking in that same direction, you're confronted by two rooms in front of you . . . large living room which is about twelve by twenty on the left side.
And on the right side, straight ahead of you again, is a dining room which is not too big.
And even further ahead of the dining room is a kitchen which has a window in it.
And the back, the farthest point of the kitchen, is at the same depth as the farthest point of the living room.
In other words, the dinette and the kitchen are the same length as the living room.
Now, if you turn right before you went into the dinette or the living room, you, you would see a bedroom which is the small bedroom going into. going in on the right . . .
And if you kept walking straight ahead, directly ahead of you, you would

find a bathroom.

And on your left you wold find the master bedroom, which is a very large bedroom, and there are closets all around.（Linde and Labov 1975: 929-930）

　この地図型とツアー型の区別は前節で紹介した Tversky の視線移動型とルート型の区別に相当する．

　アパートの間取りの記述においては，この二種の現れ方は均等ではなく，地図型の記述は全体のわずか 30％ しか現れなかった．つまり大部分の被験者は，間取りを "imaginary tour" のかたちで提示していた．すなわち空間的な配置（spatial layouts）を時間的な構造をもつ語り（temporally organized narratives）として提示していたわけである．

　前節で述べたように，Tversky によれば，アパートは空間の内部に存在する目標物（この場合は部屋）の大きさがほぼ同じスケールにあるものであり，なおかつアパートの中の移動経路は（廊下等の存在により）ほぼ一つに定まる．それゆえ，アパートの間取りの記述はツアー型になりやすくなるわけである．

　ところで，このようなツアー形式の言語記述に基づいてアパートの間取りを図で再現することは，困難をきわめた．ツアー形式の間取りの記述は，その限りでは，きわめて有用性が低いと言える．しかしながら，これらの記述は別の意味での有用性をもっていた．それは，これらの記述が，各部屋に入る入り方（how to enter each of his（＝the speaker's）rooms）を伝えるという点ではきわめて的確に機能していたのであった（Linde and Labov 1975: 930）．

　以上の点を本書の枠組みと関連づけて捉えなおすと，次のようなことが言える．

(200) a. アパートの間取りについてのテクストは，移動という行為と関連づけられているという意味で，動的な性格を持っている．

b. その行為は，空間の構造を知るための探索活動としての役割を果たしている．

c. その探索のあり方は，空間の構造に動機づけられている．

(cf. 6.2.1 節)

d. テクストは，各部屋の持つ「進入」というアフォーダンスを伝えている．

すなわち，アパートの間取りのようなテクストも，探索活動とアフォーダンスに基盤をおくという形で，行為と関連づけられて構成されているわけである．

ちなみに，上掲の (199) においては *you open the door*, *you get past there*, *you keep walking* などのように行為者とその行為が明示されていたが，これらが明示されず，移動とともに変化する見えを中心に記述したテクストもある．

(201) You walked in the front door.

There was a narrow hallway.

To the left, the first door you came to was a tiny bedroom.

Then there was a kitchen,

and *then* bathroom,

and *then* the main room was in the back, living room, I guess.

(Linde and Labov 1975: 927; 斜体は本多)

この例においては，*then* という時間表現が部屋の配置という空間のあり方を記述するのに用いられている．

なお，Linde and Labov (1975) はこの (201) をツアー型の記述の例と考えているが，(197) と照らし合わせて考えると，Tversky (1996) はこれを混合型の例と考える可能性がある．ただし Tversky は具体的なテクストの例を挙げずに議論しているので確定的なことを言うことはできない．

また，次の (202a) においては *open* が移動に伴う知覚者の見えの変化を記述した仮想変化表現になっている．(202b) の *turn left*, *go*, *run* は主体移動表現である．

(202) a. The main entrance *opens* into a medium-sized foyer.

(Linde and Labov 1975: 927)

b. And then the hall *turns left*, and *goes* for maybe twenty feet, and then *runs* into a kitchen ...　　(Linde and Labov 1975: 936)

【注】

1) 本章は Honda (1994b, 1994c, 1995), 本多 (1997c) をもとに増補・改訂したものである．時間表現のもつ空間的な意味を本章と類似の発想から論じた最近の研

究としては定延（2002）がある．また，本章のもとになった研究は日本学術振興会特別研究員（1994-1995年）として文部省科学研究費特別研究員奨励費の助成を受けながら実施したものである．

2) ちなみにこれを Peirce の記号論の用語で述べれば，「視野の中での道の移動の持続時間（記号表現）は知覚・行為者（解釈項）に対して道の空間的な長さ（記号内容）を指標する」となる．

3) ただし（155a）の解釈の場合，視線の移動は持続時間が短く，また「静岡」と「東京」は同時に視野に入るように感じられるため，「静岡から東京まで」は時間的な意味を伴わずに純粋に空間的な範囲を表しているように感じられる可能性がある．

4) これは『マーフィーの法則』（ブロック編 1993: 23, 217）に収められている

   (203)　You always find something in the last place you look.
   　　　（物は必ず最後に見たところで見つかる）

   を想起させる．

5) この説明が成立する前提として，聞き手が話し手と基本的に同じ位置にいる（たとえば（165a）においては，聞き手も話し手と同様に監獄の外にいる）ことが必要となる．この点に関しては，第9章および第10章で議論する．

6) なお，「すぐ」は身体の移動がある場合と視線の移動のみの場合と両方に用いることができるが，「もうすぐ」は現実の身体の移動がある場合にのみ用いられるようである．

7) $COBUILD^3$（s.v before 9）は before のこの用法に "If you tell someone that one place is a certain distance **before** another, you mean that they will come to the first place first." という説明を与えている．

8) $COBUILD^3$（s.v. after 8）はこの after に, "If you tell someone that one place is a particular distance **after** another, you mean that it is situated beyond the other place and further away from you. という説明を与えている．

9) "If one thing is written **after** another thing on a page, it is written following it or underneath it."

10) "You use **after** in order to give the most important aspect of something when comparing it with another aspect."

第7章
日本語と英語における自己の表現

7.1 日英語の文構造の対比

よく知られているように，同一の事態を対象としていても，それを表現するに当たって好んで使われる表現構造ないし構文は日本語と英語では異なる[1]．その異なり方はでたらめなものではなく，ある程度の傾向性がある．

本書の枠組みでは，客観的に同一とみることができる対象を表現する際に異なる構文が用いられている際には，その構文の違いは対象に対する捉え方の違いを反映していると理解ないし予測することになる．ということは，日本語と英語では対象に対する捉え方にそれぞれある種の「くせ」があるという見通しが立つということである．そのようなくせの中で，本章ではとくに，話し手自身の表現の仕方における日本語と英語の相違を検討する．

國廣 (1974b) は，話し手自身の表現に限らず，日英語の表現構造全般に見られる特性を表 7.1 のようにまとめている．

また，Ikegami (1991) は英語と日本語をそれぞれ大きく「「する」的な言語」と「「なる」的な言語」と特徴づけている．この対立は数多くの下位レベルの対立から構成されているが，そのうち話し手に関わるものは表 7.2 に挙げたものである．

さらに，同様の関心から Hinds (1986) が，人物中心言語である英語は所有表現や他動詞的な構文を好むのに対して，状況中心言語である日本語は所有表現を存在表現に融合し，自動詞的な構文を好むと指摘している．

表 7.1　國廣（1974b）による日英語の表現構造の対照

英語	日本語
人間中心	状況中心
人間の全体	人間の一部
所有表現	存在表現

表 7.2　Ikegami（1991）による日英語の表現構造の対照

英語	日本語
する的	なる的
HAVE 言語	BE 言語
移動表現	推移表現

國廣（1974a）に引かれた例も合わせて整理すると，次節以下のようになる．

7.1.1 人間中心と状況中心

(204) a. I heard shouting.
　　　叫び声がしたぞ．
　　b. We'll have some beef.
　　　今日は牛肉が出ますよ．
　　c. I've lost a button.
　　　ボタンがとれちゃった．
　　d. Did you receive my card?
　　　ぼくのはがき，着きましたか．
　　e. We've come to a conclusion.
　　　やっと結論が出た．
　　f. We haven't got any bread yet.
　　　パンがまだ出ていない．（食卓の状況の描写）

7.1.2 人間の全体と人間の一部

(205) a. *I*'ve got a pain in my stomach.
　　　胃が痛む．
　　b. *I* want to throw up.
　　　胸がむかむかする．
　　c. *I* am hungry.
　　　腹がへった．

　　　　　　　　　　　　　　　　　　　（Hinds 1986: 53）

    d. Sport is also bad for *you*, when you do nothing else.
       スポーツもやりすぎると体に毒だよ．
    e. He had doubled *us* by laughter.
       おかしくておなかの皮がよじれるほどだった．

　所有傾斜（角田1990, 1991）を考慮して，属性や行為を身体部分に順ずるものと考えると，次のような例も含まれることになる[2]．

（206） a. Milk is good for *you*.
        牛乳は健康によい．　　　　　　　　　　（國廣 1974b: 48）
     b. *I* don't feel well.
        どうも気分がよくないんです．　　　　　（國廣 1974b: 48-49）
     c. *I*'ve moved.
        住所が変わりました．　　　　　　　　　（國廣 1974a: 689）

7.1.3 所有表現と存在表現

（207） a. Listen, *I have* something to tell you.
        あのね，ちょっと君に話があるんだが．
     b. *We haven't* even *got* running water!
        ここには水道さえないんです．
     c. I'm sorry, but *we haven't got* that article in stock.
        おあいにくさまですが，その品物はございません．
（208） a. *I have* a fever / temperature.
        （私は）熱がある．　　　　　（Hinds 1986: 37, Ikegami 1991: 300）
     b. *I have* some money.
        お金がある．　　　　　　　　　　　　　（Hinds 1986: 37）

7.1.4 移動表現と推移表現

（45） a. 国境の長いトンネルを抜けると雪国であった．
     b. The train came out of the long tunnel into the snow country.
        　　　　　　　　　　　　　　　　　　　　　（Ikegami 1991: 288）

7.1.5 他動詞構文と自動詞構文

(209) a. *I* just *heard* shouting.
    叫び声が聞こえたぞ．   (Hinds 1986: 53; 和訳を変更)

b. *I see* a / the mountain.
    山がみえる．   (Hinds 1986: 53)

c. *I heard* the wind.   (discoverer subject（Uehara 1998: 285））
    風の音が聞こえていたわ．

d. *I (can) taste* garlic in this stew.　（『ジーニアス英和大辞典』s.v. taste）
    (cf. This stew tastes of garlic.)
    このシチューはニンニクの味がする．

e. *I* finally *turned up* my missing cufflink at the bottom of the clothes hamper.   (Talmy 1977: 624)
    (cf. My missing cufflink finally turned up at the bottom of the clothes hamper.)
    なくしたカフスボタンがついに洗濯籠の底から出てきた．

f. Oh, *I spilled* it.
    (?Oh, it spilled.)
    あ，こぼれちゃった．   (Hinds 1986: 53)

g. Oh no, *I broke* it.
    (?Oh, it broke.)
    あ，割れちゃった．   (Hinds 1986: 53)

7.1.6 その他

以上のほか，次のようなものも同じ系列に属する．

(210) 知覚表現と存在表現

a. *I found* it.
    あったぞ．

b. *You will see* a panda if you go to the zoo.
    動物園にいけばパンダがいるよ．

c. Then *I saw* a big lady standing there.

　 (cf. A big lady was standing there.)

　 太ったおばさんがいたの．

　　　　　　　　　（Iwasaki 1993: 80; discoverer subject （Uehara 1998: 285））

d. *You find* koalas in Australia./Koalas are found in Australia.

　 (cf. There are koalas in Australia.)

　 コアラはオーストラリアにいる．

(211) 知覚表現と状況表現

　a. *You see* it/that a lot around here.

　　 この辺ではそんなこと／ああいうのはよくあることだ．

　　　　　　　　　　　　　　　　　　　　　　（cf. 高橋 2004: 36）

　b. *You can't see* the streets for people.

　　 どの道にも人があふれている．　　　　　　（國廣 1974a: 689）

　c. *I heard* shouting.

　　 叫び声がしたぞ．　　　　　　　　　　　　（＝(204a)）

　d. Did *I hear* you offer to buy me a drink?

　　 僕に一杯おごるって言った？

　　　　　　　（http://www.melma.com/mag/45/m00018445/a00000255.html）

　e. I can't believe *I'm hearing* you say that.

　　 君がそんなことを言うとはね．

　f. At these words *I found* my heart beating violently.

　　 この言葉を聞くと，心臓が激しく鼓動しはじめた．

　　　　　　　　　　　　　　　　　　　　　　（安藤 1986: 269）

(212) 所有表現と状況表現

　a. *We have* more traffic accidents than before.　　（町田 2002: 80）

　　 昔と比べて交通事故が増えた．

　b. *I have* a headache coming on.

　　 頭痛がしてきた．　　　　（『ジーニアス英和大辞典』s.v. have 15b）

　c. *We have* friends staying with us.

　　 友だちが私たちのところに泊っている．

(『新英和中辞典第6版』s.v. have C1c)

(213) 一人称とゼロ形／場所表現

    a. *I* liked the wine.   (cf. The wine was delicious.)
       ワインはおいしかった.   (Iwasaki 1993: 80)

    b. Where are *we* now?
       ここはどこですか.

    c. *We* are still in Tokyo.
       ここはまだ都内だ.

    d. *We*'re a long way from a garage.
       この辺にガレージはないし…   (國廣 1974a: 689)

    e. *We*'re only good at football in this school.
       この学校でいいのはフットボールだけさ.   (國廣 1974a: 689)

    f. This is *between you and me*.
       これはここだけの話だよ.   (國廣 1974b: 50)

    g. Who am *I* talking / speaking to? / Am *I* talking to Mr. Daresore?
       どちら様でしょうか．／だれそれ様でいらっしゃいますか．

7.1.7 日本語と英語の文構造のまとめ

以上をまとめると表7.3のようになる．

一見して明らかなことは，日本語では話し手を音形のある名詞句で明示しない傾向が強いのに対し，英語では一人称代名詞ないしは話し手を含めた一般人称の *you* を使用する傾向が強いということである．その違いが独立に存在する構文上の違いに支えられて現れている．

もっともこれは傾向性の問題であって，英語では必ず話し手が表現されるというわけではない．たとえば次の例においては，英語では *we* が現れる構文と現れない構文と両方が可能である．

(214)   a. We have a lot of coyotes around here.   (Langacker 1990: 30)
       b. There are a lot of coyotes around here.

7.1 日英語の文構造の対比

表 7.3 日本語と英語の好まれる表現構造

英語的	日本語的
人間中心	状況中心
人間の全体 所有表現	人間の一部 存在表現
する的	なる的
移動表現	推移表現
他動詞構文	自動詞構文
知覚表現 知覚表現 所有表現 一人称代名詞	存在表現 状況表現 状況表現 ゼロ形／場所表現

  c.*われわれはこのあたりにコヨーテをたくさんもっている．

  d. このあたりにはコヨーテがたくさんいる．

また，日本語では話し手が明示できる場合がないというわけでもない．たとえば次の場合，日本語でも一人称代名詞を用いた表現が可能である．

(215) a. We are approaching Kyoto.

  b. Kyoto is approaching.

  c. 私たちは京都に近づきつつある．

  d. 京都が近づいてきた．

しかしながら，(214) の場合のように，英語では人称代名詞を含む表現と含まない表現が両方とも可能であるのに，日本語では一方のみが可能という場合，その可能な表現は人称代名詞を含まない方の表現であって，含む方の構文ではない．すなわち，次のようなパターンは存在しない．

(216) a. We ... coyotes

  b. ... coyotes

  c. われわれ…コヨーテ…

  d.*コヨーテ

つまり，大きな傾向性としては，日本語は英語に比べると話し手自身を明示しない傾向が強いのに対して，英語では日本語に比べると明示する傾向が強い

ということになる．

　ところで，本章では日英語におけるゼロ形と明示的な名詞句との対比という構文上の違いを，自己の表現の違いという意味的な違いに結びつけて考えようとしているわけであるが，これには無理があるように思われるかもしれない．

　まず第一に，先に「独立に存在する構文上の違い」と述べたが，本章で列挙してきたような日英語の構文上の違いは，話し手の表現に固有のものではない．次の例からも明らかなように，話し手が関係しない場合であっても，ここで列挙してきたのと同じ構文上の違いが観察される．

　　(217)　人間の全体と人間の一部
　　　　　a. *He*'s a bit thin on top.
　　　　　　 あの人の頭のてっぺんは髪の毛が薄い． 　　（國廣 1974b: 48）
　　　　　b. *He*'s broken a bone.
　　　　　　 骨が一本折れている． 　　　　　　　　　（國廣 1974b: 48）
　　　　　所有表現と存在表現
　　　　　c. *They*'ve both got two children.
　　　　　　 どちらにも子どもが二人ずつある． 　　　（國廣 1974b: 50）
　　　　　d. *He*'s got no education.
　　　　　　 教養のない人だ． 　　　　　（國廣 1974b: 50, Hinds 1986: 37）

つまり，本章で取り上げるような構文上の違いは，自己の表現のあり方とは独立に想定しなければならないものである[3]．したがって，日本語と英語に構文上の違いがあるからといって，そこからただちに，それに対応するかたちで日英語に自己の表現の仕方の違いがあるということはできない．

　第二に，本書では，すべてのゼロ形がエコロジカル・セルフの表現であるという主張をしているわけではない．ゼロ形には，エコロジカル・セルフの表現以外のものもあり，それに対応する名詞句が英語では明示的に表現される傾向にあるということもある．したがって，日本語と英語のゼロ形の振舞いの違いからただちに，それに対応するかたちで日英語に自己の表現の仕方の違いがあるということもできない．

　したがって，日英語におけるゼロ形と明示的な名詞句との対比という構文上の違いを，自己の表現の違いという意味的な違いに結びつけることには無理が

あるように思われるかもしれない．

　しかしこれらのことは，本章に挙げた日英語の構文上の違いを自己の表現のあり方の違いと結びつけることの妥当性を否定するものでは，実はない．一人称代名詞の有無が自己の認識・表現の仕方の違いとかかわっているということは，すでに見たように本章で取り上げた日英語の構文の違いとは独立に認めなければならないことである．したがって，本章で取り上げた事例は，独立に存在が認定される構文上の違いと，独立に存在が認定される自己の認識・表現のあり方の違いが，二つ重なって現れている現象であると考えることができる．

　以上から，次のようにまとめることができる．

　　(218)　英語は話し手自身を一人称代名詞で表現する傾向が比較的強いのに対して，日本語は話し手自身をゼロ形で表現する傾向が比較的強い．

7.1.8 日英語のテクストの構造の対比

　文構造の対比に連結させられる形で，テクストの構造のレベルでも自己の表現のあり方をめぐって日英語の対比が指摘されている．これについては，翻訳を題材として，英語の原文と日本語の訳文を比較した文献（たとえば安西 1982, 1983, Uehara 1998），日本語の原文と英語の訳文を比較した研究（たとえば菅沼 2002）や，さらに，翻訳されていないものも含めてより広く日英語のテクストを比較した文献（たとえば山岡 2001）などとして知見がまとめられている．

　菅沼 (2002: 108) は，牧野 (1978)，山岡 (2001)，Uehara (1998) および独自の調査をもとに，日英語のテクストにおける「視点」のあり方について次のようにまとめている．

　　(219)　日本語の物語文では語り手の視点が保たれにくく登場人物の視点がとられやすい．一方英語の物語文では語り手の視点が保たれやすい．

　次節以降で，以上の観察を本書の枠組みの中に位置づけていくことを試みる．

7.2 日英語における話し手の捉え方

まず文構造のレベルに関して言えば，本書でこれまで繰り返し述べてきたように，話し手自身を明示しないということは，話し手の存在が表現されていないということではない．むしろその逆で，話し手はその存在をエコロジカル・セルフとして捉えられ，ゼロ形によって表現されている．一方話し手が一人称代名詞で表現される場合，そこには見られる存在であり，指示される対象としての話し手と，見る存在であり，指示する主体としての話し手との間に，分裂が生じている．

一人称代名詞によって指示される対象としての話し手は状況のただ中にいるわけであるが，それを見る主体としての話し手は，状況内の話し手が見える位置にいるという意味で，状況のただ中からは離れたところにいる．一方，一人称代名詞と対立させられるときのエコロジカル・セルフは，状況のただ中にいる方の話し手に対応する．この点については 2.2.1 節で紹介した，次の文についての Langacker（1990）の観察を想起されたい．

(23) a. Vanessa is sitting across the table.
   b. Vanessa is sitting across the table from me.

以上から，英語と日本語における話し手自身の認識・表現のあり方の傾向性を，次のようにまとめることができる．

(220) 英語は視座を移動して話し手自身の姿が見える位置から状況を捉える傾向が比較的強いのに対して，日本語は話し手自身を視座の移動のないエコロジカル・セルフのレベルで捉える傾向が比較的強い．

これは英語においては，話し手自身の姿が他者の姿と同様に捉えられる傾向が強いということでもある．

視座の移動がないということは，言い換えれば，状況の内部に取り込まれた人物その人の立場から見えたままを表現するということである．一方視座を移動して話し手自身の姿が見える位置に行くということは，視座が状況の外部に出やすいということである．そこで (220) から次のように言うことができる．

(221) 英語は状況を外部から見て表現する傾向が比較的強いのに対して，

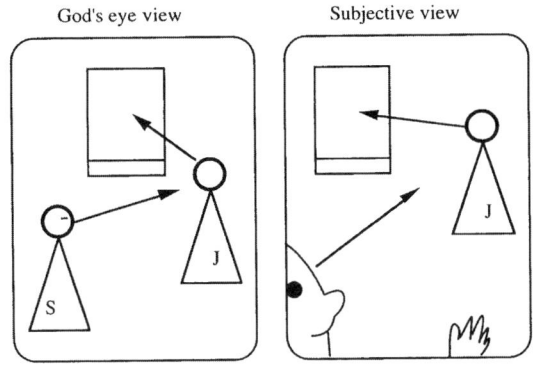

図 7.1　Uehara（1998: 288）による図

　日本語は状況の中にいて，その現場から見えたままを表現する傾向が強い．
　状況の内部に取り込まれた人物とは，テクストのレベルで言えば，第一義的には登場人物である．そこで文構造レベルでの自己の認識・表現のされ方の対比は，テクストのレベルでは次のような形の対比となって現れることになる．

　（222）　英語は全知の神のような立場から語りを展開する傾向が比較的強いのに対して，日本語は登場人物の立場から語りを展開する傾向が比較的強い．

　以上を概括的に言い換えれば，日本語は英語に比べて視座が移動しやすい言語である，あるいは状況没入型の言語である，ということになる．
　この違いを Uehara（1998）による図を用いて表現すれば，図 7.1 のようになる．この図で，"S" は話し手（Speaker）を指し，"J" は Uehara が取り上げたテクストの登場人物（Johnsy）を指す．Uehara は，英語は（話し手が視野の中に含まれる）"God's Eye View" の視座から物語を展開させる傾向があるのに対して，日本語は（2.1.1 節で見た Mach の「視覚的自己」を思わせる）"Subjective View" の視座から物語を展開させる傾向があると指摘している．
　すなわち，文構造のレベルにおいても，テクストの構造のレベルにおいても，自己あるいは視点現象をめぐる日本語と英語の対比に関して先行研究で指摘されてきた事柄は，本書の枠組みで自然に捉えることができる．しかも本書の枠組みは，自己知識についての認知科学的（具体的には生態心理学的）な知見に

基礎づけられている．すなわち本書の枠組みは，日英語の文構造およびテクストの構造の対比に関してこれまでの研究で指摘されてきた事柄に認知科学的な基礎づけを与えていることになるわけである．

以下，具体的な事例について述べていく．

7.3 人間の全体と人間の一部

まずは，英語が人間の全体に言及することを好むのに対して，日本語が人間の一部に言及することを好むことについて検討したい．日本語において話し手自身の身体部位への明示的な言及が頻繁に起こるということは，話し手自身がエコロジカル・セルフのレベルで捉えられているということと両立しうるのだろうか．

(205) a. I've got a pain in my stomach.
　　　　胃が痛む．
　　　b. I want to throw up.
　　　　胸がむかむかする．
　　　c. I am hungry.
　　　　腹がへった．
　　　d. Sport is also bad for you, when you do nothing else.
　　　　スポーツもやりすぎると体に毒だよ．
　　　e. He had doubled us by laughter.
　　　　おかしくておなかの皮がよじれるほどだった．

ここでふたたび，2.1.1 節で見た Mach の自画像（「視覚的自己」）（図 2.1）を想起されたい．あの図から分かることは，知覚者自身がエコロジカル・セルフのレベルで捉えられていて視野の中に含まれていない場合であっても，知覚者の身体部位は原理上視野の中に含まれることができる，ということである．他の物体等によって遮蔽されて姿が見えなくなることは確かにあるが，その場合であっても視野の中にあり続けることには変わりはない．したがって，日本語において人間の一部分（身体部位）が明示的に表現されることがあるということは，日本語において話し手がエコロジカル・セルフのレベルで捉えられる

傾向があるということと矛盾するものではなく，むしろ整合的であると言える．

　他方，日本語においては現れにくい一人称代名詞が英語では現れやすいということは，英語においては視座の移動が生じて人間全体としての自己を視野の中に捉えて明示的に表現しやすいということと合致している．

7.4 知覚と存在

　すでに見たように次例は英語における知覚表現と日本語における存在表現の間に対応関係があることを示しているわけであるが，これらの例をめぐっては，検討すべき問題が二つある．

(210)　a. I found it.
　　　　あったぞ.

　　　b. You will see a panda if you go to the zoo.
　　　　動物園にいけばパンダがいるよ．

　　　c. Then I saw a big lady standing there.
　　　　太ったおばさんがいたの．

　まず，日本語における「ある」「いる」が，人間から独立したものとしての抽象的な「存在」のみを表すのか，それとも（エコロジカル・セルフのレベルで捉えられた知覚者によって）知覚された対象としての存在を表しうるのかをここであらためて問題にしたい．英語では知覚ないし発見を表す表現が「ある」「いる」に対応しうるということは後者の可能性を示唆しているわけであるが，これに関してはさらに次のような例を検討することで明らかになる．

(223)　a. それ，北京　に／で　ありましたよ．
　　　b. 毒グモがもしいたら，どうしますか.

　通常，格助詞の「に」はモノの存在位置を表し，「で」は出来事の生起場所を表すとされる．しかし (223a) は，モノの存在位置を表す文であるにもかかわらず，「に」だけでなく「で」も使用可能である．定延 (2004: 194) によればこの文は，「で」を用いた場合には，対象の存在を話し手の体験として表現した文となる．対象を目の前にしているという話し手の体験があるからこそ，すなわち体験という出来事があるからこそ，「で」が使用されているのである．

定延のこの指摘は,「ある」が知覚された対象としての存在を表すことがあるという議論を裏書きするものである.

　(223b) は以前,セアカゴケグモという毒グモが大阪周辺で見つかったときに,テレビ局の記者が地元の住民にした質問である.この文が発話された当時,毒グモがその地域に「存在」しているということはすでに動かしようのない事実と認められていた.したがって,この文における「いたら」が知覚者抜きの独立した存在を仮定しているとしたら,この文は発話の状況にそぐわないことになる.しかし実際には,この文は発話の状況に適ったきわめて自然な文と受け取られるものである.このことは,この文における「いる」が,聞き手を知覚者として想定していることを強く示唆する.

　また次の例はテレビのコマーシャルの中の会話である.
　(224)　a.「いい人いないね」
　　　　 b.「じっくり選んでるからね」

（「サッポロ玉露入りお茶」のテレビ CM,1997 年初夏）

この「いないね」も,「私たちには見つからない」ということである.すなわち知覚者抜きの独立した存在を表しているわけではなく,自分たちを出会いの当事者として想定した表現である.

　ちなみに世界の諸言語の中には,英語以外にも存在について語るのに知覚構文を利用するものがある.印欧語に偏ったサンプルではあるが,たとえば次の例では,「見つける」と訳される動詞が再帰受動形となって「ある」と訳されるようになっている.

　(225)　FIND-ITSELF/BE FOUND　型の存在表現
　　　　 a. アイスランド語:
　　　　　　finnast 'exist, be found' ＜ finna 'find'　　　（Anderson 1990: 252）
　　　　 b. スウェーデン語:
　　　　　　finnas 'exist' ＜ finna 'find'　　　（*The Standard Swedish Dictionary*）
　　　　 c. スペイン語:
　　　　　　encontrarse「ある」＜ encontrar「見つける」　　　（興津 1972）

英語においてはさらに次のような例が,存在（この場合は出来事の発生）と知覚のつながりを裏書きしている.

(226) The fifth day saw our departure.　　　　　　（Taylor 1995: 214）

　存在と知覚をめぐる第二の問題は，そもそもなぜ，存在と知覚が結びつくのかということである．この問いに答えるには，本書で一貫して採用している「捉え方の意味論」の立場から次のような問いを立てることが有益である．

(227)　認識・表現者は，何かが存在するということをどのようにして知るのか．

　すると，人間は，何かを発見ないし知覚することによって，それが存在するということを知ることができるという答えが得られる（cf. 第6章 (150a)）．そこで存在と知覚が結びつくことになるわけである．

　ちなみにこれを「表現解釈の意味論」の枠組みで捉え直すならば，ここで取り上げた日本語の文は，〈事物の発見ないし遭遇〉という，環境の持つアフォーダンスを表現していると言うこともできる（仲本 2000）．

　まとめると，知覚した事物の見えをそのまま記述した（したがって知覚者および知覚という出来事はエコロジカル・セルフとして捉えるにとどめ，言語表現としてはゼロ形のままにとどめている）のが日本語の例であるのに対して，視座の移動により知覚者としての自己および知覚という出来事を対象化して視野の中に捉えて明示的に表現しているのが英語の例であるということになる．

7.5　状況の成立と知覚

　前節で取り上げた表現は，〈モノ〉のレベルの存在と知覚の表現であった．同じことが〈コト〉すなわち状況ないし事象のレベルで観察されるのが，次のような例である．

(211)　a. You see it / that a lot around here.
　　　　　この辺では　そんなこと／ああいうの　はよくあることだ．
　　　b. You can't see the streets for people.
　　　　　どの道にも人があふれている．
　　　c. I heard shouting.
　　　　　叫び声がしたぞ．
　　　d. Did I hear you offer to buy me a drink?

僕に一杯おごるって言った？
　　　e. I can't believe I'm hearing you say that.
　　　　　君がそんなことを言うとはね．
　　　f. At these words I found my heart beating violently.
　　　　　この言葉を聞くと，心臓が激しく鼓動しはじめた．

〈モノ〉の存在だけでなく〈コト〉の成立，すなわち状況（出来事および状態）の成立の場合も，話し手がそれを認識する一つの方法として，その状況を知覚するということがある．知覚した状況の見えをそのまま記述した（したがって知覚者および知覚という出来事はエコロジカル・セルフとして捉えるにとどめ，言語表現としてはゼロ形のままにとどめている）のが日本語の例であるのに対して，視座の移動により知覚者としての自己および知覚という出来事を対象化して視野の中に捉えて明示的に表現しているのが英語の例である．

なお，(211b, c) の日本語は知覚者としての話し手のみならず，出来事としての知覚までもゼロ形のままにとどめているが，次のように，出来事としての知覚だけを対象化して表現することも可能である．

(228)　a. どの道にも人があふれているのが見える．
　　　b. 叫び声が聞こえたぞ．　　　　　　　　　　　　　(＝(209a))

また，本節の例は，日本語においては自動詞的な構文が好まれるということの例ともなっている．なお，(211a, b) のような日本語の文は日本語研究の文脈では「現象描写文」(仁田1991) と呼ばれるものである[4]．

7.6　所有と存在・状況

(207)　a. Listen, I have something to tell you.
　　　　　あのね，ちょっと君に話があるんだが．
　　　b. We haven't even got running water!
　　　　　ここには水道さえないんです．
　　　c. I'm sorry, but we haven't got that article in stock.
　　　　　おあいにくさまですが，その品物はございません．
(208)　a. I have a fever / temperature.

（私は）熱がある．

(214) a. We have a lot of coyotes around here.
   d. このあたりにはコヨーテがたくさんいる．

(212) a. We have more traffic accidents than before.
   昔と比べて交通事故が増えた．
   b. I have a headache coming on.
   頭痛がしてきた．

　これらの構文に現れている動詞 have は，その数多くの語義の一つとして〈所有〉をもつ．それゆえここではとりあえずこれらの構文を「所有構文」と呼んでいるわけである．しかしこれらの例においてこの動詞が所有を表していると考えることには無理がある．たとえば〈モノの存在〉のレベルの表現である(214)では，コヨーテを「私たち」の所有物と考える必要は全くない．「私たち」がコヨーテを管理しているわけでもなく，コヨーテをめぐって金銭の授受があるわけでもなく，ただ単にコヨーテと「私たち」が近接して暮らしているという状況であっても，この文は使用できる．また，〈コトの生起〉のレベルの表現である(212)においても，「事故」や「頭痛」が（潜在的にその対象になりえるとしても，少なくともこの例においては）管理の対象と捉えられているわけではない．

　これらの英語の例における have は，Langacker（1993a）の言う「参照点（reference point）」関係を表現していると考えられる[5]．事物の存在・生起を知覚・認識する話し手を客体化し，その話し手を事物にアクセスするための参照点として捉えているわけである．

7.7　他動詞構文と自動詞構文

　前節までで検討してきた対比が意味的な性格の強い特徴に基づくものであったのに対して，Hinds（1986）が指摘するこの対比はより統語的な特徴によっており，その限りでこれまでのものとは次元を異にしている．この統語的な特徴で捉えられる対比の範囲は，意味的な特長による対比の一部と重なりつつ，相当に広い範囲の現象をカバーするものとなっている．

(209) a. I just heard shouting.
叫び声が聞こえたぞ．
b. I see a / the mountain.
山がみえる．
c. I heard the wind.
風の音が聞こえていたわ．
d. I (can) taste garlic in this stew.
このシチューはニンニクの味がする．
e. I finally turned up my missing cufflink at the bottom of the clothes hamper.
なくしたカフスボタンがついに洗濯籠の底から出てきた．
f. Oh, I spilled it.
あ，こぼれちゃった．
g. Oh no, I broke it.
あ，割れちゃった．

　この日本語の例において，(209a-e) では，エコロジカルな自己知覚は知覚に関わる見えに伴って成立している．それに対して (209f, g) では，自己知覚は知覚・行為者の行為の結果として生じる事態の見えに伴って成立している．

7.8　ここまでのまとめ

　ここまでくれば，「一人称とゼロ形／場所表現」「移動表現と推移表現」そして「人間中心と状況中心」の例については説明の必要はないだろう．
　以上をまとめておくと，表 7.4 になる．

7.9　日本語における主語なし文と状況没入性

　しばしば言われるように，日本語では主語をもたない文を特別な条件なしに普通に用いることができる．主語の有無に伴う表現性の違いに関して，森山 (2002: 74-80) が次の詩を取り上げて興味深い観察をしている．

7.9 日本語における主語なし文と状況没入性

表7.4 日英語の表現構造と自己表現の対照のまとめ

	英語的	日本語的
文例	われわれは京都に近づいていった. We were approaching kyoto.	京都が近づいてきた. Kyoto was approaching.
	The train came out of the long tunnel into the snow country.	国境の長いトンネルを抜けると，雪国であった.
〈私〉の表現	一人称代名詞	ゼロの表現
どこから状況を見ているか	視座を移動して，外部から見ている	状況の中にいて，見えたままを描いている
意味的な特徴	人間中心	状況中心
	する的	なる的
構文	人間の全体	人間の一部
	知覚表現	存在表現 状況表現
	所有表現	存在表現 状況表現
	他動詞構文	自動詞構文
	移動表現	推移表現
	一人称代名詞	ゼロ形／場所表現

(229) 便所掃除

濱口國雄

扉をあけます
頭のしんまでくさくなります
まともに見ることが出来ません
神経までしびれる悲しいよごしかたです
澄んだ夜明けの空気もくさくします
掃除がいっぺんにいやになります
むかつくようなババ糞がかけてあります

どうして落ち着いてしてくれないのでしょう

けつの穴でも曲がっているのでしょう
それともよっぽどあわてたのでしょう
おこったところで美しくなりません
美しくするのが僕らの務めです
美しい世の中も　こんな処から出発するのでしょう

くちびるを嚙みしめ　戸のさんに足をかけます
静かに水を流します
ババ糞に　おそるおそる箒をあてます
ポトン　ポトン　便壺に落ちます
ガス弾が　鼻の頭で破裂したほど　苦しい空気が発散します
心臓　爪の先までくさくします
落とすたびに糞がはね上がって弱ります

かわいた糞はなかなかとれません
たわしに砂をつけます
手を突き入れて磨きます
汚水が顔にかかります
くちびるにもつきます
そんな事にかまっていられません
ゴリゴリ美しくするのが目的です

その手でエロ文　ぬりつけた糞も落とします
大きな性器も落とします

朝風が壺から顔をなぜ上げます
心も糞になれて来ます
水を流します
心に　しみた臭みを流すほど　流します
雑巾でふきます

キンカクシのうらまで丁寧にふきます
社会悪をふきとる思いで力いっぱいふきます
もう一度水をかけます
雑巾で仕上げをいたします
クレゾール液をまきます
白い乳液から新鮮な一瞬が流れます
静かな　うれしい気持ちですわって見ます
朝の光が便器に反射します
クレゾール液が　糞壺の中から七色の光で照らします
…

　森山（2002: 78）は，この詩が「匂い立つようなリアリティ」を発する理由の一端を主語なし文の多用に求めている．ここで注意しておくべきことは，この詩においてすべての文が主語を欠いているわけではない，あるいは主語の省略が無秩序に行われているわけではない，ということである．ここで省略されているのは，人間を指す主語，とくに話し手（作者）の表現である．状況に働きかける行為者であり，状況を知覚する知覚者である話し手を指す主語が省略されているわけである．

　本書の枠組みでは，この作品における主語なし文と状況没入性，および生々しい伝達効果とのつながりは，やはり自己知覚の問題と考えることになる．主語の有無とエコロジカル・セルフの関係は，7.1.7 節で言及した日英語の構文上の違いとエコロジカル・セルフの関係と並行している．

　繰り返し述べているように，本書においては，すべてのゼロ形がエコロジカル・セルフの表現であるという主張をしているわけではない．また，日本語における主語なし文の存在は，エコロジカル・セルフとは独立にその存在を認定して検討する必要があるものである．しかしながら，エコロジカル・セルフの効果が主語なし文に重なることはありえるわけであり，この詩はそのような例であると考えることができる．

　この詩は，便所掃除をする職員を明示的な主語から一貫して外すことによって，（エコロジカル・セルフとして認識・表現された行為者としての）職員にとっての状況の見えをそのまま記述した文を積み重ねたものになっている．す

なわちこの詩は,
> (221) 英語は状況を外部から見て表現する傾向が比較的強いのに対して,日本語は状況の中にいて,その現場から見えたままを表現する傾向が強い.

の現れであると言える.

その結果として,表現は全体として状況没入型となり,読者は職員と同じ位置から便所の情景を眺めることになる.そこで,「匂い立つようなリアリティ」という伝達効果が生まれてくるわけである[6].

なお,このような状況没入的なテクストには,書き手だけでなく読者も状況没入的に事態を捉えることになるメカニズムが関わっている.これについては,第9章および第10章で検討する.

7.10 共感的な構文と透過的な構文

ここで,次の(221)(222)との関連で,日英語に見られる(230)の対比を検討しておきたい.

> (221) 英語は状況を外部から見て表現する傾向が比較的強いのに対して,日本語は状況の中にいて,その現場から見えたままを表現する傾向が強い.
>
> (222) 英語は全知の神のような立場から語りを展開する傾向が比較的強いのに対して,日本語は登場人物の立場から語りを展開する傾向が比較的強い.
>
> (230) a. トムがあんたと話したい<u>って</u>.
> b. Tom wants to talk to you.[7]

日本語の文は「って」を伴って直接話法に近い引用の形式をとっているが,英語の文は *want* という,主語の意思を直接に指示対象とする動詞を主文の述語として用いている.日本語においては,トムの意思はあくまでも他者としてのトムに帰属する私的なものである,という捉え方がなされている.それに対して英語においては,話し手がトムの意思を外部から透過的に認識できるかのような表現になっているわけである.

7.10 共感的な構文と透過的な構文

(221) にあるように，日本語は視座を状況の中に置いて事態を語る傾向が強い．このときの話し手にとって，トムという人物は他者である．他者の意思は「心の理論」によって忖度することができるが，本来は私的なものであるから究極的には不可知のものである．そこで日本語においては他者の意思は究極的には他者に固有の秘されたものとして扱われる．

一方英語は (222) のように全知の神のような立場から語りを展開する傾向がある．全知の神の立場を占める話し手にとっては，登場人物の意思は透過的に見えるものとなる．そこでそれを外部から直接に指示する表現を用いることができるようになるわけである．

ところで，日本語においては他者の意思はその人に固有の私的なものとして扱われているわけだが，同時に心の理論による忖度も行われている．(230a) においてはそれは話し手がトムに共感する，すなわち話し手がトムの立場になることによって達成されている．そのことを示すのが，直接話法的な性格の強い引用構文である．

直接話法的な引用文は，他者の発話を話し手の想起に基づいて再構成したものである．それは想起に基づいたものであるから想起者である話し手の想起時のあり方の影響を受けてさまざまな変容を被るわけだが（佐々木1991，鎌田2000），しかし同時に原発話に基づく再構成であるから原発話の特徴をさまざまな程度に残したものとなる．そして，他者の発話を再構成するということは，その他者に共感して発話を構成する，すなわちいったん仮想的にその他者になって発話を構成するということである．

つまり日本語では (230a) において直接話法的な性格を残した引用構文が自然に用いられるのは，日本語は状況の中にいて，その現場から見えたままを表現する傾向が強いという (221) の現れと言えるわけである[8]．

次のような対比も，同じように考えることができる．

(231) a. He wants me to take care of his parents.
 b. 彼は私に彼の両親の世話をしてほしいんだ<u>って</u>
  (http://macky.nifty.com/cgi-bin/bndisp.cgi?M-ID=1833FN=20000420180147)
 c. ... It's him. ... He's agreeing to meet me, ...
 d. …彼よ．…会ってもいい<u>って言ってる</u>．…

〈http://www007.upp.so-net.ne.jp/comet/am/am319.htm〉

(232) Jim: Hey, Mrs. Gruenwald, there you are. How'd it go?
まあグレンウォルドさん，お帰りなさい．どうでした？

Mrs. Gruenwald: Melinda, kindly tell the man sitting beside you that I am no longer speaking with him.
メリンダ，悪いけど，あなたの横に座っている男の人に，もう彼とは口を利かないって言ってくれないかしら．

Melinda: *She's no longer speaking with you.*
彼女はもう，あんたとは口を利かないって．

Jim: Why?
どうして？

(*Rumours & Boarders*: "Mrs. Gruenwald and the Princess")

(*Hearing Marathon*, 2004年3月号，羽山みさお訳))

日本語に関してしばしば指摘される「悲しい」などの心理述語の人称制限についても同じ議論が成立する．

(233) a. I am sad.
b. 私は悲しい．
c. He is sad.
d. *彼は悲しい．

(cf. 彼は悲しがっている／悲しそうだ／悲しいって)

彼という他者の感情が，英語では話し手に直接見えるものとして扱われているのに対して，日本語では話し手が直接には知りえないものとして扱われているわけである．そこで他者の感情を表現するには，「悲しがっている／悲しそうだ」のように感情の外面的な現れに言及するか[9]，他者に共感し，いったん仮想的に他者になったうえでその意思を引用するか，ということになるわけである．

英語の例に関してとくに注目すべきことは，話し手に直接見えるものとして扱われているのが，他者の感情だけではないということである．つまりここでは，話し手自身の感情も，他者の感情と同じように，外部から見られたものと

して扱われているのである[10]．これは，英語において話し手自身の姿が他者の姿と同様に捉えられる傾向が強いことと呼応している[11]．

なお，共感の対象は人間だけに限らない．次の例においては飼い犬が共感の相手となっている．言語で表現されるような思考を犬に帰属させることができるのは，やはり心の理論の働きによる．

(234) a. The dog wants you to stroke him.
b. ジェフリーが僕にもみかんちょうだいよってゆうてるわよ

(鎌田 2000: 60)

7.11 直接話法，間接話法と時制の一致

安西 (1983) は，英語では間接話法が自然に使われる場合であっても，日本語では直接話法的，ないしは共感話法的な構文で表現しないと自然にならない場合が多いことを指摘している．一例を挙げる．

(235) a. He said that as she was so very good she might be allowed once a week to walk in his garden. (安西 1983: 126)
b. 王様は，その子がそんなにいい子なら，週に一度，私の庭を散歩するのを許してやってもよい，とおっしゃいました．

(安西 1983: 129)

(235a) の英語の間接話法の文では，*she was*, *his garden* は "he" の立場からの記述ではなく，現在の話し手の立場からの記述となっている．"he" の立場からの記述であれば，それぞれ *she is*, *my garden* となるはずである．すなわち話し手は "he" の発話内容を構成する事態を自分自身の立場から透過的に理解して表現している．それに対して直接話法的な性格の強い日本語の文における「私…やってもよい」は，「王様」の立場からの発話の再現である．日本語では，話し手は王様に共感し，王様の立場になってその発話を再現しているわけである．したがって，英語では間接話法が自然に使われる場合であっても日本語では直接話法的な構文を使わないと自然にならないという安西の観察は，前節の議論で捉えることができるわけである．

英語の間接話法においては発話内容を構成する事態を話し手が透過的に捉え

て表現するということは，次例の *he*, *she* の使用にも現れている．

(236) a. John/Mary said, "I am a linguist."
b. John said he was a linguist.
c. Mary said she was a linguist.

次の対比も同じように考えることができる．

(237) a. I went to his room and found it in complete darkness. I wondered where he had gone.
b. 彼の部屋を訪ねてみると，部屋の中は真っ暗だった．彼はどこへ行ったのだろう．
(岩垣 1994: 27)

日本語の「彼はどこへ行ったのだろう」が，彼の部屋にいて疑問を感じているその人の立場からの発話であるのに対して，英語の *I wondered* においては話し手は，現在の話し手としての立場から，疑問を感じている人をその人の外から見て表現している．そして話し手は "I" の心理状態を透過的に把握して表現している．つまり，日本語では，話し手は過去の話し手自身の思考内容を「当事者として状況に没入し，その人自身の立場になりきる」というかたちで共感的に処理しているのに対して，英語では，過去の話し手自身の思考内容が現在の話し手に透過的に見えているようなものとして表現しているわけである．

英語の場合は次の例のように圧縮して表現することもある．このような圧縮が可能なのも，事態を現在の話し手の立場から見ていることと関係があると思われる．

(238) a. She shouted for help.
b. 「助けて！」と叫んだ．
(國廣 1974 b: 50)

英語の間接話法に見られるいわゆる「時制の一致」もこの脈絡で解釈することができる．

(239) a. Taro said Mary was/is sick in bed.
b. 太郎は，メアリーは体調を崩して寝ていると言った．

この例において，「メアリーが寝ている」ということが現在でも事実であると話し手が判断している場合には *is* が使用可能になるが，そうでない場合には *was* が用いられることになる[12]．これも，英語の間接話法においては発話内容を構成する事態を話し手が透過的に，すなわち現在の話し手の立場から捉

7.11 直接話法，間接話法と時制の一致

えて表現することの現れである．話し手の立場から見て，Taro の発話とは独立に "Mary is sick" が事実であると見なしうる場合には，そのように表現される．そうでない場合には，話し手は Taro を経由して発話内容となる事態にアクセスする．Taro を経由した場合の発話内容は現在の話し手から見れば時間的に見て過去に当たる事態なので，"Mary was sick" となる．

一方日本語では，話者は原発話を行った時点における太郎に共感し，その立場になってその発話を再現して，「メアリーは体調を崩して寝ていると」と述べている．この再現は現在の話者にとっての発話時がいつであっても影響を受けずに一定である．したがって，「メアリーは体調を崩して寝ていると」は，主節の「言った」の時制によらず一定となるわけである．

このような日英語の違いは (221) (222) によって捉えられるものであるが，これは7.2節で見たように究極的には自己の認識・表現のあり方の違いにつながるものである．したがって本節で取り上げた共感的な構文と透過的な構文の対比は，本章で取り上げたほかの構文上の対比とつながりを持つものでもある．

なお，(239a) においては，引用された発話の内容となる事態に関して，現在の話し手が直接アクセスする場合と Taro を経由してアクセスする場合とで *is* と *was* の違いが出たわけだが，(240) においてはどちらの場合でも同じ形になる．

(240)　Taro says Mary is sick in bed.

引用された発話の内容となる事態に現在の話し手が直接アクセスする場合が，いわゆる de re 読みであり，Taro を経由してアクセスする場合が，いわゆる de dicto 読みである．

次のような，英語において主節が表現されていない例の場合も，本節の脈絡で考えることができると思われる．

(241)　Jim: Why?
　　　　　どうして？

　　　Mrs. Gruenwald: Tell him he knows very well why.
　　　　　どうしてかは，その男がとてもよく知ってるって，そいつに言ってちょうだい．

　　　Melinda: *You know very well why.*

　　　　どうしてかは，あんたがとてもよく知ってる<u>って</u>．
　　Jim: Uh, no I don't.
　　　　え，いいや，知らないなあ．　　　　　　　　（(232) の続き）

7.12　インターパーソナル・セルフのレベルでの日英対照

　最後に，インターパーソナル・セルフのレベルでの日本語と英語の対照を見ておきたい．

　鈴木（1973）以来よく知られているように，英語の *I*, *you* に当たる日本語は「わたくし，わたし，あたし，俺」「あなた，あんた，君，お前」など数多くあり，その選択は話し手や聞き手が誰であるか，あるいは両者がどのような社会的な関係にあるか，そして発話がどのような場面でなされるか，に影響される．逆に言うと，英語においては話し手，聞き手が誰であろうと，あるいは両者の社会的な関係がどうであろうと，話し手は自らを一貫して *I* と呼ぶのが普通であり，それに対応する形で聞き手も一貫して *you* と呼ばれる．

　ただし日本語の二人称表現（および人を指す三人称表現）においては，「あなた，あんた，君，お前」などの人称詞的な表現が用いられることは英語の *you* に比べると圧倒的に少ない．「先生，課長，社長，お客さん」などのような普通名詞的な表現の方が，呼びかけ以外の場合にも普通に用いられる．つまり，英語の二人称表現と比べると，日本語の聞き手を指す表現は圧倒的に多様であるということになる．そしてこれらの普通名詞的な表現も，話し手や聞き手が誰であるか，あるいは両者がどのような社会的な関係にあるか，そして発話がどのような場面でなされるか，に同調して使い分けられる．

　2.2.4 節で述べたように，「先生，課長，社長，お客さん」などのような表現を聞き手を表す人称詞として用いる場合には，そこにインターパーソナル・セルフが合わせて表現されている．したがって，日本語においてこのような普通名詞的な表現が多様に存在し，それらが場面に応じて使い分けられるということは，日本語においてはインターパーソナル・セルフが場面の変化に同調して変化するのを，客体化せずにそのままのかたちで表現する傾向が強いということである．

また,「わたし,俺」などの多様な一人称代名詞は,社会的な関係の中において捉えられたインターパーソナル・セルフを姿として視野の中に捉えて表現したものであると考えられる.したがって,日本語においてこれらが「わたし,俺」のように変化し,その一方で聞き手を指す二人称代名詞も「あなた,お前」のように変化するということは,視野の中にある自己を姿として捉える際にも,その視座が聞き手との関係や発話の場面の変化に同調して変化するということである.

　つまり,日本語においては,話し手が社会的な関係の中で自己を捉える場合に,自己が視野の中に姿として捉えられている場合にも,捉えられていない場合にも,視座が聞き手との関係や発話の場面に密着しており,関係や場面の変化に伴って変動しやすいということである.

　それに対して英語の場合,聞き手および話し手自身を指す表現が聞き手と話し手との社会的な関係の変化や発話場面の変化によらずほぼ一定であるということは,社会的な関係の中で自己を捉える場合に,視座が固定的であるということである.

　先に,(220)(221)(222)として,日本語は英語に比べて視座が移動しやすいため,状況の中にいて,その現場に依存した表現をする傾向が強いと述べた.それに対して英語は,視座が状況から離れ,全知の神のような視座から表現する傾向が強いと述べた.これは事物との関係で知覚されるエコロジカル・セルフとの関連で述べたことであったが,それと並行する現象がインターパーソナル・セルフのレベルでも生じているということである.その意味で,日本語と英語にはそれぞれ一貫した傾向があるといえる.そしてエコロジカル・セルフのレベルでの視座が移動しやすいということと,インターパーソナル・セルフのレベルでの視座が移動しやすいということは,直接知覚される自己のレベルでの視座が流動的であるという同一の事柄の二つの側面であると言える.

　日本語において興味深いことは,インターパーソナル・セルフが引用表現の中にも介入してくることである.(242a)は,国から表彰された大学の総長(60代男性)が大学の教職員による祝賀会の席上で述べたスピーチである.(243a)はテレビドラマのせりふであるが,男性が同僚の男性に対して自分の妻の発話を引用したものである.いずれも,原発話をより忠実に再現したbの文は不自

然となっている．

(242) a.「おまえようやってきた，ほめてやるぞ」というようなことでこの賞を頂いたのですが…
　　　　　　　　　　　　　　　　　　　　　　　　　　（鎌田 2000: 55）
　　　　b.?「あなたは長年にわたり，私立大学の育成に多大なる功労をつくされましたので，ここにその功績を賛え，藍綬褒章を授与します」というようなことでこの賞を頂いたのですが…
　　　　　　　　　　　　　　　　　　　　　　　　　　（鎌田 2000: 56）

(243) a. そうなんだよ，ほら，これ，わかめのぬたっちゅんだろ．これが食いたくてね，作れってっても，このすみその具合が分からねえって言うんだよ，うちのやつは．（鎌田 2000: 53）
　　　　b.?そうなんだよ，ほら，これ，わかめのぬたっちゅんだろ．これが食いたくてね，作れってっても，このすみその具合が分からないのよ／分からないわって言うんだよ，うちのやつは．
　　　　　　　　　　　　　　　　　　　　　　　　　　（鎌田 2000: 54）

これらは，引用部分が，それぞれの場面における話し手（引用者）のインターパーソナルな自己知覚に同調して再構成されている例ということができる．

7.13 本章のまとめ

　本章では日本語と英語の表現構造の違いについてのこれまでの研究から，自己の表現に関わる部分に着目して紹介し，その違いに対して生態心理学の観点からの基礎づけを与えた．また，自己の認識・表現に関わる日本語と英語の傾向性は，文のレベル，テクストのレベル，そして社会的な場面の取り込み方のレベルまで一貫していることをみた．

【注】
1) 本章は Honda（1994a, 1994c）をもとに増補・改訂したものである．また，本章のもとになった研究は日本学術振興会特別研究員（1994-1995 年）として文部省科学研究費特別研究員奨励費の助成を受けながら実施したものである．

2）さらに範囲を広げていけば，次のような表現もこの脈絡で考えることができるようになる．
   （i） a. *We* are open/closed.
         b. <u>当店</u>は営業中／準備中です．
         c. *We* are sold out of that item.
         d. <u>その商品</u>はただ今売れ切れです．

3）このレベルでの構文上の違いについて，認知文法の枠組みの中での議論としてはLangacker（2003）がある．また，文化心理学の知見（Masuda and Nisbett 2001, Nisbett and Masuda 2003, Nisbett 2003）はこの対比についての認知的な説明の基盤を与えてくれる可能性がある．しかしこれらは本書で取り扱うべき範囲を超える．

4）日本語の助動詞の「た」には，その数多くの用法の中に，「発見」を表す用法があるとされている．
   （i） a. ああ，こんなところにあった．   （益岡 2000: 23）
         b. なんだ，こんなところに落ちていたのか． （益岡 2000: 24）
本節の議論は，これらの文が持つ「発見」の表現性が，「た」が（単独に）担う機能によるのではなく，先行部分の「こんなところにある」「こんなところに落ちている」に（部分的に）よって引き起こされているという可能性を示唆する．ただしこの問題については本書ではこれ以上検討しない．

5）これとは異なる見方としては，たとえばTomozawa（2002）を参照のこと．

6）日本語における主語の省略とエコロジカル・セルフのつながりについては池上（2000）も参照のこと．また廣瀬（2002）にも関連する議論がある．

7）大江（1975: 188-189）は，
   （i） a. John wonders if she'll come to his graduation.
         b. Mary wishes I could come more often.
が，それぞれ，
   （ii） a. I wonder if she'll come to my graduation.
                                  （Johnによる，(i)aの話し手に対する発話）
         b. Will she come to my graduation?   （同上）
         c. I wonder if you'll come to my graduation.
                ((i)aの話し手がいる場面での，Johnによる，sheに対する発話）
         d. Will you come to my graduation?   （同上）
   （iii） I wish you could come more often.
                                 （Maryによる，(i)bの話し手に対する発話）
という発言を報告する場合に使われることが多いと指摘している．大江は*want*を含む文に関しても同様の観察をしている．これらは本章の観察と軌を一にする．また同様の例が廣瀬（2002）にもまとめられている．

8) ちなみに「いったん仮想的に他者になる」ということには，一人称代名詞の獲得の基盤となる他者の視座への移行（2.4.2節）が含まれる．
9)「悲しい」と「悲しがる」は，ともに心理状態を指示対象とする二つの語が主語の人称に応じて形式的に使い分けられているとされることがあるが，本書ではその見解は取らない．両者は指示対象を異にする．「悲しい」が心理状態を直接指示対象とするのに対して，「悲しがる」の指示対象は心理状態ではなく，心理状態に起因すると考えられる人の外面的なあり方である．この点についての興味深い議論が倉持（1986）にある．また，大江（1975: 204-212）も参照のこと．
10) 大江（1975: 189-193）は Postal（1971: 265-268）を踏まえて「純粋主観」を表す述語と「客観化された主観」を表す述語という区別を立てている．大江（1975: 199-200, 218）は sad などの英語の主観述語は客観化された主観を表すのに対して，「悲しい」などの日本語の主観述語は純粋主観を表すとしている．
11) ただし英語でも注10で触れた純粋主観を表す述語（たとえば seem, strike など）には日本語と同様の人称制限がある．

  (i) a. It seems to me/?John that Mary is ill. （大江 1975: 190）
    b. It seems to me/*Pete that you are crazy. （Postal 1971: 266）
    c. It strikes me/*Pete that you are unfriendly. （Postal 1971: 266）

12) これとは異なる見解（樋口 1993）もある．

第 8 章
その他の諸現象

8.1 はじめに

　本章では，前節までで取り上げてこなかった現象の中から，生態心理学的な観点が有効な分析につながる見通しが持てるものを選び出して，その分析の素描を提示する[1]．具体的には，数量詞遊離構文を中心とする日本語の数量表現（8.2節），形容詞の意味構造（8.3節），可能表現（8.4節），複文（8.5節），日本語の「偶然確定条件」の表現（8.6節），美化語と社会方言（8.7節）について，分析の方向性を提示する．これらの現象について本章で述べることは素描ないし大まかな方向性に過ぎないが，それでも今後の研究に対する指針を示すことになると思われるので，未完成なものではあるが，あえてここに提示しておきたい．

8.2 日本語の数量詞遊離構文とその周辺

8.2.1 問題のありか

　日本語には一般に「数量詞遊離」と呼ばれる現象がある．それはたとえば(244a)のようなものである．これに対応する英語の文(244b)は容認不可能である．

　　(244)　a. 私には子どもが三人いる．　（数量詞遊離構文）

　　　　　b. *I have children *three*. 　　　　　　　　　　（池上 2000: 172）

(244a) は指示対象としては数量詞が連体修飾形式で用いられた (245a) と同一の状況を表すことができる．

(245)　a. 私には三人の子どもがいる．　　（連体数量詞構文）
　　　　b. I have *three* children. 　　　　　　　　　　　（池上 2000: 172）

そこで次のような問題が生じる．

(246)　a. 数量詞遊離構文と連体数量詞構文には意味の違いはあるのか．
　　　　　あるとしたら，それはどのような違いか．
　　　　b. 数量詞遊離構文ではなぜ数量詞が遊離しているのか．

前章でも述べたように，本書の枠組みでは，客観的に同一とみることができる対象を表現する際に異なる構文が用いられている際には，その構文の違いは対象に対する捉え方の違いを反映していると理解ないし予測することになる．そこで，(246a) に関しては，数量詞遊離構文と連体数量詞構文では，対象の捉え方の違いによる意味の違いがあると予測される．

両構文に意味的な違いがあることは，これまでの研究ですでに示されている．たとえば加藤 (2003: 453) は，文具店でばら売りの消しゴムを買い求める際の発話としては，連体数量詞構文を用いた (247a) は明らかに不自然で，数量詞遊離構文を用いた (247b) だけが可能であると指摘している．

(247)　a. 二つの消しゴムをください．
　　　　b. 消しゴムを二つください．

また青果店に行ってばら売りのりんごを買い求める際の発話としても，(248a) のように言うのは不自然であり，(248b) だけが自然となる（加藤 2003: 454）．

(248)　a. 五個のリンゴがほしいんですが．
　　　　b. リンゴが五個ほしいんですが．

しかし，青果店でリンゴが「2個 300 円」「5個 600 円」のようにパックされて売られているような場合には容認度が逆転し，(248b) のように言うのは不自然となり，(248a) だけが自然となる．

そこで，数量詞遊離構文と連体数量詞構文の意味的な違いの内実を明らかにすることが一つの課題となる．

(246b) に関しては，たとえば (244a) における「三人」は，「子ども」とい

う〈モノ〉の数を表す表現のはずなのに，名詞句にかかる連体修飾表現としてではなく，動詞句を修飾する連用修飾表現の位置に現れている．動詞句を修飾する連用修飾表現は普通に考えれば〈モノ〉についてではなく〈コト〉についての情報を伝える要素なのにもかかわらずである．この「ずれ」をどのように説明すべきか，すなわち，〈モノ〉の数を表す表現が〈コト〉の数を表す表現の現れるべき位置に現れることができるのはなぜか，を明らかにすることが課題になる．さらにその答えを，(246a)で問題とした数量詞遊離構文の意味的な特徴と関連づけることが課題となる．

8.2.2 加藤(1997a, 2003)，北原(1996)の立場と池上(2000)の立場

(246a)に関して注目すべき提案をしているのが，加藤(1997a, 2003)である．加藤は連体数量詞と遊離数量詞に関して，それぞれ「集合的認知」と「離散的認知」を反映していると述べている．集合的認知とは対象を一つの「まとまりのあるもの」として「有機的連関の集合と捉える認知の仕方」(加藤2003:455-456)であり，離散的認知とは，対象をまとまりのあるものとはみなさず，「有機的連関を持たない複数の(あるいは一定量の)存在と見る捉え方」(加藤2003:456)を言う．そして二つの数量詞について，次のように主張する．

(249) a. 談話における連体数量詞文規則についての仮説
　　　［1］連体数量詞文は集合的認知を反映する．
　　　［2］集合的認知が行われていることを示すには，その集合を一つの単位と見なすだけの根拠が共有知識に存在しなければならず，その根拠が共有知識にないときは，根拠が提示されなければならない．
　　b. 談話における遊離数量詞文規則についての仮説
　　　［1］遊離数量詞文は離散的認知を反映する．
　　　［2］離散的認知が行われていることを示すには，その集合を一つの単位と見なすだけの根拠(集合的認知の根拠)が共有知識に排他的に存在してはならない．

この仮説は，(247)(248)をはじめとする例の容認度を的確に説明することができる．ただ，これには実は問題がある．それは対象の数が1である場合で

ある．「一人の店員」と「店員が一人」の違いは「集合的」「離散的」という術語で捉えることはできない．そこで加藤 (2003: 466) は「集合的認知」「離散的認知」に代えて，「既定的単位」「未定的単位」という術語を提示している[2]．

北原 (1996) は，数量詞遊離構文（「連用用法の数量詞」）と連体数量詞構文について，次のように述べている．

(250) 連用用法の数量詞は，述部に限定された先行詞が表すモノの数量を示すものであった．これを逆からいえば，連用用法の数量詞は，述部の表す動作・作用の発動以前（直前相）における，先行詞が表すモノの数量を示すものではない．そのような数量を示すのは連体修飾成分の位置に現れる数量詞である． (北原 1996: 31)

これは加藤のいう「既定的」「未定的」に近い考えであるといえる．

(246b) に関連する議論としては池上 (2000) を挙げることができる．池上は，数量詞遊離構文を「〈コト〉志向表現」であるとして，次のように述べている．

(251) このように考えてくると，〈数量詞遊離〉という形式での〈個数〉表現とは，本来〈回数〉の表現の形式であるものでもって〈個数〉の表現を処理していると解釈することができる．〈個数〉はもともと〈モノ〉，つまり〈名詞句〉として言語化されるものに，一方，〈回数〉はもともと〈コト〉，つまり〈動詞句〉として言語化されるものに，それぞれ関係するはずのものであり，文法的には，〈名詞句〉と関係する〈個数〉表現は〈形容詞〉的，〈動詞句〉と関係する〈回数〉表現は〈副詞〉的な機能性を帯びる．〈数量詞遊離〉においては，〈個数〉表現が〈名詞句〉から切り離され，〈動詞句〉の中に含め込まれて，あたかも〈副詞〉のような色合いを帯びているかのように感じとれよう． (池上 2000: 176)

8.2.3 本書の立場

本節では，数量詞遊離構文の意味的特徴 (246a) については前節で紹介した加藤の立場を出発点とする．また数量詞遊離構文の統語的特徴 (246b) とその意味的基盤については，前節で紹介した池上の立場を出発点とする．その上で，

これらの議論を前章までで構築してきた枠組みにしたがって作り直すことを試みる．

前節で，数量詞遊離構文は「モノの数」を表すとした．これはこの構文の指示対象に基づく見方である．しかし本書の立場では，言語表現の意味的な特徴には，「その表現が何を指示対象とするか」だけではなく，「話し手がそれをどのように捉えるか」も関わってくる．前節で紹介した加藤はそれを「離散的認知」「未定的単位」という術語で表そうとしたわけであるが，本書ではそれを，「話し手がモノの数を認識するには，どのような探索活動が関わるか」という観点から考え直す．

モノの数を認識するための探索活動として最も原初的なものは，「数える」という行為である．そして数えるということは，複数の対象に順次出会っていくことを含む（第6章）．したがって，数えるという営みにおいては，数えられる対象の数（モノの個数）は，認識者が対象と出会う回数（コトの回数）と一致することになる．したがって，認識者と対象の出会いの回数は，あるいは認識者の視野における対象の出現の回数は，対象の個数を特定する情報となる(cf. 第6章 (150))．

ところで，数量詞遊離構文に関して加藤がいう「未定的」とは，別の言い方をするならば，「まだ数が確定していない」，すなわち「まだ数が数えられていない」ということである．したがって，加藤が主張するとおり数量詞遊離構文が「未定的単位」を表すならば，この構文においては，「数える」という探索活動が発話の時点で行われなければならないことになる．そこで，数量詞遊離構文はこの探索活動の存在を直接反映したものとなる．数量詞がコトを修飾する連用修飾の位置に現れることは，このような脈絡で考えることができる．これは，モノの数が，数えるという行為を通じて，すなわちモノとの能動的な出会いを通じて，知られるものであるということを反映しているわけである．

したがって，数量詞遊離構文においてモノの個数がコトの回数として表現されるということは，英語の中間構文においてモノの属性が副詞句によって表されたり（4.2.3節），英語の主体移動表現において道の属性が副詞句で表されたり（4.4.3節），第6章で取り上げた例において空間情報が時間表現によって表されたりしていることと並行していることになる．

このように，数量詞遊離構文が数えるという探索活動，すなわち対象と能動的に出会うという活動を背後に持っていることから，6.1.1 節で指摘したような，空間的な分布を表す時間表現との振舞いの類似は，偶然ではないことになる．空間的な分布を表す時間表現も，数量詞遊離構文と同じように，探索活動としての対象との能動的な出会いに基礎づけられているのである．

(156) （並木道を歩いている二人のうち一人がもう一人に）
  a.*あと 5 分したら木が大きいですよ．（アリサマ表現）
  b. あと 5 分したら大きい木がありますよ．（存在表現）

(157) a. 二，三人の生徒 が／は 頭がいい．
  b.*生徒 が／は 二，三人頭がいい．
  c. 頭のいい生徒 が／は 二，三人いる．

次の例に示されるような分布上の共通性も，数量詞遊離構文と空間的な分布を表す時間表現の同質性を示している．

(252) a. 素人並みの人が ときどき／何人か／五人 いるのです．
  b. 再々再婚してる人も たまに／何人か／三人 いる．
  c. ときどき／何人か／五人 素人並みの人がいるのです．
  d. たまに／何人か／三人 再々再婚してる人もいる．
  e.*ときどき 素人並みの人が 何人か いるのです．
  f.*たまに 再々再婚してる人も 何人か いる．
  g.*ときどき 何人か 素人並みの人がいるのです．
  h.*たまに 何人か 再々再婚してる人もいる． (cf.(191))

一方，連体数量詞構文に関して加藤がいう「既定的」とは，別の言い方をすれば「すでに数を数えてある」ということである．そこで次の例が示すように，発話の現場が数を数える現場と一致する場合には，連体数量詞構文は使用不可能となり，数量詞遊離構文だけが可能となる．

(253) a. あ，鳥が一羽，二羽，三羽飛んできた！
  b.*あ，一羽，二羽，三羽の鳥が飛んできた！ (尾谷 2002: 101)
  c. 羊が一匹，羊が二匹，羊が三匹…
  d.*一匹の羊，二匹の羊，三匹の羊… (尾谷 2002: 102)[3)]

数量詞遊離構文が対象の個数を，「数える」という行為との直接的な関連か

ら動的・時間的に捉えるのに対して，連体数量詞構文は対象の個数を，「数えられた結果」として静的・非時間的に捉えるということになる．

8.2.4 数量詞遊離構文と日英語対照

先に示した（244）からも窺うことができるように，日本語では数量詞遊離構文が広範に用いられるのに対して，英語では副詞句の位置に遊離できる数量詞は *all* をはじめとするごく少数のものに限られている．

数量詞遊離構文においては，「数える」という探索活動が発話の現場において行われる．そして数える活動においては知覚者は複数の対象に順次出会うわけであるが，この出会いが可能になるためには，知覚者は状況の中に入っていかなければならない．

つまり（253）からも明らかなように，数量詞遊離構文は連体数量詞構文に比べて状況密着性の高い構文ということになる．そこで，日本語において英語よりも数量詞遊離構文が使われやすいということは，日本語が英語よりも状況密着型の言語であるということにつながる．

一方，第7章で明らかになったことは，日本語は英語に比べて状況密着性の高い言語であるということである．すなわち，日本語で数量詞遊離構文が使われやすいということと，第7章で取り上げた現象は，いずれも日本語が英語に比べて状況密着型の言語であることの現れと考えることができるわけである．

8.2.5 個数と回数，モノの数とコトの数

また，日本語において英語よりも数量詞遊離構文が使われやすいということは，日本語では対象の数を数える行為との直接の関連から動的・時間的に捉える傾向が強いのに対して，英語では非時間的に捉える傾向が強いということを示唆する．これを端的に表現するならば，日本語では対象の数を回数として表現する傾向があるのに対して，英語では個数として表現する傾向があるということである．さらに，回数が動詞に結びつく概念であり，個数が名詞に結びつく概念であるとしたら，日本語では動詞を用いて表現する場合であっても英語では名詞を用いて表現することがある，ということでもある．これを示すのが次の例である．

(254)　a. 彼は誘拐しようとする者たちを<u>数回</u>ひどく<u>けったり殴ったり</u>した．

　　　　b. He dealt *several* nasty *kicks* and *blows* to his would-be kidnappers.

(『新編英和活用大辞典』s.v. kick)

これに限らず，英語では出来事を表す可算名詞が，モノを表す可算名詞と同様に振舞う．

(255)　a. another car / book // headache / earthquake / win

　　　　b. several cars / books // headaches / earthquakes / wins

another や *several* をモノの個数を表すものであると漠然と考えている日本人の英語学習者のなかには，これらが *kick* や *headache* とともに用いられているのを見ると違和感を覚えるのかもしれない．

ピーターセン (1990) による次の観察も，この脈絡で理解することができる．

(256)　Blue skies shining on me.
　　　　Nothing but blue skies do I see.　　　(ピーターセン 1990: 32–33)

これに関して池上 (2000) は次のように述べている．

(257)　アメリカの作詞・作曲家バーリン (Irving Berlin) の 1927 年作 "Blue Skies" という曲の中の文句であるが，言及しているピーターセンは「時間の流れを意識して空を複数形にした」ものと説明している．一見〈個数〉を表していると思える複数形に，実は時間的な〈回数〉の意味合いが込められているということなのである．

(池上 2000: 159)

これも，英語では出来事の回数をモノの個数と同様に表現するということの現れである．

8.2.6　数量表現と遭遇

本章では数量詞遊離構文の意味構造に「数える」という探索活動を想定し，その活動の一部として「対象と出会う」ということがあるということを述べた．これに近い洞察を数量表現全般に適用している研究として仲本 (2000) がある．

数量形容詞に関して，仲本は次のように述べている．

(258)　数量形容詞は，主語名詞や形容詞から何らかの「遭遇の経験」が

喚起される場合，そのような経験に対する「対象のアフォーダンス」を表わす傾向がある．次の文は，単なる「今年の雪」の絶対的な量を表すのではなく，「今年は雪を見ない」という「遭遇」のアフォーダンスを表している．これは[ib]のように表示される．また，このような解釈を意味的に内在化させた数量形容詞として，「珍しい」がある．

(i) a. 今年は雪が少ない． 参考）今年は雪が珍しい
b. 少ない（雪）⇒ －アフォード（見る（主体，雪））

このように，数量形容詞は，主語名詞や形容詞から何らかの「遭遇」の経験が喚起される場合，〈遭遇のアフォーダンス〉を表わす傾向がある．

(ii) 数量形容詞の典型的アフォーダンス1：
a. 数量（対象）⇒ ＋／－アフォード（遭遇（主体，対象））
b. イベントフレーム：「見る」「会う」「発見する」

(仲本 2000: 59)

3.1節でも述べたように，仲本の言う「アフォーダンスを表す」を「探索活動に基づく」と読み替えるならば，この議論は本書の観点が数量表現全般に拡張できる可能性を示唆するものと捉えることができる．

8.3 形容詞の意味構造

形容詞の意味構造に関して本書では，自己知覚との関連について2.2節で言及した．また探索活動との関連を3.1節で言及した．ここでは自己知覚との関連への補足として，項構造との関係に言及しておきたい．

繰り返し述べてきたように，生態心理学では，事物の知覚には自己の知覚が伴うと考える．そこでたとえば，

(259) 父の死が悲しい．

という文は，「父の死」についての情報を伝える文であるとともに，それについて「悲しい」という感情をいだいている，エコロジカル・セルフとして捉えられた話し手についての情報を伝える文でもある．

この場合の「悲しい」と感じている自己を対象化して一人称代名詞で表せば，次のような文になる．

(260) a. 私は悲しい．
b. 私は父の死が悲しい．

篠原（2002）はこのような現象の動機づけを乳児期における主体・客体・活動・対象等すべてが未分化なスキーマの存在に求めている．本書の立場では，篠原の洞察を，事物の知覚と自己知覚の相補性の観点から捉え直すことになる．主体，客体等が「未分化」であると考えることは，自己知覚が成立していないと考えることになると思われるが，事物の知覚と自己の知覚が相補的であると考える立場では，自己知覚は成立していると考えることになる．

次例の英語の形容詞の多義も同様の相補性に動機づけられている．

(261) a. It's such a comfortable bed.
b. Are you comfortable? (*OALD*⁶ s.v. comfortable)
(262) a. This story is sad (to listen to).
b. I was sad.
c. London/The ice is cold.
d. I am cold. (篠原 2002)

8.4 可能表現

3.4.2 節で言及したアフォーダンスとエフェクティヴィティの知覚は，事物の知覚と自己の知覚の相補性の重要な現れの一つであるが，それがはっきり現れている現象として，可能表現がある．たとえば，

(263) I can't eat beans — they give me wind.

（この wind は「腸内ガス」の意）

(*OALD*⁶ s.v. wind 2)

（私は豆は食べられない——ガスでおなかが張るから．）

という文は，*I* にとっての豆のアフォーダンスを述べた文とも，豆に関係する *I* のエフェクティヴィティを述べた文とも解釈することができる．

英語の *can* や日本語（共通語）の可能表現はアフォーダンスとエフェクテ

8.4 可能表現

ィヴィティを分けずに同一の形式で表現するが，言語によっては両者を表現し分けるものがある．たとえば大分方言では話し手の世代にもよるが，

(264) a. 泳ぎきる．
　　　 b. 泳がるる．

という対立がある．(264a) は「カナヅチではない」あるいは「弱虫ではない」ということを表すのに対して，(264b) は「水がきれいである」などのようなことを表す．これは日本語学ではそれぞれ「能力可能」「状況可能」と呼ばれるが[4]，生態心理学の用語ではそれぞれエフェクティヴィティとアフォーダンスの表現ということになる．

　可能の表現は社会的なアフォーダンス／エフェクティヴィティの表現にもなる．たとえば，

(265) I cannot talk to her/him.

は「彼（女）に人を寄せつけない雰囲気があるから」というように，社会的なアフォーダンスが彼（女）に欠如していることの表現としても解釈できるが，「話し手にそれだけの勇気がないから」というように，社会的なエフェクティヴィティが話し手に欠如していることの表現としても解釈できる．

　また，英語の *can* は次のような多様な発話の力を発達させているが，これらは，エフェクティヴィティを表す能力可能としての用法に由来すると考えるよりも，アフォーダンスを表す状況可能としての用法に由来していると考える方が自然と思われる．

(266) a. 依頼

　　　 Can/Could you . . .

　　　 〜してもらえる？／〜していただけますか？

　　 b. 許可の要請

　　　 Can/Could I . . .

　　　 〜していい？／〜してよろしいでしょうか？

　　 c. 申し出

　　　 I can show it to you now (if you like).

　　　 (なんなら) 今見せてもいいよ．　　　　　（『ウィズダム英和辞典』）

　　　 I could do that for you.

あなたの代わりに私がそれをしてあげてもいいですよ．

（『旺文社レクシス英和辞典』）

d. 提案

We can send you a sample, if you wish.

お望みでしたら見本をお送りすることもできます（します）が．

（『旺文社レクシス英和辞典』）

You could ask her.

彼女に聞いてみてもいいと思いますよ．（『ウィズダム英和辞典』）

We could try asking him.

彼に頼んでみてはどうだろう．　　　（『旺文社レクシス英和辞典』）

e. 命令・指示・非難

You can go to bed now.

もう寝なさい．　　　　　　　　　　（『旺文社レクシス英和辞典』）

You could start by filing these letters for me.

手始めにここにある手紙をファイルしてください．

（『旺文社レクシス英和辞典』）

You could try to talk more quietly!

もっと穏やかに話してもいいでしょ．　（『ウィズダム英和辞典』）

f. 拒絶

We cannot accept these terms.

この条件は受け入れられない．　　　（『旺文社レクシス英和辞典』）

　また日本語においても，「～してもらえる？／～していただけますか？」という依頼表現は可能表現に由来している．筆者が2004年2月に耳にした可能表現由来の依頼表現として，次例がある．これはレントゲン技師に対する医師の発話である．

　（267）　透視出せますか？　（透視＝透視検査用X線）

　医師が患者の前で技師の能力を疑問の対象にすることが不自然であることを考慮すると，この文も能力可能に由来するのではなく，状況可能に由来すると考えられる．

　可能表現がこのような発話の力をもつようになるメカニズムについては，10.

8.2 節で言及する.

また，*can* の認識用法も，能力可能の用法ではなく，状況可能の用法に由来すると考えられる[5].

(268) It can't be true.
　　　状況から考えて，それが本当であると考えることはできない
　　　→ それが本当であるはずがない.

8.5 複　文

(269) 　a. I enjoyed kissing her.
　　　b. I enjoyed my kissing her.　　　　　　（Lakoff 1968 より一部変更）
　　　c. I remember switching off the light.
　　　d. I remember myself switching off the light.　　　（Lyons 1982: 107）

Lakoff（1968）によれば，(269a) は「彼女にキスできて嬉しかった」ないし「私は彼女とのキスを楽しんだ」という意味であるが，(269b) は「彼女にキスしている場面を（見て／想像して）楽しんだ」という意味である．また，Lyons（1982: 107）は，(269c) が私秘的な想起経験を普通に記述したもの（"the normal subjective mode of reference to what is necessarily a personal and incommunicable experience"）であるのに対して，(269d) は構文的にも意味的にも次の例に近いとしている．

(270) 　I remember you switching off the light.

すなわち (269d) は，経験したことの記憶ではなく，観察したことの記憶（"the memory of something observed, rather than experienced"）の報告になりうる例であるとしている．

Lakoff と Lyons は同じ趣旨の観察を提示しているといえる．その観察を本書の枠組みに照らして述べ直せば，(269a) においては，キスをしている人（*I* の指示対象と同一）は主語の "I" にとっての視野の中に含まれてはいない．そしてこの場合の補文には，そのキスをしている人を明示的に指す音形のある人称代名詞は現れていない．一方 (269b) の場合には，キスをしている人の姿が "I" にとっての視野の中に含まれている．そしてこの場合の補文には，そのキ

スをしている人を明示的に指す音形のある人称代名詞 my が現れている，ということになる．(269c, d) も同様である．

また，(271b) は通常は容認不可能であるが，Langacker (1987b: 37) によれば次の (272) の質問に対する答えとしては可能である．

(271)　　a. I want to be elected.

　　　　　b. I want me to be elected.　　　　　　　(Langacker 1987b: 37)

(272)　Senator, when you contemplate your future and envisage your life for the next few years should you win the presidency, how would you really like to see yourself fare in the coming election?
（先生，未来のことをじっくりと考えてみましょう．仮に先生が大統領選に通った場合の，先生のこれからの何年間かの生活を思い描いてみてください．今度の選挙では先生自身，どうなって欲しいと希望されますか．）

これに関して Langacker は，

(273)　The sentence becomes felicitous to the extent that the context attributes to the subject of want an "external" perspective on his role in the event described by the lower clause.　　　　　　(Langacker 1987b: 37)

と述べている．「want の主語に当たる人物が出来事の中での自分の役割を外部から見ることが保証される文脈に限って適切な文になる」ということである．「出来事の中での自分の役割を外部から見る」ということは自分の姿が見えるということである．そしてその場合に限って音形のある me が容認可能になるわけである．

つまり，視野の中に自分の姿が含まれているかどうかと音形のある要素が現れるかどうかの対応は，(269) や (271) のような場合にも成立しているわけである．

8.6　日本語の「偶然確定条件」の表現

(274)　　a. 動物園にいけば，パンダがいるよ．

　　　　　b. 振り向けば君がいる．

8.6 日本語の「偶然確定条件」の表現

c. その角を右に曲がれば郵便局があり，左に曲がれば市役所がある．

d. そんなもの，探せばいくらでも ある／売っている／転がっている．

　これらは日本語としては自然な表現である．しかし，あらためて考えると奇妙な表現といえなくもない．「ば」は条件を表す接続助詞であり，これらの文は条件表現である．条件表現とは，ある事態（後件ないし主節で表される事態）の成立が別の事態（前件ないし従属節で表される事態）の成立に依存していることを表すものである．しかしながら，たとえば (274a) においては，動物園にパンダがいるということは，誰かがそこに行くか行かないかに関係なく成立している事態である．それにもかかわらず，この例においては，「パンダがいる」という事態の成立が「動物園にいく」という条件に依存しているかのように述べられているわけである．(274b) においても，「君が私の後ろにいる」ということは，私が振り向くかどうかで変わるわけではない．

　このような条件表現は日本語研究においては「偶然確定条件」の表現と呼ばれる．これは「条件句が帰結句の事態の成立する単なるきっかけであったり，帰結句の事態を認識する前提であったりするもの」（小林 1996: 12）とされる．

　この小林の規定において，「条件句が…帰結句の事態を認識する前提であったりするもの」という部分は重要である．つまり「パンダがいる」は，「動物園にいく」という行動をした人にとっての見えを表しているのである．パンダの存在という状況それ自体は，確かに誰かが動物園に行くか行かないかとは関係なく成立する．しかし，パンダの存在を知覚し，理解することは，動物園に行く行動に依存して成立するものである．つまり，「パンダがいる」という知覚者にとっての見えの成立は，動物園に行く行動に依存している．言い換えれば，知覚者にとっての視野の中では，「動物園にいく」と「パンダがいる」の間に確かに因果関係が成立しているのである．それゆえに，ある事態の成立が別の事態の成立に依存していることを表す条件表現がこの場合にも用いられるわけである[6]．

　そして (274a) においては，その「動物園にいく」という行為をし，「パンダがいる」という事態を知覚する行為・知覚者は明示的には表現されていない．

これはやはり，この行為・知覚者がエコロジカル・セルフのレベルで捉えられていることを意味する．ちなみに，この例を英語で表せば，次のようになる．

(275) If you go to the zoo, you will see pandas.

すなわち英語では知覚者とその知覚がそれぞれ *you* と *see* として音形のある表現で明示されるわけである．この日本語と英語の対比は，第7章で取り上げた日本語と英語の対比の一環といえる．

偶然確定条件の表現としては，「ば」によるものだけでなく，「と」によるものもある（豊田 1977, 1979, 仁科 1995, 菅沼 2002）[7]．その例としては，次のようなものがある．参考のため，英訳を添える．

(276) a. 彼の部屋を訪ねてみると，部屋の中は真っ暗だった．彼はどこへ行ったのだろう．

b. I went to his room and found it in complete darkness. I wondered where he had gone. (cf. (237))

8.7 美化語と社会方言

2.2.4 節で配慮表現に触れたが，それとの関連で，ここで美化語について簡単に検討しておきたい．美化語とは「金」「米」「水」などに対する「お金」「お米」「お水」などを言う．

まず，「金」と「お金」は同一のものを指して用いることができる．「米」と「お米」，「水」と「お水」も同様である．したがって美化語とそうでない（中立的ないし下品な）表現とは，指示対象において異なるわけではない．

また，「お金」「お米」「お水」はものとしての金や米や水を配慮を向けるべき相手として想定しているわけではない．また，その持ち主に配慮を向けているわけでもない．したがって，美化語は尊敬語や謙譲語に含まれるものではない．相手によって「米」と「お米」を使い分ける場合があることを考慮するならば「です」「ます」などの丁寧語に近い面を持つと言えるが，純粋に聞き手に対する丁寧さを表現するものではない．また，家庭内など，通常は丁寧語を使わない間柄であっても，「お金」「お米」などの美化語は用いられる．

美化語の機能を，菊地 (1997: 356) が「話手が（同じ内容を）きれいに／上

品に述べる表現」とする一方で，井上（1999: 44）は「自己の品位を保持するための敬語」とし，柴田武（2004: 34）は「自分のステータスを飾る手段」とする．後者の解釈をとるならば，美化語は話し手が自分自身を品のある人間として提示する表現形式ということになる．

本書の枠組みでは，美化語の機能を支えているのは（ある社会的な場面の中での）対象の捉え方と自己の捉え方の相補性であり，美化語とはそのような相補性に基礎づけられた自己表現ということになる．たとえば「金」と言わずに「お金」と言うことで，自分はその場面においてその対象をそのように捉えることができるような，品のある人間であると表現することになるわけである．

また，2.2.4節および3.8節で取り上げた「本当」に対する「まじ」のような社会方言についても，基本的に美化語と同じ構造の議論が成立する．「本当」と「まじ」の違いの背後にある捉え方の違いはそれを捉える話し手のあり方の違いであり，「まじ」の場合にはそのあり方とは，特定の社会集団（この場合にはいわゆる「若者」）に属しているということである．

（社会）方言や地域言語には使用者間に連帯感を生み出す機能があることが知られているが，このような連帯機能について，生態心理学の立場では，インターパーソナル・セルフに基礎づけられた社会的な自己知覚とその共有の問題として取り上げることになる．

【注】

1) 本章は，本書のために新たに書き下ろしたものである．
2) 英語に関しては，中村（1982）が，数量詞遊離構文は「個別的解釈（individual reading）」を受けるとしている．
    (i) The angles of a square are *all* 90°.
        （正方形の角はすべて90°だ．）
  これは，日本語についての加藤の「離散的認知」という洞察と通じ合うものである．
3) 尾谷（2002）は，連体数量詞構文と数量詞遊離構文に対してそれぞれLangacker（1987b）の言う「累加的走査（summary scanning）」と「順次的走査（sequential scanning）」に基づくとしている．これらの概念についての解説は割愛するが，このことは，両構文に対する基本的な考え方は本書と尾谷で差がないことを示唆する．

ただし，その考え方を累加的走査と順次的走査という形で定式化することが妥当かどうかについては判断を保留したい．また，尾谷は数量詞遊離句文に関して「活性化領域（active zone）」と「プロファイル（profile）」の乖離（Langacker 1984）があると述べているが，その考え方が妥当かどうか，そしてそれが走査に基づく説明と論理的な整合性を持つものであるかどうかについても，判断を保留しなければならない．
4)「能力可能」と「状況可能」の区別について詳しくは渋谷（1998）などを参照されたい．また，大分方言における可能表現のより詳しい記述が渋谷（1993: 41-42）にある．
5) 英語の法助動詞の認識用法の成立に関して，ここではSweetser（1990）の考え方を前提としている．
6) 言うまでもなく，ここに挙げた偶然確定条件表現の例には，7.4節で述べた，「いる」が人間から独立したものとしての抽象的な「存在」を表すのではなく，知覚された対象としての存在を表すということも関係している．
7) むしろ「と」によるものの方がよく知られているといえるかもしれない．また，「と」に関しては類似の趣旨の議論が菅沼（2002）にある．

第 9 章
協応構造, 共同注意
コミュニケーションと文法

9.1 はじめに：生態心理学における共同性の根拠

前章までは，主として個体としての人間と環境の関わり方を反映した言語現象を見てきたが，本章では，共同性，すなわち人間相互の関わりあい（コミュニケーション）という観点を導入することによって明らかになる事項を検討する[1]．

生態心理学においては，共同性は以下のような観点から論じられている．

(277)　a. 協応構造
　　　　b. 行為のアフォーダンス
　　　　c. 不変項の実在性と観察点の公共性

以下，これらについて順次検討していく．(277a, b) は行為としての言語活動に関わるものであり，(277c) は見えの共有に関わるものである[2]．

9.2 言語活動の相互行為性

9.2.1 コミュニケーション成立の基盤としての身体の同期

Condon (1976, 1982) によれば，会話をしている二人の人間には，二つのレベルで身体の同期現象が観察される．まず第一に，発話者の身体の微細な動きが，その人自身の発話の音声記録と完全に同期する．たとえば，わずか 0.29

秒しか持続しない keeping という一語の発声中に，その人の身体のあらゆる部分がその音声要素の変化に応じて刻々と動きを変える．Condon はこの同期現象を「自己との同期（self synchrony）」と呼んだ．

さらに，このような身体の同期は発話者自身とその発声だけでなく，発話者と聞き手との間にも観察された．話し手の身体と聞き手の身体は鏡に向かい合っているように同じ動きを示す．Condon はこの同期現象を「相互行為的な同期（interactional synchrony）」と呼んだ．このような相互行為的な同期は生後わずか20分の新生児にも見られ，同期のリズムが崩れることはまれであったが，自閉症など一部のコミュニケーション障害の場合には同期が成立しないことがあった[3]．

これは，人と人のコミュニケーションの基層に，参加者の間の身体レベルでの同期現象が存在し，それがコミュニケーションの成立を支えていることを示唆している．このような同期現象は「エントレインメント」とも呼ばれ，複数の人間の間に成立する共感の一つの源泉となっているとされる（渡辺・大久保 1998，渡辺 1999, 2000）．生態心理学の観点からは「協応構造」に含まれるものである．

9.2.2 協応構造

佐々木（1994b: 第4章）は協応構造をベルンシュタイン問題との関連で説明している[4]．ベルンシュタイン問題とは，古典的な運動制御理論がはらむ次のような問題のことである．

古典的な運動制御理論においては，運動は，中枢が身体を制御するというかたちで制御されると考える．これは具体的には，関節や筋肉のあり方が脳からの指令によって決まることで運動が制御されるという考え方である．このとき，脳からの指令は一つ一つの関節の位置や角度，そして各筋肉の伸縮を個別に指定すると考えられていた．しかしこの考え方には二つの大きな問題がある．一つは「自由度の問題」であり，いま一つは「文脈の問題」である．ここでは自由度の問題を考える．

自由度とは，個々の部位がもっている可能な動きの方向の数である．たとえば肘は一つの自由度を持ち，手首は二つの自由度を持つ．問題なのは，個々の

関節や筋肉の状態を個別に指定することによって運動を制御しようとすると，脳が決定すべきことがあまりにも多くなってしまうということである．たとえば人間の場合，腕だけでも，関節で7，筋で26，各筋ごとの運動ユニットで100，したがって筋の運動ユニットレベルだけでも2600の自由度があることになる．しかも全身の配置は刻々と変化する．組み合わせを考えると，脳で決定すべきことが膨大になってしまい，現実的ではない．これが「自由度」の問題である（佐々木 1994b: 85-86）．

　これに対する生態心理学からの解決として提示されている概念が協応構造である．これは，運動研究の単位を個別の筋や関節などの要素から，それらのマクロな結合に変えようという発想である．たとえば熟練した射撃手と初心者を観察すると，狙いを定めるときに前者では銃口のぶれが小さいのに対して，後者はぶれが大きい．その違いは，身体の部位間の関係の違いにある．初心者の場合には，各関節が独立してばらばらに動いている．その結果，一つの関節での動きが他の関節で補正されることなく，そのまま全身の動揺を大きくしてしまう．それに対して熟練者では，一つの関節の動きが身体のほかの部位の動きによって補正されるというように，特定の関節群のぐらつきが他の多数の関節群の拮抗する働きによって吸収され，全体としての動揺の幅が小さくなる．つまり，複数の関節の間に「結合」が生まれ，その中で複数の関節は互いに自由度を制約しあう．言い換えれば，複数の関節が互いに「協応」したかたちで動いているわけである．これを協応構造と呼ぶ．協応構造の存在によって，自由度は大幅に減少する．

　制御される要素の間に協応構造が存在することにより，制御は個別の筋や関節に対してではなく，まとまりとしての協応構造全体に対してすればよいことになる．その結果，制御に伴う負担は大幅に減少することになる（佐々木 1994b: 87-89）．

　協応構造はこのようにもともと個体の運動制御に関連して提示された概念であり，個体のレベルの概念（個体の内部の要素間の協応，および個体と環境との協応）であった．しかし三嶋（2000: 64-67）はこの協応の概念を，Schmidt, Christianson, Carello and Baron（1994）にしたがって，複数個体の間にも認めている．

　（278）　このような「協調」の現象は，私たちの日常的な生活の中で，必

ずしも個人の身体の中だけで起こっているわけではない．仲の良い人同士が会話をしている様子や，並んで歩いている様子を眺めていると，その動きが絶妙に同調していることがわかるだろう．飛んでくるボールを受け取るときは，ボールの動きと，身体の姿勢やグローブの動きを合わせなければいけない．これは，誰かに物を手渡すときなども同じで，お互いの動きが同期していないとそれを落としてしまうかもしれないし，第一とても疲れるはずだ．
　私たちは，みずからの身体の各部を協調させつつ行為しているだけではなく，この身体を，外の環境や他者と協調させることができる．このように「個人と個人」，あるいは「個人と環境」を協調させること，つまりある種の「コミュニケーション」をとることは，みずからの身体各部を協調させて統合された行為を行うことと同様に，私たちが生活していく上で重要なことなのである．(三嶋 2000: 64; 強調原文)

協応構造が複数個体の間のコミュニケーションにおいて認められるということは，これが生態心理学における共同性の根拠の一つと認められるということである．前節で見た，自己との身体の同期と相互行為的な身体の同期は，いずれも協応構造の例と考えることができる[5]．

9.2.3 相互行為としての文構築

協応構造が言語行為に反映している現象として，文構築の相互行為性がある．エスノメソドロジーの立場を取る社会学者である西阪仰氏（西阪 1998: 70）は「一つの文が実際の相互行為（会話）の中で一つのまとまりをもった文として組み立てられるのは，たんに話し手の「頭の中で行われる計算」の結果としてではない．むしろ，文の構築は，そのつど聞き手の反応に敏感なしかたで為し遂げられるのだ」と述べ，例証として次の Goodwin (1979) の例を紹介している．

(279) 　J: I gave, I gave up smoking cigarettes＝
　　　　D: ＝yeah
　　　　J: l-uh one-one week ago today, actually.

9.2 言語活動の相互行為性

これについて，西阪の説明をほぼそのまま引用する形で解説すれば，次のようになる．

当初 J が "I gave" を繰り返しているのは，誰からの視線も獲得できなかった，つまり聞き手となってくれる人を見つけることができなかったためである．二度目の "I gave" のところで D からの視線を獲得した J は，とりあえず文を言いきることができる．しかしながら，D の反応（"yeah"）は J の「ニュース」にたいする反応としてはあまりにも弱く，まるで J の話に興味がないかのようである．そこで J は，"last week" と言いかけたところで新たな聞き手を求めて B に視線を向け，「ニュース」を再び述べる．しかし今度発話の宛てられている B は J の禁煙のことをすでに知っている（ことを J は知っている）．そこで J は自分の発話を B に合わせてデザインしなければならなくなる．そこで J は "last week" と言いかけたのをやめて，今日が 1 週間目という記念すべき日であることを述べる．しかしながらこの間，B は一度も J に視線を向け返すことをしなった．そこで J は "today" のところで文を一度言いきったにもかかわらず，今度はその間自分の発話にある程度の注目を示していた A に視線を向け，付帯的な副詞（"actually"）を付け加えた．

これをもとに，西阪は次のように述べる．

(280) ここで示されているのは，一つの文の構築が，それ自体徹頭徹尾相互行為的だということである．「I gave up smoking cigarettes one week ago today actually」という一文を話し手（J）が言い切るために，話し手は，第一に，その文を聞いてくれる聞き手が必要だったし，それと同時に，第二に，（聞き手がその文を聞いてくれるように）そのつどだれが聞き手（候補）であるかに合わせて，そのつど自分の発話をデザインしなければならなかったのだ．このような意味で，この一文の構築は，その場に居合わせた複数の人びとの協同の産物である．　　　　　　　　　　（西阪 1998: 71）

言語の単位としての「文」は，一見話し手によって単独に作り上げられるように見えるが，現実の発話場面における文は話し手と聞き手との共同行為によって作り上げられるものなのである．本書ではこれを「文構築の相互行為性」と呼ぶ．

9.2.4 話す行為をアフォードするもの

　文構築の相互行為性は，まず第一に言語における協応構造の現れであるが，これは同時に話すという行為をアフォードするものについての示唆も提示している．

　すなわち，話すという行為は相手の，聞き手として話し手に注意を向けるという能動的な行為に支えられてはじめて成立するということである．つまり話す行為をアフォードするのは聞き手になるという行為であるということである[6]．

　3.4節で述べたように，アフォーダンスの知覚は同時に自己の知覚を伴う．話すアフォーダンスを知覚している話し手が同時に知覚している自己はインターパーソナル・セルフ（2.1.3節）である．

9.2.5 グラウンディング

　コミュニケーションにおける聞き手の能動的な行為を，岡田（2000a: 1.3）は「グラウンディング（grounding）」という術語で捉えている．これは話し手による「投機的な行為（entrusting behavior）」を支える行為と位置づけられている．

　　（281）　　自分の行為の意味は自分が一番よく知っている．自分の行為の意味は最後まで自分で責任を持ちたい．こうした思いで歩こうとすると，おのずと静歩行になってしまう．同様な思いで，会話しようとすると，詰将棋をしているような熟考的な会話になってしまう．「自分の行為や発話の意味に対して最後まで責任を持つ」というかかわりを，あるところで断ち切る必要がある．むしろ，発話の意味の不定性を悟りながら，「それをいったんは他者に委ね，その意味を支えてもらう」という方略への転換が必要なのであろう．

　　　　　　　こうした状況は，社会的な相互行為において様々なところで観察できる．会話における参与のフレームの成り立ちを考えよう．自分が「話し手」であることは，相手が「聞き手」になってくれ

ているという単純な事実に支えられている．自分の視点からは，その役割は不定なままであり，常に賭けを伴う．向こうから近づいてくる知人に向かって，「おはよう」と何気なく挨拶をする．もし相手が何も言わず素通りしてしまったらどうだろう．その「おはよう」という言葉は宙に浮いてしまって，意味をなさない．われわれが発話するときにも，「どうなってしまうか分からないけれど，相手に委ねてしまおう」という潔さがある．その結果として「何かに支えてもらった，相手に裏切られなかった」という安堵感がある．

　日常での会話もまた，こうした投機的な行為（entrusting behavior）とそれを支える行為（grounding）によって成り立つ．この拮抗した関係は「当事者にとっての意味」を対等な立場で支え合うものとなる．自分の発話や行為をナビゲートする情報が，この「場」からオリジナルに引き出されていることに注意したい．社会的な相互行為の自然性やリアリティを支えているもの，それは行為者の内部の視点での不定性に起因する，他者に自分の行為を委ねるという投機的な振る舞いと，それを支えるグラウンディングという，二つの拮抗した関係性なのである．　　　　（岡田 2000a: 223-224）

9.3 共同注意

9.3.1 不変項の実在性，観察点の公共性，共同注意と言語の役割

　2.1.2節で紹介したように，Gibson（1982）は，不変項の実在性が観察点の公共性を成立させ，それが知覚の公共性を成立させている，と述べている．つまり人間は，潜在的に共有された意味の世界を生きていることになる．

　しかしながら，このような意味の共有可能性は，可能性ないし潜在的なものである．すなわち，相互に関わり合いのある複数の人間が同じものを知覚することは可能であるが，しかし現実につねに同じものを知覚しているわけではない．

Gibson（1966: 26）（および Reed 1991, 1996）はここに，コミュニケーションの媒体としての言語の役割を発見している．すなわち Gibson によれば，言語とは，ジェスチャーや非言語的な発声と同様に，自らが知覚しているものを同時に他者に知覚させる役割を持つものである[7]．それは環境の，自らが知覚している側面を選択・抽出して他者に提示することによって実現されることになる．これを近年の認知科学で注目されている用語で述べなおすならば，言語には共同注意（次節参照）を成立させる働きがあるということになる．

　このような言語の働きを，古山（2000b）は Peirce の記号論との関連から捉えている．Peirce の記号論の特徴は，記号としての言語の成立を支えるものを「指標性」に求めていること，そして記号表現と記号内容を媒介するものとして「解釈項」を立てていることである．指標性とは，記号表現と記号内容のつながりが，両者の間の何らかの意味での隣接関係ないし因果関係に求められることを言う．そして解釈項として人間を想定すれば，その隣接関係ないし因果関係を発見して記号を記号として成立させるのは，人間であるということになる．その結果，記号表現は人間の注意を記号内容に向けさせる働きを持つことになる．これは言語の共同注意を成立させる機能につながるものである[8]．

9.3.2　共同注意とは

　「共同注意」は「三項関係」「第二次間主観性」とも呼ばれる．一般的な用語の解説としては（282a）に相当する記述が提示されていることが多いが（たとえば『認知科学辞典』），実際の研究文献では（282e）のような意味で用いられることもある（たとえば Tomasello 1999, 宇野・池上 2003a）．（282b, c, d）は両者の中間に当たる．

(282)　a. 太郎が注意を向けているもの X に，私も注意を向ける（視線追従（gaze following）など）．
　　　 b. 太郎の注意を，私が注意を向けているもの X に向けさせる．そのために，太郎の注意をまず私に向けさせる．
　　　 c. 私と太郎が同じもの X に注意を向けている．
　　　 d. 私と太郎が同じもの X に（ほぼ）同じ位置から注意を向けている＝見えの共有．

e. 私と太郎が，同じもの X に注意を向けながら，その X をめぐって協調行動をしている（joint engagement）．

 (282b) には「(指令的／宣言的) 指さし」や「物の提示」が含まれる．

 (282d) は，現在の自分がいる観察点が，過去ないし未来の他者の観察点と同一でありうること，および現在の他者がいる観察点が，過去ないし未来の自分の観察点と同一でありうること，すなわち観察点の公共性 (2.1.2 節) と，それに基礎づけられた視座の移動の能力 (2.4.2 節) に支えられて (282c) から生じる．このことは，二人の知覚者が同時に完全に物理的に同じ観察点に立つという現実には不可能なことが起こらなくても，(282d) が成立しうることを意味している．そしてこの「視点を重ねる」(浜田 1999) ことが，言語理解の基礎をなしている．

 (282e) は 9.2.1 節，9.2.2 節で言及したエントレインメントあるいは協応構造に関係している．複数の人間の間に成立する協応構造はそれ自体としては二項関係であるが，全員の身体の動きが共通して注意の対象となっていると考えれば，共同注意の例と言うことができる．また協応構造が何らかの事物をめぐって成立している場合には三項関係を構成していると言える．

 要するに，(277) に列挙した生態心理学で公共性の成立の根拠と考えられているものは，いずれも共同注意に関わっていることになる．そしてこれらはまた，コミュニケーションに携わる人と人との間の「共感」にも関わっている．

9.4 コミュニケーションと共感現象

9.4.1 共同注意と共感

 小嶋 (2002) は，人間と共感できるロボットが備えるべき能力として，共同注意と「モデリング」を挙げている．小嶋のいう共同注意は (282a) に相当するものであるが，本書では以下に述べる共感についての議論に基づいて，(282d) すなわち (283a) を重視したい．「モデリング」は「相手と同じ身体の動きをする」ということであり，これには何らかの形でミラーシステムが関わっているとされる．これは先に触れた共同注意の (282e) のレベルともつながるもの

である．本書ではこれを「身体の同期」(283b) と呼んでおく．

(283) a. 見えの共有
　　　 b. 身体の同期

　観察点の公共性により，対象のある特定の見えは，複数の移動可能な知覚者が経験できることになる．そのようにして複数の知覚者が知覚経験を共有することを，本書では「見えの共有」と呼ぶ．これが共感につながるのは，次のようなメカニズムによると考えられる．

　対象についての知覚にはつねに自己についての知覚が伴う．そこで，見えの共有は自己知覚の共有につながる．この場合に共有される知覚レベルの自己はエコロジカル・セルフであるが，複数の知覚者が相互に相手のことを自らとほぼ同じ身体的および社会・文化的状況にあると信じることができる場合[9]，私秘的経験の起こる場としての自己，すなわちNeisserのいう「私的自己 (private-self)」のレベルにおいても共有が成立していると感じることができるようになる．すなわち「この人は自分と同じような人であり，自分と同じものを同じところから同じように見ているので，見たものに関して自分と同じような経験をしているだろう」と何らかの形で感じられるようになる．この，私的自己の共有感が共感の一つのあり方であると言える．

　もっとも，エコロジカル・セルフの共有が確実に私的自己の共有をもたらすというわけではない．つまり，同じものを同じところから同じように見た複数の人が，必ず同じ気持ちになるわけではない．5.6.3節で恒常仮定と図地分化の関連に言及した際に述べたように，知覚の場合，単一の感覚刺激がつねに単一の知覚経験をもたらすわけではないことが知られている．それと同じことがこの場合にも成立しているわけである．ただし，当事者にとっては私的自己の共有が生じているように感じられやすいとは言えるであろう．つまりここで問題にしているのは，厳密な，あるいは客観的な，「私的自己の共有」ではなく，「当事者にとっての私的自己の共有感」である．

　このような意味での共感の能力が他者の心を読む能力，すなわち「心の理論」の一つの基盤となっていることは明らかであると考えられる（子安 2000: 第4章）[10]．

　見えの共有が共感，すなわち感情的な経験の共有感につながることは，記憶

研究の知見からも支持される．2.5 節で Nigro and Neisser（1983）をもとに述べたように，エピソード記憶の想起のモードには，視野の中に自分自身の姿を含む「観察者の記憶」と，その出来事を経験したときと同じ視座からシーンを想起するために視野の中に自分自身の姿が含まれない「視野の記憶」とがある．視野の記憶は過去の自分自身にとっての状況の見えをそのまま再現したものであるが，観察者の記憶は見えの再現ではない．Nigro and Neisser（1983）が明らかにしたことのうち当面の議論に関係しているのは，自分の感情的な経験を想起することを求められた場合，被験者は観察者の記憶のモードよりも視野の記憶のモードで想起を行うことが有意に多かったということである．これは，過去の自己にとっての見えの再現が過去の自己の感情的経験の再現，すなわち過去の自分自身との共感につながることを示している．

　共感についてのこのような見方をテクスト理解に適用したのが宮崎（1985），宮崎・上野（1985）の提唱する「〈見え〉先行方略」である．また，日本における古典的なレトリックの一手法である「寄物陳思」（尼ケ崎 1988: 120）は，物に寄せて思いを陳べる，すなわち事物を提示することによってそれにまつわる自己の感情を表現する手法であるが，これも（和歌の作者と読者の間に）見えの共有を成立させることが共感につながることに支えられた手法である（池上 2002）．

9.4.2 共同注意から共感へ，共感から情報伝達へ

　（283）に挙げた共感の源泉としての見えの共有と身体の同期は概念上別個のものであるが，しかしこの二つは相互に独立に作用するものではなく，関連しあっていることが小野哲雄氏らの研究グループによって示されている（小野・今井・江谷・中津 2000, 小野・今井・石黒・中津 2001, 小野 2002, Ono, Imai and Ishiguro 2001）．小野らのグループは，音声言語とジェスチャーの能力を持つ自力移動可能なロボットを製作して，人間を相手に道案内をさせる実験を行った．ロボットによる道案内は音声言語によって行われたが，その際に条件として「ジェスチャーをするかしないか」，「道を聞く人間と同じ方向を見て案内するか，それとも対面した状態で案内するか」の二つを設定した．前者は（283）にいう身体の同期の有無に対応し，後者は見えの共有の有無に対応する．そしてそ

のような条件の下で,「案内の成否」「ロボットに対する親近感」を判定した.結果は,人間と同じようなジェスチャーをするロボットの方がしないロボットよりも道案内を成功させる割合が高く,また人間と同じ方向を見て案内するロボットの方が対面状態で案内するロボットよりも案内を成功させる割合が高かった.また,ロボットに対して人間の側が感じた親近感もこの結果に並行していた.以上から小野 (2002: 58) は次のような定式を導き出している.

 (284) a. 身体の同調的動作 → 関係の構築
     b. 関係 → 共有視点の形成
     c. 共有視点 → 円滑な情報伝達

これを本章の用語を用いて一行でまとめるならば,次のようになる.

 (285) 身体の同期 → 見えの共有の成立 → 円滑な伝達の成立

つまり,共感を成立させる二つの側面は協同して作用しており,しかもその作用は共感という感情のレベルだけでなく,情報伝達の側面にまで及んでいるということになる.

9.4.3 コミュニケーションとは何か

本章のここまでの議論をまとめると以下のようになる.まず第一に言語活動は複数の人間が相互に発話行為をアフォードしあうことによって成立する協応構造の一つのあり方であり,それは同時に共同注意の一つのあり方である.また,言語は自分が知覚しているものを他者に知覚させる働きを持つものであり,これは見えの共有というレベルでの共同注意のあり方である.この二つの共同注意のレベルはいずれも複数の人間の間に共感を成立させるものであり,しかも言語活動においてはこの二つのレベルが相互に関連しあっている.

言語によるコミュニケーションは,(一般的な用語としての)情報の伝達を第一の目的とすると考えられることが一般には多いが,本章の議論が成立するならば,そのような考え方は妥当でないことになる.言語によるコミュニケーションには,参加者相互の共感が密接に関わっていることになる.情報伝達機能ないしは指示機能が言語の大きな機能であることを否定するわけではないが,その基盤には言語の共感形成機能があるということである.

この点について,岡田 (1997a, 2000b) は次のように述べている[11].

(286) a. テニスをしていると，相手の気持ちや性格までも伝わってくることがある．このとき相手から飛んでくるボールの物理的なスピードを測定しても，そのような情報は得られない．そして我々の何気なく交される「他愛もないおしゃべり」にも，このテニスの話に似たところがある．おしゃべりの目的は，必ずしもお互いの情報交換や相互の発話の理解にあるわけではない．時間や場を共有することで満足し，ちょっとした言葉のやり取りの中で，相手の気持ちや調子を伺い知ることができる．このような二つの身体が無意識に協応し，一つの身体，あるいは一つのシステムを構成しあう関係を，ここでは「間身体的な関係」と呼ぶ．また，この間身体的な関係を介して，お互いに「うすうすと感じるもの」をここでは「間主観的な感覚」と呼ぶ．この感覚は，明示的な言葉から直接伝わってくるものではない．

（岡田 1997a: 325）

b. 相手の話に合わせたような，状況のみに依存した主体性のない会話は，会話の中で意味をなさないように思われる．しかし，こうした発話はむしろ日常での何気ない会話の雰囲気を創りだすうえで重要な働きをする．相手の発話に合わせることで，「会話の場」を維持し，本来のコミュニケーション行動を進めている．日常でのおしゃべりは，極言すれば対話者間でやり取りされる情報の内容は問題ではなく，お互いが対話的なかかわりを維持できていることを愉しんでいるだけなのかもしれない．間身体的な関係がコミュニケーションの根底を支えていることは確かだろう．こうした関係は，結果として出現したもので，「対話的な関わりを維持する」ために計算されて出現した行為ではないことに注意すべきである．

（岡田 1997a: 327）

(287) コミュニケーションという言葉には「情報を伝える」というニュアンスがいつもつきまとう．そこでは「意味の完結した発話」の伝達を前提とする．情報の受け手との間では非対称の関係を作る．一方，日常での何気ない会話では，自分の発話の意味や役割を完

結させないまま他者に委ねあう．この図式は，対話者間で「並ぶ関係」を作り出す．「雑談」という事態は，こうした並ぶ関係の中で「当事者にとっての意味を支えあう」ことで特徴付けられる．情報を伝えあうことが主眼なのではなく，むしろ当事者にとっての意味を共有しあい，社会的な繋がり（social bonding）を維持することに第一義的な目的がある［岡田（1997a）］．　（岡田 2000b）

　このことを具体的に示す一つの例が，郭（2003: 52）が指摘する，単独でターンを構成するあいづちの存在である[12]．

(288)　1 G: 海の中にいるような生物を　をやってる　先生ですけど　でも　ちがいますもんね　たんぱく質は　ねえ
　　　　2 H: はい　ちょっと　はい
　　　　3 G: うん
　　　　4 H: うん
　　　　5 G: うん　そうなんですか
　　　　6 H: はい
　　　　7 G: でも　あ　じゃ　ドクタに行って

これについて，郭（2003: 52）は次のように述べている．

(289)　コミュニケーションの際には，互いに話がうまく進まず，停滞ぎみの場合もある．そのときに黙ってしまうよりは，相づちを打つことによって間をもたせているという意向を示すことができる．この反応によって，話を続ける意向を相手も察することができ，互いに人間関係を維持できるようになる．「相づちだけでターンを成すもの」の機能は「間をもたせる」になるが，水谷（1988）の「人間関係への考慮の現れ」とも深く関係していると思われる．

　情報伝達が言語によるコミュニケーションの最も重要な目的であるならば，伝えるべき情報が無くなったと当事者が感じた時点で，コミュニケーションが終了することが望ましいはずである．しかし(288)においては，伝えるべき情報がいったんは無くなったにもかかわらず，参加者は会話を持続させようと努力している．これは会話の目的が情報のやりとりではなく，社会的なつながりの維持であることの現れである．

以下，本章では文構築の相互行為性という観点から日本語の会話の構造を検討し，言語行為が複数の人間の共同行為として成立するということが，文法の成立，すなわち社会的な慣習として共有された言語に関する知識の成立にいかに関わっているかについて考察する．事例としては日本語の接続表現に見られる，終助詞への転化について考察する．これは「から」「けど」「のに」「くせに」「という」「たら」など数多くの接続表現に見られる現象であるが[13]，本章ではとくに「から」を重点的に取り上げる．見えの共有の観点から見た文法現象については，次章で検討する．

9.5 日本語の会話の相互行為的な構造：「あいづち」と「共話」

日本語の会話の構造[14]は文構築の相互行為性を見えやすい形で反映したものとなっている．本章ではとくに「あいづち」と「言いさし」「共話」に注目する．

9.5.1 あいづち

杉戸 (1987) によれば発話は「実質的な発話」と「あいづち的な発話」に分けられる．あいづちとは，「話し手が発話権を行使している間に，聞き手が話し手から送られた情報を共有したことを伝える表現」(堀口 1997: 42) である．すなわちあいづちには 9.2.5 節で言及したグラウンディングの機能がある．

また，あいづちにおいては必ずしも話者交替（発話権の移動）(Sacks, Schegloff and Jefferson 1974) が起こらず，むしろ話し手が発話権を保持していることを聞き手が承認した上で，「話の進行を助けるために，話しの途中に聞き手が入れる」(水谷 1988: 4) ものであり，「聞き手が適切なタイミングで打つあいづちは，話し手を励まし雄弁に語らせるもので，そこにあいづちの本質がある」(杉藤 1993 の，堀口 1997: 71 によるまとめ) というものである．つまり聞き手によるコミュニケーション行動としてのあいづちは，話し手に対して〈発話の続行〉をアフォードするわけである．

日本語の会話においてはあいづちは非常に大きな役割を果たしている[15]．

堀口 (1997: 2 章 3 節) はあいづちの機能を次のように分けている．

(290) a. 聞いているという信号
b. 理解しているという信号
c. 同意の信号
d. 否定の信号
e. 感情の表出

このうち，(290a) は一見相互行為性の低いものであるかに見える．しかしながら聞くという活動はある意味では聞き手の内面でできるものでもあり，それをあえて表出することは特別な機能を帯びることになる．それは「話し手に話しつづけるように促す」(堀口 1997: 53)，「続けてというシグナル」(メイナード 1993: 158, 160)，「継続の注目表示」(ザトラウスキー 1993) であり，9.2.3 節で言及した聞き手の視線と同様，聞き手による，文の構築への積極的な関与の営みとみることができる[16]．

ここで一つだけ，あいづちを含む会話の例を挙げておく．

(291) A：私はね
B：ええ
A：ちっちゃい時は
B：ええ
A：おさげだったんですけど
B：ええ　　　　　　　　　　　　　　　　　　(堀口 1997: 55)

この例において，最初の二つの「ええ」は聞いているという信号であり，最後の「ええ」は聞いているという信号とも理解しているという信号とも取れる (堀口 1997: 55)．ここに現れる「私は…ちっちゃい時は…おさげだったんですけど」は形式上は複数の発話に分断されているが，実質的には単一の文を構成すると見なしてよい．

以上は聞き手のコミュニケーション行動としてのあいづちに注目した研究の紹介であった．しかし実際には，話し手のコミュニケーション行動としてのあいづちも存在する．すなわち，話者交替を伴うあいづち，あるいは話し手が自分自身の発話の途中で打つあいづちもある．このことに積極的に注目した研究が郭 (2003) である．これらは日本語における文構築の相互行為性をさらにはっきりと見やすくしている．例を見てみよう．

(292) 1 C: 日本語教育　冬の時代の後は　春がくると思ったら　氷河期がね@@
　　　 2 D: @@そうそう　そうですよね　けっこうなんか　そうですね　時代が（郭 2003: 51）
(293) 1 E: 旅行会社とおさないで　チケットだけ買って　現地の会社といろいろ相談しながら　全部手作りで
　　　 2 F: うん　へえ　すごい
　　　 3 E: ちょっとね　年寄りが多かったし
　　　 4 F: 買い付けとツアーを　いっしょにするって　すごい　へえ
　　　 5 E: ちょっとね　もう　だから　安全第一で　（郭 2003: 51-52）

(292) は，「ターンの冒頭に現れた相づち的表現」，すなわち発話権の交替を伴うあいづちの例である．この例において，「そうそうそうですよね」は相手の話に共感して発された「同意の表示」である．すなわち D は自らのターンの冒頭に相手の話に対するあいづちを入れていることになる．つまり D は，聞き手として機能しながら，同時に発話権を獲得しつつあるわけである．これは，「聞き手から話し手へと移行していく「聞き手と話し手との共存」の部分であり，このように聞き手としての機能を果たすことによって，その結果スムーズにターンが取れ，話し手になっていく」（郭 2003: 51）わけである．

(293) は，「ターンの途中に現れた相づち的表現」の例である．この「へえ」も，「「ターンの途中」に現れたものの，根本的には相手が言うことを聞いて感じた驚きを示す「感情の表出」の相づちの機能を果たしていると考えられる」（郭 2003: 52）ものであり，F は話し手としての役割と聞き手としての役割を同時に果たしているわけである．

以上のようなことを踏まえ，郭（2003: 49）はあいづちの機能を次のようにまとめている．

(294)　相手の発話に以下の五つの反応を示すもの
　　　（1）「聞いている」：聞いているという信号を示すもの
　　　（2）「情報の了解」：相手が伝えた情報の了解を示すもの
　　　（3）「同意の表示」：相手の話に同意・共感を表明するもの
　　　（4）「感情の表出」：相手の話を聞いて感じた喜び，悲しみ，驚き

などを示すもの

(5)「間をもたせる」：次にどちらかが話し始めるまで，余韻のように続けられるもの (cf. (288))

9.5.2 言いさしと共話

日本語の会話においては，次のように，単一の文を述べる行為が複数の話し手の共同行為として行われることがしばしばある．これは「共話」（水谷 1984, 1988, 1993）ないし「共同発話」（ザトラウスキー 2003），「分担表現」（森岡 1980: 24, 丸山 1996a: 49），「相手の先回り」（丸山 1996a: 49），「引きとり発話」（佐々木 1996）などと呼ばれる[17]．

(295)　a.「山田さんが…」「やっぱり来たんだね」

(森岡 1980，丸山 1996a)

　　　　b.「行ってもいいんだけども…」「また行くのはめんどくさい？」

(ザトラウスキー 2003: 50)

(295a) で第一話者の発話は「言いさし」と呼ばれる現象となっている（丸山 1996a）．また（当初聞き手であった）第二話者の発話の内容は第一話者の断片的な発話の内容を素材とする推論の結果を表しており，その推論をもとに第二話者が第一話者の開始した文を完成するという形になっている[18]．

(295b) において，第二話者は自分が飲んでいるところに第一話者を誘っている．それにもかかわらず，第二話者の発話には視点動詞として「来る」ではなく「行く」が現れている．それゆえ，この点において，第二話者は第一話者の立場に立って発話を行っていることになる．しかしながら第二話者の発話は疑問の形で終わっている．この疑問は第二話者自身の疑問であり，したがってこの点において第二話者の発話は第二話者自身の立場に立ってなされていると言える．このことは，「行っても…めんどくさい？」全体を第一話者一人に帰属させることができないということを示している．他方，第一話者の「行って」「いい」は，第一話者自身の立場に基づいている．したがって，全体を第二話者一人に帰属させることもできないことになる．すなわち，(295b) は，第一話者と第二話者の真に共同的な営みによって構築されたものと言うことができる（ザトラウスキー 2003: 51）．

共話を要素に還元する形で見れば,「(第一話者による) 言いさし」と「(それに対しての, 新たに発話権を獲得した第二話者による) 補完」となる. しかし非還元的に見れば, 共話「においてはすでに「話し手」「聞き手」といった区別はなく,「あいづち的発話」も実質化し一つの文を作り上げる」(池田・池田 1996: 54) となる. 後者の見方では共話は「従来の「ターン(発話順番)」という考え方では分析できない形態となっているのではないだろうか」(池田・池田 1996: 54) と考えられるものである[19]. すなわち, 共話は文構築の相互行為性を直接に反映した現象と言える.

なお, 本章ではとりあえず「聞き手(第二話者)が発話権を継承するか否か」という点に着目して「あいづちが入る発話」と「共話」を分けているが, 本章の枠組みで重要なのは「発話権の継承の有無」という相違点よりも「文構築の相互行為性に関わる」という共通点の方である. この共通点に注目する立場から見ると, 両者を明確に区別することは必ずしも大きな意味をもたないことになる. 実際, 水谷 (1988, 1993) は「あいづちが入る発話」と「共話」を明確に区別してはいない.

以下に, 現実の会話を記録したコーパス(現代日本語研究会 1997)から共話の例を引く.

(296) (取引相手の会社の仕事ぶりを評して.)
　　05 A: それなんか, むだな動きが異常に多いよね, これ.
　　05 B: すべ, すべてをいっしょになんかやろうとするからー.〈言いよどみ〉
　　05 A: んー.
　　05 B: 結局ー.〈言いさし〉
　　05 A: 結局また, あとでさあ, あのー, もういちどおんなじこと繰り返してやらなくちゃなんなくなっちゃうのよ.

(現代日本語研究会 (1997: Nos. 2102-2105))

この例では,「すべてをいっしょになんかやろうとするから, 結局また, あとでもういちどおんなじこと繰り返してやらなくちゃなんなくなっちゃうのよ」という文が 05 B と 05 A の共同行為によって発話されている. なお, この例における B の言いよどみ, 言いさしは文産出過程におけるエラーないしは

ノイズというよりは，05 B が構築しはじめた文を 05 A が引きとって完結させるよう 05 A に慫慂するという積極的な機能を果たしていると考えることができる．

(297) 06 A: うん，で，ほら，ハードカバーの本て，読みたいと思って買ってもさあ，ほら，鞄の中で重いからさあ，
　　　　不明: うーん．
　　　　06 A: ついうちに置いてきちゃってー．
　　　　06 I: 結局読まない．　　　（現代日本語研究会 1997: Nos. 3165-3166）

ここでは「ついうちに置いてきちゃって，結局読まない」という文が 06 A と 06 I の共同行為によって構築されている．

最後に，前文の末尾の部分が聞き手によって新たな文の始まりと再解釈され，それが共話的に補完される例を挙げる．

(298) (文庫本の紙質を評した会話．)
　　　　06 A: 紙も悪いでしょ．
　　　　06 M: 裏側の字がなんか．
　　　　06 A: うーん．
　　　　06 I: まだ活版のやつみたいで．
　　　　06 N: で，それだったらー，岩波のあの，最初の頃のあの文庫だよ，紙が悪いっつうのだったらもう．〈笑い〉
　　　　06 M: 岩波の最初の頃の文庫です．

（現代日本語研究会 1997: Nos. 3177-3183）

ここで，06 N の「紙が悪いっつうのだったらもう」は「それだったら」の指示対象を特定したものであり，したがって「で，それだったらー，岩波のあの，最初の頃のあの文庫だよ」に付加されたものと考えられる．言い換えれば，「で，それだったらー，岩波のあの，最初の頃のあの文庫だよ，紙が悪いっつうのだったらもう」が単一の文を構成する．しかしながら 06 M はこの同じ「紙が悪いっつうのだったらもう」を新たな文の始まりと解釈し，それに対して共話的に「岩波の最初の頃の文庫です」を補完している．結果として，「紙が悪いっつうのだったらもう，岩波の最初の頃の文庫です」という共話によって構築された文が，直前の「で，それだったら…文庫だよ」を再確認する文となっ

ている[20)21)].

9.6 ケーススタディ：「から」の分析

9.6.1 接続助詞としての「から」

　以上の議論を踏まえて，本節では接続助詞「から」の終助詞への転化について考察する．「から」については白川 (1991, 1995)，Iguchi (1998) などの研究がある．「から」の終助詞的な用法の分類に関して，本章では基本的に Iguchi (1998) で提案されているものをもとにしながら，相互行為としての文構築という本章の問題意識に合わせて修正したものを採用する．

　「から」の終助詞的な用法の検討に入る前に，接続助詞としての「から」の用法を一瞥しておかなければならない．話し言葉における「から」の接続助詞としての使用例の典型は，次のようなものである．

(299)　a. 一口にアメリカ人と言ってもいろいろな人がいますから，一言では言えませんねえ．

　　　 b. 一言では言えませんねえ，一口にアメリカ人と言ってもいろいろな人がいますから．　（Ford and Mori 1994: 43-44 をもとに改変）

　以下，便宜上，(299a) のような構造を「主節後続型」と呼ぶ．(299b) の構造は「主節先行型」とする[22)23)]．

　Sweetser (1990) によれば，英語の接続詞は一般に節（など）の間の関係を三つのレベルで捉えて表現することができる．次例は，「から」に近似した意味を持つ *because* の例である．

(300)　a. John came back because he loved her.　（事態レベルでの因果関係（原因））

　　　 b. John loved her, because he came back.　（認識レベルでの因果関係（根拠））

　　　 c. What are you doing tonight, because there's a good movie on.　（言語行為レベルでの因果関係）　　　　　　（Sweetser 1990: 77)[24)]

　同様の多義が日本語の「から」にも報告されている．ここでは主節後続型

((299a) 型) の例を示す (cf. 宇野 1996: 17, Iguchi 1998: 103).

(301) a. 雨が降ってるから，窓ガラスが濡れているんだ．（事態レベル）
b. 窓ガラスがぬれてるから，きっと外は雨だよ．（認識レベル）
c. 何を言っても無駄だろうから，好きにしなさい．（言語行為レベル）

9.6.2 接続助詞から終助詞へ：素描

あいづちと共話に関する以上の議論を踏まえて，ここで「から」の接続助詞から終助詞への文法化を考察する．論理的には次の可能性が存在する．ここで，「…」は「ポーズないし他の発話」を表す．

(302) a.「P だから，…Q だ．」：
同一の話し手による主節後続型（(299a) 型）の文において，「から」節と主節の間にポーズないし他の発話が介在している場合．割り込んでいるのが短いポーズかまたはあいづち的な発話であれば，「から」は接続助詞と見なすことができる．割り込んでいる発話が実質的な発話と見なされると，「から」は機能上は接続機能を保持しながらも，形式上は終助詞と見なされやすくなる．

b.「P だから」「Q なんだね．」：[25]
主節後続型（(299a) 型）の文が，複数の話し手によって共話的に構築される（主節が共話的に補完される）場合．

c.「P だから」「　」：
共話的に構築される主節後続型（(299a) 型）の文において，主節の補完が明示的にはなされない場合．

d.「Q なのよ，…P だから．」：
同一の話し手による主節先行型（(299b) 型）の文において，主節と「から」節との間にポーズないし他の発話が介在している場合．割り込んでいるのが短いポーズかまたはあいづち的な発話であれば，「から」は接続助詞と見なすことができる．割り込んでいる発話が実質的な発話と見なされると，「から」は

9.6 ケーススタディ：「から」の分析　　　217

機能上は接続機能を保持しながらも，形式上は終助詞と見なされやすくなる．

e.「Qなのよ／Qだねえ．」「Pだからね．」：
主節先行型（(299b)型）の文が，複数の話し手によって共話的に構築される（「から」節が共話的に補完される）場合．

f.「Qなのよ，Pだから．」「Rなのよね」：
同一の話し手による主節先行型（(299b)型）の文が，聞き手によって主節後続型（(299a)型）の文と再分析され，それに対して主節が共話的に補完される（「Pだから，Rなのよね」が共話的に構築される，すなわち(302b)の例となる）場合（(298)参照）．

g.「Pだから（，P）」：
9.6.7節参照．

h. その他：
9.6.6節参照．

(302f)は接続助詞から終助詞への転化という観点からは(302b)に含めて考えることができる．その意味でこれは二次的な場合と考えられるので，本章では検討しない[26]．

(302c)について，簡単に補足しておく．（第一）話者が言いさした発話の補完部分に相当する内容（含意）が先行談話や発話状況から明らかであると聞き手（第二話者）が認識した場合や，（第一）話者の発話に基づく聞き手の推論の方向性が慣習的に決まっている（含意の慣習化が起こっている）場合などには，（第一）話者による言いさしを聞き手（第二話者）が補完しないことがある．その場合，第一話者の発話は形式的には「中断」（大堀1996）されることになる．これは共話における第二話者の補完が現実の発話としては実現されなかった場合とみることができる．これが慣習化することによって，接続表現が終助詞としての機能を帯びる，あるいは接続表現が終助詞に転化する，という文法化が起きる．次例は丸山（1996a: 49）が「主文の省略（接続助詞由来の終助詞終止文）」の例として益岡・田窪（1992）から引用しているものである．

(303)　田中ですけど．／私はここにいますから．／あなたも行けば．／

　　　　　　　君も行けばいいのに．／行かなくては．

　これは，結論部分を省略することによって「断定を回避する」(水谷 1985)，結論を「相手に出させるほうが丁寧になる」(益岡・田窪 1992)，といった効果をもつ．

　次例も言いさし構造である．

　　(304) 　a. 誰も助けやしないという．　　　　　　(Ohori 1995, 本多 1996)
　　　　　　b. 何もわかっていないくせに．

　(304a) は「情けない状況だった」などの表現で補完することができる (本多 1996: 118)．また (304b) は発話場面に依存するが，たとえば「偉そうなことを言うんじゃない」(情報処理振興事業協会 (IPA) 1996) などと続けることができる[27]．

　これらは言いさし構造であると同時に，「という」「くせに」がそれぞれ先行する部分および主文で表現されるべき内容に対する話し手の心的態度を表す機能をも担うようになっている．これは Traugott (1982) の言う「(命題構成機能→) テキスト構築機能 → 心的態度表現機能」という文法化の傾向性に沿った機能変化である．

　なお，接続表現から終助詞への文法化に関しては聞き手の推論の重要性がしばしば指摘される (Ohori 1995, Iguchi 1998)．本章もその見解を踏襲するが，本章においては聞き手の推論を共話現象に連なるものと捉え，その意味で話し手による文の構築に対する能動的な貢献のあり方の一つと見なす[28]．

　次節から，井口が終助詞的とする「から」の用法を具体的な例に即して検討する．

9.6.3 「から」と主節の間に他の発話が割り込んでいる場合

　次例は，Iguchi (1998) が，「談話内の他の発話 (other utterances in discourse) との関係」を示す「から」の例として挙げているものである．

　　(305) 　(ケンイチとヨウコは恋人同士．この日のデートのためにケンイチ
　　　　　　が借りた車の中での会話．)
　　　　　　ヨウコ: で？
　　　　　　ケンイチ: え？

9.6 ケーススタディ:「から」の分析

ヨウコ: 夏休みとかは？
ケンイチ: うわっと［運転に気を取られる］
ヨウコ: 聞いてないの？
ケンイチ: いやそうじゃないのよ．悪いけどさ，俺，免許取ったの 2 年前でさ，それから，ちくしょう追い抜きやがった，うう
ヨウコ: ［不安になり］それから，何？
ケンイチ: <u>ろくに乗ってないもんだから</u>
ヨウコ: やだ
ケンイチ: <u>勘取り戻すまで，ちょっとね</u>．いやほう

(Iguchi 1998: 104-105)

　これは（302a）に該当する例である．この例に現れる「やだ」というヨウコの割り込みは，ケンイチが持続的な発話権を放棄していないことを承認しつつ，ケンイチの発話内容に対してコメントを加えたものである．つまりこれは上記（290e）に該当する感情表出機能を持つあいづち的な発話と言える．ケンイチの発話権の持続が承認されているということは，この会話に現れる「(悪いけどさ，俺，免許取ったの 2 年前でさ，それから，…) ろくに乗ってないもんだから…勘取り戻すまで，ちょっとね」が，形式上は複数の発話に分断されているが，実質的には単一の文を構成すると見なしてよいということである．したがって，この「から」は形式上は発話の末尾に生じていると見なされるが，意味・機能上は接続助詞としての性質を保持していると見なして差し支えないと考えられる．すなわち，この「から」は事態レベルの因果関係を表す（301a）の「から」と見なしてよいということである[29]．

　次例も同様である．

(306)　02 C: <u>10 月ぐらいなったらうちの実家の方が忙しくなるよとかゆうから</u>．
　　　02 A: うんー．
　　　02 C: <u>仕事があるんならやろうかなと思って</u>．
　　　02 A: そうだね，お金またとっとけば．

(現代日本語研究会 1997: Nos. 552-555)

次の会話は，（302d）に該当する例である．

(307) 06 A: 本屋行くとやっぱりねえ，その，魔がさしたように本買っちまうんだよね．
06 M: あーそうそう．
06 A: やっぱしなんか，今買わないともう買えないかもしれない，と思うから．そいでー，買ってしまって，いっぱいこうやって積まれて，もう，あれもこれも読まなくちゃ，とか思って． (現代日本語研究会 1997: Nos. 3160-3163)

次例は（302a）に該当するが，間に割り込んでいる発話があいづち的ではなく，実質的なものになっている．

(308) (Aの飼っている犬の首輪の話．)
A: 革なんだけど，
B: うーん
A: 子犬の時買ったやつで，こんな細いやつだからね，
B: ああー
A: いつもぐいぐい引っぱってんでしょ，
B: ふうーん
A: 切れちゃったの． (現代日本語研究会 1997: No. 5106)

次の例は，(302d) に該当する例である[30]．やはり割り込んでいる発話はあいづちの域を越えている．

(309) N: 例えば，何とかについてとか言ったらさあ，その教科書のそのことについて全部全部書くんだって．
K: へえ．
N: いい点取るわな，こりゃ．まあ
K: でも反対だね．ぼくだったらそういう子には悪い点あげるね．
N: へえ．
K: だって自分の意見全然入ってないじゃない．
N: なるほどねえ．でもまあそれはクイズの問題にもよるよ．
K: まあ問題にもよるだろうけど，ぼくはどっちかっていうとオリジナリティを求める方だから．

(Ford and Mori 1994: 45-46)

本節で取り上げた（302a, d）に該当する例の場合，「から」が接続助詞であるか終助詞であるかは「から」節とそれに対応する主節との間に介在する発話があいづち的であるか実質的であるかによる．「から」自身のもつ節の接続と因果関係の表現という機能には変化はない．

9.6.4 共話的な補完

本節では（302b, e）の例を扱う．

次例の「から」は井口自身も指摘している通り，二通りに解釈することができる．

(310) ケンイチ：…［運転している］
　　　ヨウコ：［ケンイチの横で］なんだか
　　　ケンイチ：うん？
　　　ヨウコ：変な道行くのね
　　　ケンイチ：ああ，だって，高速で帰るんじゃ面白くねえから
　　　ヨウコ：…
　　　　　　　　　　　　　　　　　　　　（Iguchi 1998: 124）

一つの解釈は「から」が「変な道行くのね」というヨウコの発話との事態レベルでのつながりを表すというものであり，もう一方の解釈は「から」が変な道を行くというケンイチ自身の行為の理由を説明しているというものである．前者の解釈においては，(299b) に対応する主節先行型の文である「変な道行くの…（だって，）高速で帰るんじゃ面白くねえから」が，共話的に構築されたと解釈されることになる．すなわちこの例は (302e) に該当することになる．

次例も同様に，共話的な補完の例と考えられる[31]．

(311) （出勤時間をめぐる会話．）
　　　09 G：→奥さんのが←遅いんだもん，1 時間[32]．
　　　09 F：あ，そっか，近いから．
　　　　　　　　　　　　　（現代日本語研究会 1997: Nos. 4168-4169）

以下は (302 b) の例である．

(312) （海外出張の多かった 03 H の父親の話．）
　　　03 H：エジプトに行ってたんですよ．
　　　03 A：そうか，そうゆうわりと第三世界が多いんだ．

03 H: そうなんですよ．
03 A: ふーん．じゃ，お父さんは技術者なのお↑
03 H: ま，最初はそうでしたけどー，<u>今はもう年取ってるから</u>．
03 A: <u>あ，もー行かないの</u>．
03 H: もー行かない．〈笑い〉もう定年なんで．
03 A: ふーん． 　　　　　　（現代日本語研究会 1997: Nos. 989–998）

(313) （就職後の自家用車の使用をめぐっての大学生の会話．）

B: あたしとか，分かれへんけどーもしまあ採用あった場合さーやっぱ通われへん所やったらやっぱり車とかなるやんかー
A: あー
B: そしたらまた買わなあかんやんか
A: ほんまやなー
B: あんねんけど家にな，でもなんか
A: あー
B: <u>親とか使うから</u>
A: <u>ちょっと使われへんもんな</u>
B: なんかやっぱ帰ってくるの遅かったりとかしたらすごい，車無かったら不便やねんやんか

（重点領域研究「音声対話」1997: 関西大学）

　本節で取り上げた「から」を接続助詞と見なすか終助詞と見なすかは「文」に対する捉え方によるが，共話を複数話者による単一文の相互行為的な構築と見なす本章の枠組みでは，この「から」は接続助詞としての性格を保持していることになる．

9.6.5 明示的に補完されない共話の構成要素としての「から」

　9.6.2 節でやや詳しく論じた (302c) をそのまま適用することによって説明できるのが，井口が「含意（implicatures）との関係」を表すとする「から」の一部 (Iguchi 1998 の (17)，(19)〜(23)) である．

(314) （恋人のナツエが自殺をはかって手首を切ったというシュウイチからの電話を聞いて，ヨシオとその恋人のハルエは二人のアパート

に急ぐ．看護学生であるハルエは，ナツエの手首の傷を調べる．）
  ヨシオ： ［ハルエに］病院へ行かなくていい？
  ハルエ： 大丈夫．薬屋さん，近所にあります？
  シュウイチ： あるけど，閉めるの早いから
  ヨシオ： そんなの，開けてもらうよ．何買ってきたらいい？［シュウイチへの怒りがある］
  ハルエ： 書くもの，あるかしら？　　　　　（Iguchi 1998: 113 (17)）
  （補完： きっともう閉まってるよ．）

以下は現代日本語研究会（1997）のコーパスから引いた例である．
 (315) （食事のカロリーの話．）
  19 A： じゃあ，朝 12 点だったらぁ，お昼少なくとも 15 点は行っ★てるわね↑
  19 B： →そうですね↑←★####．
  19 A： →で，夕飯は↑←
  19 B： で，ゆう，まー，一般的な家庭を見たわけじゃないから，
  19 A： うんうん
  19 B： まあそれでも，ポ，たとえばポトフだとしても，
  19 A： うんうん
  19 B： ポトフとワインとかね↑
  19 A： スープがなくたってカロリーには関係★ないもんね↑
　　　　　　　　　　　　　　　　　　　　　（現代日本語研究会 1997: 1284-1289）
  （補完： 正確であるという保証はできない．など）

19 B の「まー，一般的な家庭を見たわけじゃないから」につづく 19 A の「うんうん」というあいづちは，19 B の発話に関して補完すべき内容が「夕食に関してのコメントが正確であるという保証はできない」であると推論したうえで，それに承諾を与えて発話の継続を求めている．これはグラウンディング（9.2.5 節）の例である．
 (316) （10 C の飼い犬が脱走して近所を荒らしまわったことに関して．）
  10 C： うちのやつがかんかんに怒っちゃって．〈笑い・複〉
  10 A： ふーん．

10 C: 〈笑いながら〉毒殺するとかいってたから，★やめてくれって．

10 A: 〈笑いながら〉→えー，←こわい．ええ，[名前]ちゃんが↑

10 C: そう，あの人，毒持ってんからさ．

10 A: あああ，研究室のね．

10 B: 〈笑い〉★#####

10 A: →〈笑い〉←こわいな．

(現代日本語研究会 1997: Nos. 5125-5133)

(補完: 本当にその気になれば，実際に毒殺することもできる．など)

9.6.6 言語行為から，行為一般へ

井口は次例を「談話内の他の発話との関係」を示す「から」に含めている．

(317) (夫の死後酒屋を継いだアイコが息子のコウイチに入院中のコウイチの妻を見舞いに行くように言う．その直後，アイコのもう一人の息子であるヨシオが帰宅する．)

アイコ: ああ，だったらコウイチ行っといで

ヨシオ: ただいま[と階段へ]

アイコ: ヨシオが配達すりゃあいいから

コウイチ: いいよ　　　　　　　　　　　　(Iguchi 1998: 107)

この「から」は，(299b) に対応する主節先行型の文を構成する「から」が言語行為レベルでの因果関係を表している例とみることができる[33]．次例も同様に考えることができる．

(318) (コウイチと妻のサチコが，劇場に行くことになっているコウイチの母に話しかける．)

サチコ: お母さん，そろそろ行った方がいいんじゃない？[と小さく言う]

コウイチ: ああ．[と時計を見て奥へ]おかあちゃん，そろそろ出かけた方がいいよ

サチコ： ［小声で］台所らしいけど
コウイチ： ［茶の間の方へ］9時半過ぎだよ．電車だと，結構東銀座までかかるから［と，上がる］ (Iguchi 1998: 107-108)

次例のような「から」を，井口は「行為（act）との関係」を表すとしている．

(319) a. 手を伸ばして無断で一枝折ると，「いかんなあ，そんなこと」と誰かの声がする．山畑が車から顔を出している．…真知子は見つかってしまったと舌を出し，ごく自然に友達にでも弁解するように，「きれいだから」というと… (Iguchi 1998: 110)

b. （和さんは）二人がけの椅子を回転させ，向かい合わせに四つの座席を作った．和さんはそのことが大それた発明だとでも言うように，「こうやりゃ，話できるから」と真知子の顔を見て得意げに言う． (Iguchi 1998: 110)

(320) （ナツエとヨシオが喫茶店で．）
ナツエ： じゃ，用はないわけね？
ヨシオ： ええ
ナツエ： 買い物あるから ［と立つ］
ヨシオ： ［立つ］
ナツエ： 何？ (Iguchi 1998: 112)

これらの例における「から」は，言語行為レベルでの因果関係を表す (301c) のような「から」からの拡張と考えることができる．つまり，言語行為レベルでの因果関係を表す「から」は発話という行為に対する理由づけを表すが，本節の「から」はそれを行為一般に対する理由づけに拡張したものと考えることができる．あるいはまたこの用法は，行為であるという点において発話をその他の行為と等価のものと捉え直すという営みによって生じたとも考えられる．その場合，行為との関係を表す「から」は言語行為レベルでの因果関係を表す接続助詞「から」と完全に等価ということになる[34]．

9.6.7 言語行為に対する，自己言及的・遂行的な理由づけ

前節では言語行為レベルでの「から」の用法およびそこからの拡張をみた．

そこでは「Pから」におけるPがそれとは別箇の言語行為ないし非言語行為の理由として提示されていた．

ところで，「Pから」という文が〈「P」と言う〉という行為それ自体の理由を述べる文として，いわば自己言及的ないし遂行的に提示される場合があるとしたら，その場合の「Pから」はどのような特徴を持つものになるであろうか．

この場合の「Pから」においては，「P」という文に述べられた内容が「P」と言う，という行為の理由として提示されていることになる．ということは，この「Pから」に対応する主節は「P」それ自身であり，あえて主節を補完した形式でこの文を提示するならば「PからP」となるということである．したがってまず第一に，この場合の「Pから」はそれ自体内容的に完結した発話を構成するものであって，対応する主節を（Pそれ自体を除けば）補完することはできない，ということになる．

第二に，〈「P」と言う〉という行為それ自体の理由としてPを提示するということは，Pには内在的に，伝達の対象となるだけの特別な価値があると主張することになる．

以上のような論理的な可能性を踏まえて「から」の例をみると，このような特徴をもつ「から」は存在する．

(321) （ミズノトモコは結婚式を明日に控えている．）
　　　ヤマムラ：あ，トモコ，みんなで相談したんだけど，明日の結婚
　　　　　　　　式，みんなで歌うことにしたから
　　　ミズノ：ありがとう
　　　ヤマムラ：幸せになってね．　　　　　　　　　(Iguchi 1998: 118)

この例に関して，井口は主節に相当するものを補完することができないと述べ (Iguchi 1998: 118)，あえてそれを捜し求めるならばそれは白川 (1991) の言う「そのことを，承知しておいてください」ないしは "you know what"（「あのね」）(Ohori 1995: 211) であろうと述べている．

また，次のような例においては「から」が不平を表すことが慣習化している (Iguchi 1998: 119) が，不平を述べるという行為は，事柄を伝達に値する特別な価値があるものとして提示する行為によって媒介的に達成される行為の一つと考えることができる．

(322) a. まったくもう，気がきかんのだから． (Iguchi 1998: 118)
　　　b. きんちゃんはずるいんだから． (Iguchi 1998: 118)

次の例も同様であるが，これに関して大堀（1996: 12）は「－カラはその節の出来事が話し手にとって重要な関わりをもつことを示しており，聞き手の共感をうながすはたらきをもっている」と述べている[35]．

(323) まったく，誰もわかりゃしないんだから． （大堀 1996: 11）

9.7 考　察

9.7.1 接続助詞と終助詞

ところで，これまでみてきたような「から」は，本当に終助詞といってよいものなのであろうか．それとも接続助詞にとどまっているとみるのが妥当なのだろうか．

定義的に言えば，複数の節を連結して単一の文を構築する「から」は接続助詞としての性格を持ち，単一の節からなる単一の文[36]の末尾につく「から」は終助詞としての性格を持つ．ところで，本章の枠組みでは，文の構築に関わるのは話し手だけではなく，聞き手も大きな役割を果たしている．そして，聞き手の関与のしかたを考慮に入れると，「複数の節を連結して構築した単一の文」と「単一節からなる単一の文」の区別はそう簡単ではないことが分かる．

まず9.6.3節の議論を繰り返すと，次のように言うことができる．

(324) a. 単一の話し手の複数の発話を連結する「から」は，間に割り込んでいる発話があいづち的な発話である場合には，接続助詞としての性格を濃厚に保持している．
　　　b. 単一の話し手の複数の発話を連結する「から」は，間に割り込んでいる発話が実質的な発話である場合には，節の接続と因果関係の表現という機能を保持しながらも，形式上は終助詞と見なすことができる．

すでに述べたように，あいづち的な発話の存在は必ずしも発話権の移動を意味せず，むしろ話し手による単一の文の構築を積極的に支援する機能を持つも

のである．ここから（324a）が導かれる．また，発話権の移動を伴う実質的な発話が介在する（324b）の場合，「から」を終助詞と見なすことが可能であるが，（324a）と（324b）の区別は「から」をめぐる環境の相違であって，「から」自体の意味・機能の相違ではない．この限りにおいて，（324b）の場合であっても「から」が接続助詞としての性格を保持しているということも不可能ではない．

　また，9.6.4 節の議論からは，次のような結論が引き出せる．
　　（325）　複数の話し手による複数の発話を連結する「から」は，その複数の発話が共話をなしている場合には，接続助詞としての性格を濃厚に保持している．
すでに述べたように，共話とは複数の話し手が単一の文を構築する営みである．

　9.6.6 節の（319）や（320）のように明らかに主節を欠く例であってもなお，「から」は接続助詞としての性格を保持していると言うことも不可能ではない．この用法が，発話を行為であるという点においてその他の行為と等価のものと捉え直すという営みによって生じたするならば，言語行為レベルでの因果関係を表す接続助詞「から」と完全に等価ということになるからである．また，それらの例と次の 9.6.7 節の例の違いは自己言及性ないし遂行性の有無であった．自己言及性・遂行性が接続助詞と終助詞の（形式ではなく）意味・機能からみた相違にいかに関わるかについては，あらためて検討する余地がある．

　さらに 9.6.5 節の例のように典型的な終助詞に近づいているものでさえも，本章の枠組みでは接続助詞としての性質を保持していることになる．これらの例には聞き手による推論が関わるが，本章の議論においては聞き手による推論は（言語として実現こそしないものの）共話における補完部分と位置づけられるのであり，これは言語として実現した補完と同様に，相互行為としての文構築に関与するものと見なされるからである．

　すなわち，本章で取り上げた例に限って言えば，終助詞的な「から」のほとんどすべての例において接続助詞的な性格が認められる，ということになる．しかしそのことは必ずしも，これらの「から」が終助詞ではないということを意味するわけではない．「単一の文」の認定のしかたによっては，少なくとも

一部の例に関しては問題なく終助詞ということができる．

ここで重要なことは，終助詞としての「から」が接続助詞としての「から」と文構築の相互行為性との相互作用によって成立したものであるということ，すなわちその成立が，「から」が接続助詞であるということに依存しているということである．

終助詞的な「から」のほとんどすべての例において接続助詞的な性格が認められる，というのは，「から」それ自身の持つ意味・機能と「から」が生じる環境を分けたうえで，とくに前者に力点を置いた場合に出てくる結論である．しかし一般に，ある言語形式の意味・機能を論じるに当たって，〈それ自体〉の持つ機能と〈環境〉の果たす役割とを完全に分けることはできない．それは「から」の場合も同様である．そのように考えると，接続助詞としての「から」と終助詞としての「から」は連続しており，どこからどこまでという境界線を引くことは妥当でないということになる．ただし，一方の極にある典型的に終助詞らしく見える「から」と他方の極にある典型的に接続助詞らしく見える「から」とがかなり違うものであるということはできる．

9.7.2 終助詞の成立における聞き手の役割

本章の議論においては，接続表現から終助詞への文法化を引き起こす契機として，コミュニケーションの場における聞き手の能動的な役割を重視している．類似の立場をとる研究として，Traugott らの文法化論（Traugott 1982, 1989, Hopper and Traugott 1993, Traugott 1999 等）がある．

文法化の研究において Traugott らは「含意の慣習化」を強調する．彼女らの言う含意とは話し手の発話をもとに聞き手が推論して引き出すものであり，その意味において彼女らのアプローチは "human interaction and discourse"（Hopper 1996: 329）に重点をおいたものである．しかしながら，Traugott らのアプローチでは，話し手が発話する文は聞き手による推論という行為とは独立に，それ以前にそれなりに完成したものとして取り扱われる．すなわち文として完結したものに対する語用論的な意味解釈の営みの一環として聞き手が推論を行い，その推論の根拠が文中の要素の機能と帰属されることによって文構造の再分析（reanalysis）が起こる．これが同時に当該要素の機能変化，すなわち文法化で

ある，という見方である[37]．

　一方本章においては聞き手が話し手の発話に介入し，それによって文の構築に積極的に貢献するという相互行為的な見解をとり，それを踏まえて「あいづち」および「言いさし」「共話」に着目している．このような立場においても聞き手による推論の役割は重視されるが，しかしその位置づけは Traugott らとは異なる．本章で問題にしてきた推論は，すでに完成した文に基づいて行われるものではない．日本語の終助詞の成立に関わる聞き手の推論は言いさしに対する補完が言語として実現されなかったものという位置づけとなる．すなわち，推論も共話のあり方の一つ，すなわち相互行為的な文構築のプロセスを成立させるための能動的な貢献の一形態と位置づけられることになるわけである．

　そして聞き手による推論を可能にしているのは，話し手との状況の共有，すなわち共同注意である[38]．

9.8　会話を捉えるための二つのモデル：「キャッチボール」と「みんなで玉転がし」

　会話はしばしば言葉の「キャッチボール」になぞらえられる．しかしキャッチボールにおいては，一方の当事者の行為（投球／発話）が完結し，ボールまたは情報が相手に届いて，はじめて相手の行為が開始されることになる．このメタファーでは，「言いさし」という形で一方の当事者による発話が完結せずに中断され，それを他方の当事者が補完するという形で成立する「共話」の構造は，捉えることができない．また雑談（親しい間柄の話し手同士のくつろいだ会話）のダイナミズムを捉えることもできない[39]．

　本章の枠組みでは，日本語のくつろいだ会話はむしろ「玉転がし」になぞらえられる．すなわち，複数の人間が協調して一つの大きな玉を押していく，というモデルである．押し方にはいろいろありうる．実質的発話という形もあれば，あいづちという形もある．二人の人間が交互に押すこともできるが，同時に押すこともできる．あるいは何も発話せず，一見全く押していないかに見える場合でも，視線を向けたりうなずいたりしていれば，会話というイベントにはそれなりに参加していることになる．誰も押していない，という状態でない

限り，玉は動きつづける．玉がどちらに動いていくか，あらかじめ決めることもできるが，（雑談の場合のように）とくに決めないこともできる．決めない場合には，参加者の押し方のバランスによって玉はいろいろな方向に進み方を変える[40]．

　ここで起こっているのは，個人内および個人間における，さまざまな意図たちの出現・競合・実現・消滅である．

9.9　本章のまとめ

　一般に認知言語学者は自らの研究プログラムをChomskyの生成文法とは基本的な言語観において対立するものと理解している．しかしながらこの立場に真っ向から反対する議論がある．茂呂（1996）は「デカルトの子孫」の中に生成文法と並べて「認知言語学」「認知意味論」を含めている．その根拠は，筆者の言葉でまとめ直すならば，「頭の中にあるものとしての言語知識が個人の頭の中にあると考える立場を取っていること」そして「独在論ないし個体能力主義的な認知観によっていること」に集約される．

　前者に関して，生成文法は言語についての知識を人間の脳内に措定し，それをその運用ないし使用から峻別した上で，知識のみを研究対象とするという立場を取ってきた．これに対して現時点ではいくつかの代案が考えられる．第一は，すべてを運用に解消することで言語知識の存在を否定するという立場である．茂呂の議論はこの立場に立つもので，言語知識の存在を否定することによってはじめて言語的なコミュニケーションの姿を明らかにすることができるという主張と解釈できるものである[41]．

　第二の代案は，言語知識が脳内に存在することは認めたうえで，知識と運用の区別を問い直すという立場である．現在の認知言語学ではこの立場に立った研究が精力的に進められており，その代表格といえるのがLangacker（1988, 2000）の使用依拠モデル（usage-based model）である．このモデルは言語知識とその使用との区別を廃したうえで，現実の言語使用の中から立ち現れ，変容していく話し手の言語知識を動態的なまま捉えようとするものである．本書もこの第二の立場を取る．

また，認知言語学が独在論的であるという批判は，必ずしも目新しいものではないし（たとえば菅野 1992），認知言語学者がこれを意識していないわけでもない（Langacker 1994, 1997）．また Traugott らの文法化論は会話の含意の慣習化をキー概念としており，コミュニケーションの現場という概念なしには語れない．

個体能力主義とは，個体の持つ能力の源泉を主としてその個体の内部に求める立場である．これと対立するのは，能力の源泉を個体とその外部の相互作用，あるいは個体の内部と外部の区別を廃した環境全体に求める立場である．生態心理学は自己を環境との関係から捉える点でこの非個体能力主義の立場を取るものであるが，本章ではとくに社会的な環境の中における共同行為に基盤をおく言語知識の成立に注目している．これは「認識の社会的構成」「相互行為（複数の人間の共同行為）としての言語行為」という観点である．このような背景から見ると，茂呂（1996）が批判した当時の認知言語学は暗黙のうちに個体能力主義の立場を取っていたといえる[42]．

たとえば認知言語学者の代表格である Lakoff, Talmy らはさまざまな認知の原理を挙げているが，それらが他者との社会的な相互作用とどう関わっているかという点に関しては必ずしも明確にされていなかったことは否定しがたい．Langacker の使用依拠モデルでさえ，直接に問題とされているのは言語知識と発話との関係であり，発話の向こう側にいる他者の役割は，積極的に排除されているわけではないものの，積極的な検討対象として取り上げられていたわけではない[43]．また，Traugott らが重視する「推論」の概念は文法化における聞き手の役割を重視したものであり，その限りにおいては個体の桎梏からの解放を目指したものと評価できるが，そこにおいてもなお文構築の聞き手からの自律性が想定されており（9.7.2 節参照），その限りにおいて個体能力主義的な色彩を残している．

しかし状況は変わりつつある．それを象徴するのが Tomasello（1999, 2003b）である．Tomasello は心理学者であるが，その言語観は認知言語学の言語観に基づき，他方でその認知観は Vygotsky の流れを汲む社会・文化的なアプローチに基づいている．そして認知言語学者との共同研究にも積極的である．彼の活動は認知言語学の脱独在論化に大きく寄与するものと思われる．また，Lee

(1992, 2002), とくに Lee (1992) は, その *Competing Discourses*（せめぎ合う声たち）というタイトルが示すように, Bakhtin の多声性の概念に基づく言語観を認知言語学に導入した注目に値する労作である.

本章および次章の研究は, そのような認知言語学の脱独在論化の流れに位置づけられることを目指したものである.

【注】
1) 本章は本多（2001b, 2003a）をもとに増補・改訂したものである. 本章の内容は, 1999年度に文部省科学研究費補助金の助成を受けて行われ, 第二回認知言語学フォーラム（1999年9月, 京都大学）において発表された研究を含む.
2) 生態心理学的な認知科学の立場から共同行為としての言語活動に注目したものとして, 岡田美智男氏の一連の著作（岡田 1995, 1996, 1997a, 1997b, 1997c, 岡田・鈴木・石井 1997, 岡田 1998, 2000a, 2000b, 岡田・鈴木 2003 など）がある.
3) Condon (1976) の研究の概要とその意義については, 佐々木（1987: 151-155）に紹介がある. ここまでの紹介も基本的に佐々木の記述に負う.
4) 以下の協応構造の解説は, 佐々木（1994b: 第4章）および三嶋（2000: 45-67）に基づいている.
5) 三嶋（2000）は協応構造を dynamical systems approach と関連づけている. その観点からの最近の研究としては高瀬・古山・三嶋・春木（2003）がある.
6) 古山（2003）はこのことを,「行動のアフォーダンスは行動である」ということの一環（cf. Behavior affords behavior.（Gibson 1979: 135））としている.
7) 染谷（2004）も参照されたい.
8) 言語と共同注意との関連について現象学的な観点を取り入れて論じた興味深い論考として宇野・池上（2003a, 2003b）, 宇野（2002）がある.
9) 第2章（21）の "To know what *you* know, I must realize the partial identity of you and me, that is, I must in some sense be able to "identify" with you."（あなたが知っているものを知るためには, 私はあなたと私が部分的に同じであることが分からなければならない.）を参照のこと.
10) ただし,「心の理論」という用語で通常問題にされるのは, "Theory of Mind" という原語から示唆されるように,「信念」や「知識」などのような理知的な側面であることが多いようであるが, 本論においては「共感」という用語が示すとおり, 他者の「心」のうちのとくに情動的な側面に主に注目している.
11) 言語によるコミュニケーションの機能についての類似の見解が金沢（2003）, 宇野・池上（2003a）に提示されている.

12) 郭（2003）からの引用例においては，空白は間，@は笑いを示す．
13) Iguchi（1998），Itani（1992），Ohori（1995, 1997），大堀（1996），白川（1991, 1995），高橋（1993），本多（1996, 1997b），ヘイズ高野・新里（2001）などを参照のこと．
14) その概要を提示した研究として，メイナード（1993），丸山（1996a），池田・池田（1996），堀口（1997）などがある．
15) 日本語のあいづちに関してはとくに日本語教育との関連で精力的な研究がなされており，これまで本文および注で挙げた文献のほかに，たとえば水谷（1984），杉戸（1989），喜多（1996），久保田（1994a, 1994b, 1998, 2001）などがある．また日本で英語教育に携わる日本語に堪能な英語の母語話者の非公式な観察としてバーダマン（1995: 82-83）がある．
16) Matarazzo, Saslow, Wiens, Weitman and Allen（1964）によれば，聞き手によるうなずき（head nodding）には，話し手の発話の持続時間を長くする効果がある．うなずきは言わば非言語的なあいづちとしての機能を持つと考えられる（杉戸1989）．
17) ただし，森岡（1980: 24）のいう「分担表現」には次の例のように質問と応答からなるペアが含まれている．
    (i) a.「相手の人は？」「雑貨屋の次男坊だ.」
        b.「汽車は？」「ひかり5号です.」
本書ではこのような隣接対は単一の文ではなく，二文からなる対話とみなす．したがって，「共話」には含めない．
18) なお，この例における文末の「んだね」は第二話者の発話に述べられた認識を第一話者も共有していることを確認し，それによって第二話者の発話が第一話者の発話を補完して単一の文を完成させるものとして妥当なものであることを確認する機能を持っている．
19) なお，ザトラウスキー（2003）は，共同発話（本書で言う共話）において，第二話者による発話が第一話者の立場からなされる場合と，第二話者自身の立場からなされる場合とがあることを示し，その詳細を論じた研究である．
20) 言うまでもないことだが，共話的な補完がつねにうまくいくわけではない．
    (i) 03 A: えーと，どっちでもいいんですが，たぶんに，えー，〈笑いながら〉
            写真のほうが先にそろうってゆうことは，★往々にしてあるんです．
        03 E: →あ，ないですねえ.←
        03 E: あるんですか.〈笑い〉
        03 A: ええ.〈笑い〉
                              （現代日本語研究会 1997: Nos. 748-751，本田 1997: 201）
なお，現代日本語研究会（1997）からの例においては，発話の途中で，次の話者の発話が始まった場合，次の話者の発話が始まった時点が「★」で表されている．また，前の発話に重なった部分は始まりが「→」，終わりが「←」で示されている．

「↑」は上昇イントネーションを表し，「♯」は聞き取り不明の箇所を表す（遠藤・尾崎 1997: 28-29）．
21）「共話」に相当する現象は英語の会話にも存在することが報告されている．Duncan（1973: 38）には "auditor back-channel communication" の一種として "sentence completion" が挙げられ，説明として "From time to time the auditor would complete a sentence that the speaker had begun. In such a case, the auditor would not continue beyond the brief completion; the speaker would continue his turn as if uninterrupted." と述べられている．また Ford and Mori（1994: 39-40）には "co-constructed extension" ないし "collaboratively produced causal extension" の例として次の会話が挙げられている．
　　（i）　D: They won't like the taste of boiled water, ya know, they you offer them boiled water, (ah.)
　　　　　W: The ta-what ta-?
　　　　　D: There's no ta-there's no taste to it.
　　　　　H: Because it gets flat.
　　　　　D: Yeah.
22）Ford and Mori（1994: 41）によれば，(299b)のような主節先行型の構造は，話し言葉における「から」の使用例の約半数を占める．ただし，「ば」「たら」「と」「とき」といった条件や時を表す接続助詞の場合には(299a)のような主節後続型が圧倒的に多く，したがって主節先行型は因果関係を表す接続助詞の特徴ということである．また，英語の場合にも類似の傾向が認められるということである（1994: 33）．
23）ただし，実際の会話においては，この二つの区別が曖昧になることがある．下記（302f）参照．
24）本章に言う「事態レベル」「認識レベル」「言語行為レベル」は，Sweetser 自身の用語ではそれぞれ "content level", "epistemic level", "speech-act level" である．
25）ここでは発話としての自然さを保持するために主節の文末に「ね」「よ」などの終助詞をつけ，主節の述語形式を一部「のだ」にした．ただしこれは厳密な記述を意図したものではない．これらの要素の振舞いについては本章とは独立により精確な記述が必要となる．
26）Ford and Mori（1994: 54-55）に例が挙げられているが，あまりはっきりした例ではない．なお，この現象は日本語の「から」には見られるが，英語 *because* には見られないとのことである（Ford and Mori 1994: 56）．
27）「くせ」のような名詞から接続助詞への転化の（名詞の語彙的な意味に動機づけられた）メカニズムの詳細については，本多（1997b）を参照されたい．
28）日本語における言いさし構造は話し言葉に限定されるものではなく，次の例のように，書き言葉にも現れる．

(i) 私はこの小冊子を，このようなことばの研究の入門書の一つとして役立てて頂ければと思っている．
(cf. (この小冊子を) このようなことばの研究の入門書の一つとして役立てて頂ければ)
(鈴木 1973: まえがき)

西村義樹氏 (1996年12月，私信) によれば，外国人に対する日本語教育の授業の教材として鈴木氏のこの著書を使用した際に，この部分でつまずく学生が多かったということである．

29) 逆に，形式上複数の発話に分断されていることを根拠にこの「から」を接続助詞の「から」と区別してしまうと，接続助詞のみならず，(291) に現れる係助詞「は」を初めとするすべての係助詞，格助詞に関して，文中用法と文末用法を区別しなければならなくなると思われる．

30) この例においては「だって自分の意見全然入ってないじゃない」と「ぼくはどっちかっていうとオリジナリティを求める方だから」の二つが「ぼくだったらそういう子には悪い点あげるね」の理由づけとして機能している．「だって」と「から」の違いに関しては Ford and Mori (1994: 3.2) で議論されている．

31) 1997年初夏に放送されていた「サッポロ玉露入りお茶」のコマーシャルには「いい人いないね」「じっくり選んでるからね」という会話 (7.4 節 (224)) があった．人工的に作られた会話であるが，これも共話の例といえる．

32) 「★」「→」「←」については注20参照．

33) この例においては，「コウイチ行っといで」が発話されたあとにヨシオの帰宅という出来事が生じ，それを受ける形で「ヨシオが配達すりゃあいいから」が発話されている．すなわち，「コウイチ行っといで」という発話の時点においては「ヨシオが配達すりゃあいい」という理由は存在しなかったことになる．これは行為に対する意味づけが事後的になされている例である．また，発話があるプランの実行として行われるのではなく，話し手をめぐる状況の変化に応じて柔軟かつダイナミックに変化していくことを示しているという点で，この例は本章冒頭の Goodwin の例に似ている．

34) たとえば「住所を教えてください」という質問文に対して，「駿河台大学は飯能市阿須698です」と言語的な行為で応答することと，鞄から名刺を取り出して手渡すという非言語的な行為で反応することは，同じ伝達効果を持つ．なお後者の場合，「ちょっと待ってください」などというような言語行為を伴うことが多いが，この発話は「駿河台大学は飯能市阿須698です」という発話と等価であるとは言えないため，ここでの議論とは無関係である．

35) 言語行為の理由を自己言及的・遂行的に提示するということは言語行為に対する「主体としての捉え方 (subjective construal (Langacker 1985, 1990; 11.3 節参照)や遂行文に関係すると思われるが，これは今後の検討課題である．

36) 関係節を含む節などを考えると厳密には「単一の節からなる」とは言えないが，それは当面の議論には関係しない．
37) Traugott（1999）においては「話し手による聞き手の解釈の先読み」というかたちで聞き手の役割がより重視されているが，それでも文が話し手によって単独に完成されると考えている点には変わりがない．
38) 本章では十分に論じることができなかったが，相互行為としての文構築における聞き手の役割を論じる際には，「あいづち」「共話」という音声的な振舞いだけでなく，「うなずき」（Matarazzo et al. 1964，杉戸 1989，喜多 1996）「視線」「アイコンタクト」という非音声的な振舞いも考慮に入れる必要がある．これらを言語行為と非言語行為として明確に区別した上で異なる取り扱いをするのではなく，すべてを相互行為としての文構築に参与する営みというレベルで統一的に把握すべきであり，文法化の議論においてもこれらのすべてを（「聞き手の推論」とも関連づけて）考慮に入れるべきであると考えられる．
39) キャッチボールモデルに対する同様の批判が Scheflen（1982），佐々木（1987: 151）にある．
40) 森藤・塩瀬・藤井・岡田（2003）は会話をビーチボールバレーに見立てるメタファーを提案している．
41) Hopper（1987, 1996）の emergent grammar は談話に先立って存在する心的表象としての文法の存在を否定し，文法を談話のもつ創発的な特性と見る点で，茂呂の立場に近いと考えられる．
42) 注 41 で言及した Hopper の emergent grammar を除く．
43) ただし橋本敬氏の一連の研究（Hashimoto 1997, 1998 a, 1998 b, 橋本 1999, 2000 (http://www.jaist.ac.jp/~hash/papers/)）は，複数の個体が言語的に相互作用するなかで各個体に言語に関わる知識が立ち現れてくる様子を計算機上でシミュレートしており，使用依拠モデルの発想を他者との相互作用という観点から構成的に捉え直した研究として注目に値するものである．

第 10 章

見えの共有と統語現象

10.1 はじめに

　共同注意についての前章の議論を踏まえて，本章では，見えの共有という意味での共同注意が文法構造の成立にどのように関わっているかを現代日本語の統語構造とのかかわりで検討する[1]．前章で導入した理論的な道具立てに加えてここではさらに，「相互行為の中で構築される発話の意味」「言語発達の二つの段階」「個体の言語発達と文法化の並行性」を導入する．それらを踏まえて，現代日本語に見られる統語現象のうち，一語文，一名詞句文（連体修飾構造），現象描写文，左方転位，無助詞格成分について検討する．また，それらとの関連で，日本語の「ほら」と，日英語の現象描写文の諸側面に触れる．

10.2 理論的な道具立て

10.2.1 相互行為の中の発話

　言語表現や行為が状況の中で帯びる意味は，発話者や行為者によって専権的に決められるものではないということは広く知られている．これは言語学ではいうまでもなく語用論の問題として取り上げられている．
　古山 (2000a) は「寒くなってきましたね」を例にとり，この発話の意味が相互行為的に構築されていく様子を次のように説明している．

(326) このことを念頭に「寒くなってきましたねぇ」という上司の発話を再度考察してみよう．この発話に対して聞き手である部下が「窓を閉めましょうか？」と返事をしたと仮定しよう．これは1つのアップテークである．それに対して上司が「いやいや，そんなつもりではなかったんだ」と答えているにもかかわらず部下が窓を閉め，上司がそれに対して「ありがとう」と応じる等々．ある発話の意味がそれに続く発話が談話というテキストにどう織り込まれるかによって，微妙ではあるが確実に変化しているのが分かる．それは談話に新たな発話が加えられることによって周りの発話との間の指標関係が変化し，談話の中で占める位置が変化することで生じる意味の変化である．そしてこの意味の変化が言語の規則性を創出させ，それを常に更新し，そのようにして創出してくる規則性がその後の言語使用とアップテークを更に規制する．

(古山 2000a: 72)

　このほかにも，たとえば文学批評理論では Fish (1980) が，テクストを成立させるのは書き手でも読み手でもなく，解釈戦略を共有する解釈共同体であり，テクストとは解釈する行為それ自体の中に立ち現れるものであるという魅力的な主張を展開している[2]．

　本書の問題意識との関連では，9.2.5節で言及した岡田（2000a: 1.3）の「グラウンディング」の概念が有効である．本書で取り上げている共同注意との関連では，グラウンディングは一つには，聞き手が話し手との共同注意関係に入ることを承認することを示す信号とみることができる．

　さらにグラウンディングはモノローグと対話の区別にも関わる．共同注意とは，複数の人間が互いに注意を向け合っているということを含むものである．これは，聞き手となる人が相手（話し手となる人）の投げ出したものを受け止める態勢にあるということである．ここから，共同注意が成立している状況では，純粋なモノローグが成立しえないと言うことができる．話し手の当初の意図としてはモノローグとして発話されたものでも，聞き手がそれに答えてしまえば，聞き手の反応はグラウンディングとして機能し，当初モノローグとして意図されていた発話はその時点で対話の一部を構成してしまう．そしてこの限

りにおいて，モノローグと対話の区別は意味を失う．

10.2.2 言語発達の二つの段階：指し言語→語り言語

9.3.1 節で，Gibson の言語観の一端を紹介した．それは，言語は話し手が知覚しているものを同時に他者に知覚させる働きを持つものである（Gibson 1966: 26），すなわち本書の枠組みで言うならば言語には共同注意を成立させる働きがある，というものであった．その議論で Gibson が「言語」として想定していたのは語である．

Gibson（1966）はさらに，言語の特徴としての「語り（predication）」に言及している．Gibson のいう「語り」とは「事物について述べること（the making of statements about things）」（Gibson 1966: 26）であり，これは文法（grammar）と関連づけられている（1966: 281）．また「語り」と「文法」は，それぞれ「ラベルづけ（labeling）」と「語彙（vocabulary）」との対比関係におかれている（1966: 281）．

この Gibson の言語観を踏まえて，Reed（1995, 1996）は，子どもの言語発達の進み方として，「指し言語（indicational language）」から「語り言語（predicational language）」へという二段階からなる経路を想定している．「指し言語」とはほぼ指さしを言語化したものと言えるものである．文法構造をもたず，それぞれの子どもに特有の形式をもつ．一方「語り言語」とは，子どもの属する言語共同体で共有されている規範にのっとった言語形式をもち，また，規則に従った文法構造をもつ「生成的な言語（generative language）」である．つまり指し言語と語り言語の違いは「各子どもに固有の形式をもつか，共同体の中で認められた形式をもつか」「統語構造をもたないか，もつか」ということにある[3]．

Reed のこの議論を参照しつつ，本書では，「指し言語」と「語り言語」を次のように捉え直した概念を採用する．まず，「各子どもに固有の形式をもつか，共同体内部で認められた形式をもつか」という点は本書では考慮しない．本書は大人の文法知識を問題としているので，共同体内部で認められた形式のみを取り上げる．第二に，本書では「語り言語（predicational language）」という概念を，文法構造全般ではなく，「題目に対する解説」と捉えることにする．文

法構造の中でとくに共同注意との関連が深いのは，題目と考えられるからである．

したがって，「指し言語」とはほぼ指さしを言語化したものと言えるもので，共同注意的な場面，すなわち相手がこちらからの働きかけを受け止めてくれる態勢にあるとこちらが期待できる（こちらの投機行為に対するグラウンディングが期待できる）場面において，題目を選択し，相手の注意をそれに向けさせる言語のことになる．別の言い方をすれば，相手が受け止めてくれることを期待しながら相手の前に題目を投げ出す言語が指し言語である．相手がそれを受け止めてくれることによって，自分が興味を抱いている対象を相手が共有してくれる，すなわち共同注意が成立することになる．

一方「語り言語」としては，題目を選択し，相手の注意をそれに向けさせた上で，それについて語る言語を考える．別の言い方をするならば，指し言語という形で相手の前に投げ出した題目について，何かを語るところまで到達している言語を語り言語とする．

以上を本書のこれまでの議論とつなげるならば，指し言語は見えの共有を成立させることによって相手との共感を生み出す機能をもつと言える．また語り言語は相手との共感を基盤とした伝達行為のための言語であると言える．

この考え方では，Gibson や Reed のもともとの見解とは異なり，指し言語と語り言語をそれぞれ語と文に対応させることはしない．以下に見るように，文の中には本書の意味での語り言語に含まれるものばかりではなく，指し言語的な性質を強くもつものもあるからである．

10.2.3 個体の言語発達と文法化の並行性

指し言語から語り言語への移行として Reed が考えているのは，個体発達のあり方としての子どもの言語発達のあり方である．一方で Givón (1979) は，言語の個体発達の道筋として「初期の状況依存的な語用論のモード (early pragmatic mode) からのちの，統語構造をもつ自立的なモード (later syntactic mode) への移行」を提示し，それが系統発達ないしはいわゆる通時態としての言語変化のあり方としての，「ゆるやかな並置 (loose parataxis) からきっちりとした構造を持つ統語的な結合 (tight syntax) への移行」と並行していると述べてい

る．これは，個体の言語発達のあり方と文法化（文法構造の成立）のあり方とが並行しているという考え方である．また，文法化の考え方においては，言語の共時的な姿は通時的な変化の積み重なりとしてのあり方を残していると考えられる．

以上から，指し言語から語り言語への移行という個体発達のあり方に対応する構造が，現代日本語文法の中に認められるのではないかという見通しが成立する．次節以降ではこの見通しに沿って現代日本語の統語現象を見ていくことにする．

10.3 指し言語の諸相

10.3.1 一 語 文

現代日本語（の大人の文法）において指し言語的な色彩を色濃くもつ統語現象としては，一語文，一名詞句文（連体修飾構造）と現象描写文を挙げることができる．

一語文の例としては，たとえば次のようなものがある[4]．

(327) ごきぶり！／お茶！

これらの発話は，モノを相手に対して提示してそれに注意を向けさせる行動に対応すると考えられる．ただしモノそれ自体を提示するのではなく，言語表現という表象を介して共同注意を達成している．すなわち，モノの表象を題目として投機しているわけである．指し言語である一語文は指さしと同様の機能を帯びていると考えられる．

一語文に関して，尾上（2001b）は独在論的な観点からモノローグ的としている．尾上（2002）は見えの共有による共感の形成（cf. 9.4.1節）に相当する考えを取り入れながらも，やはりモノローグ的としている．それに対して宇野・池上（2003a）は一語文を共同注意と関連づけて捉えて対話的としている．本章の立場は，10.2.1節で述べたことがそのまま適用される，というものである．すなわち，共同注意が成立している状況では純粋なモノローグが成立しえないため，その限りにおいてモノローグと対話の区別自体が意味をなさなくなる，

という見方が一語文に関しても有効であると考える．
　一語文の表現構造を考えると，たとえば，
　　（328）　a. お〜い，お茶！
　　　　　　b. あっ，ごきぶり！
においては，先行する「お〜い」「あっ」は，相手の注意をまず話し手自身に向けさせる機能を持つ (cf. 9.3.2 節（282b))．そして「お茶」「ごきぶり」が表象提示の部分である．
　また，「お茶！」にはたとえば「お茶がほしい」（存在希求（尾上 2001b, 2002))のような話し手の感情的経験を伝える機能があり，また「ごきぶり！」では不快感，恐怖感，緊張感などが伝達される．これらが提示された題目に対する解説に相当する．一語文がこれらを伝達するメカニズムとしては，一つには見えの共有による共感の形成がある．尾上（2002）は事実上この立場をとっていると言える．次の引用は直接には喚体句についての議論であるが，尾上は同様の議論が一語文にも成り立つとしている．

　　（329）　発話現場において話者の心に浮かんだものを，（なぜ浮かんだかを
　　　　　　言わず）ただコトバにして発する．それを心に浮かべた話者の心
　　　　　　情は，聞き手に了解される．述語を使わないで（＝述べないで）
　　　　　　意味が伝達される文である喚体句とは，そのような特別な意味表
　　　　　　現のあり方をする文なのであった．話者の心を場としてあるモノ
　　　　　　（またはコト）が浮かぶ，その浮かんだモノ（コト）だけをことば
　　　　　　にして発するというタイプの文であり，そのとき話者は無化され
　　　　　　る．この伝達（理解）は聞き手責任に委ねられる面が極めて大き
　　　　　　い．そのような話しことば的な聞き手依存が和歌などの書記言語
　　　　　　においてさえ定型として公認されているところに，日本語の伝達
　　　　　　の聞き手依存性の高さが見てとれる．　　　　　　（尾上 2002）

　見えの共有による共感の形成のほかに現実の発話場面において有効に機能するストラテジーとしては，指さしやジェスチャーをはじめとする行為がある．「お茶！」を例にとれば，この発話に伴いうる行為として，たとえば次のようなものがありうる．

　　（330）　a. お茶の入った湯のみを差し出す．

b. お茶を指差す．
　　　c.「飲む」／「大きい」などのジェスチャーをする．

　(330a) においては，この場合の発話の目的であるモノの提示それ自体が行為として具現化されている．(330b) のような場合には，発話と指さしは冗長であるので，伝達の機構は見えの共有による共感の形成のみの場合と変わらないと考えられる．

　とくに注目に値するのが (330c) である．この場合，発話と行為がそれぞれ題目と解説に対応することになる．Reed（1996: 160-161; 邦訳 334-336）はこれを，指し言語から語り言語への移行の準備段階として重視している[5]．

　このように，一語文は題目提示の一種と考えられる場合がある．近年の文法化の議論においては題目語から主語への文法化が注目されることが多いが，日本語ではその現象は起こっていない．日本語の主格「が」は所有格に由来している．このことの持つ意味合いについては次節および次々節で論じる[6]．

10.3.2 一名詞句文（連体修飾構造）

　次のような一名詞句文も，指し言語的な色彩を色濃くもつ構文である．
　(331)　a. きれいな花！
　　　　b. ひろい部屋！

　これらは一語文と同様の表現機構を持つと考えられる（cf. 尾上 2001b）．すなわち，モノを表象の形で相手に対して提示してそれに注意を向けさせる，共同注意のための発話であり，モノの表象を題目として投機する発話である．題目に対応する解説に相当するものが見えの共有による共感形成によって伝えられることにより，これらの文は感嘆などの話し手の感情的経験を伝える表現となる．

　本章ではこれをモノのレベルでの投機と考えるが，これらが統語構造上述語を含む連体修飾の構造をもつことから，コトを投機する発話と考える立場もありうる（尾上 2001b）．これらをモノのレベルと考えるならば，これらと一語文を合わせて「一名詞句文」と呼ぶ可能性が出てくる．一方これらをコトのレベルで捉える尾上（2001b）においては，これらと喚体句との関係が検討されている．

英語では，一名詞句文に相当する感嘆表現として，次例のような，裸名詞句による感嘆構文（The Bare-NP Exclamative）がある（Michaelis and Lambrecht 1996: 387-388; 強調原文のまま）.

(332) a. The things I put UP with around here.

b. The NERVE of that man!

(331)のような一名詞句文との関連で興味深いのが，(333)のようなフィリピン諸語における一名詞句文である．Shibatani（1991: 108）によれば，これらも感嘆（exclamation）の表現として用いられる．

(333) a. Ka-gwapu sa imung balay! （セブアノ語）

NOMI-beautiful GEN your house

'How beautiful your house is!' (lit: The beauty of your house!)

b. Ka-taas ni Juan! （セブアノ語）

NOMI-tall GEN Juan

'How tall Juan is! (lit: Juan's tallness!)

c. Ka-bait ni Maria （タガログ語）

NOMI-kind GEN

'How kind Maria is! (lit: Maria's kindness!)

これらは構造上，属格＋名詞句という形を持っている．日本語においてこれらに対応する表現構造としては，一つには次のようなものを挙げることができる．

(334) a. 夜空を貫く白球の美しさよ

b. 人の世のはかなさよ

しかしここで日本語の歴史を振り返ると，次の二つの現象に思いいたる．一つは，よく知られているように，日本語においては所有格から主格への文法化が起こっているということである．その痕跡が，現代語においてはたとえば(335)の「が」「の」の分布として確認することができる．

(335) a. 我が家／私がやりました

b. 私の家／私の住んでる家

いま一つは，やはりこれもよく知られていることだが，かつての日本語において名詞化構造の機能を果たしていた連体形が，係り結びの消失に伴って終止

以上を踏まえ，(336) をある時期の日本語の文法規則にしたがって解釈すると，それはフィリピン諸語における (333) と同様（あるいは現代日本語における (334) と同様）の構文と解釈できることになる．

(336)　XがYする／している／した

(336) のような構造をもち，なおかつ共同注意を成立させるのに用いられ，さらにある種の感嘆を表現する効果を持つ文の類型として，現象描写文の一部を挙げることができる．

10.3.3 現象描写文

前節で述べたように，フィリピン諸語で感嘆を表す (333) に対応する日本語の現象の二番目の例として，一部の現象描写文を挙げることができる[8]．

(337)　a. からすが飛んでる．
　　　　b. 雨が降っている．　　　　　　　　　　　　（三尾 1948: 46）
　　　　c. わぁー，空がとても青い．
　　　　d. 見てみな，波が荒いよ．
　　　　e. おーい，山の端が真っ赤だ．
　　　　f. あっ，隣が火事だ．　　　　　　　　　　（仁田 1991: 123, 124）

三尾 (1948: 64-65)，仁田 (1991: 122) によれば現象描写文とは，ある時空のもとに生起，存在する現象をそのまま主観の加工を加えないで言語表現化して述べ伝えたものである．主観の加工・判断作用を加えていない文であるため，仁田 (1991) の言う「判断のモダリティ」は存在しない．したがって，文としては無題文であり，文全体が新情報の提示となる[9]．そして現象描写文のなかに感情体験を意味するものがあるという指摘が国語学の文献でなされている[10]．

本章の枠組みでは，(337) のような例は，知覚者・話者の視野の中にある〈コト〉を表象の形で相手に対して提示してそれに注意を向けさせる，共同注意のための発話であり，コトを分析せずに丸ごと表象化して題目として投機する発話である．題目を受ける解説に相当するのはコトの認識に伴う話者の感情的な経験であるが，これは見えの共有による共感形成によって伝えられることになる[11]．

形としての機能を帯びるようになった，ということである[7]．

なお，実際の発話場面において用いられる現象描写文には，(337c–f) の「わぁー」「見てみな」「お～い」「あっ」のような表現が伴うことが多い．これらは (328) のような一語文における「お～い」「あっ」と同様に相手の注意を話し手自身に向けさせる機能を持つ (cf. 9.3.2 節 (282b))．(337a, b) のような注意喚起の表現を伴わない発話は，書き言葉やフォーマルな話し言葉ではともかく，通常の話し言葉にはほとんど現れないといえるだろう．

現象描写文の類型として仁田は「眼前状況を表す現象描写文」「近接未来の兆候を表す現象描写文」「過去の出来事を報道する現象描写文」「現在有している予定を表す現象描写文」の四つを挙げているが，当面重要なのは最初の二類型である．以下にその例文を挙げる．

(338)　眼前状況を表す現象描写文
　　　a. 子供が運動場で遊んでいる．
　　　b. あっ，向こうからお嫁さんが 来る／来た． 　　(仁田 1991: 125)
　　　c.*私／*あなた／子供 が走っている． 　　(仁田 1991: 127)

(339)　近接未来の兆候を表す現象描写文
　　　あっ，荷物が落ちる． 　　(仁田 1991: 127)

(338) は，話し手にとっての眼前の見えをそのまま捉えて表現したものである．話し手の視野の中に話し手自身の姿はないから，主語として一人称代名詞が現れることはできない (338c)．また，二人称代名詞が主語になれない（同じく (338c)）理由については，現象描写文が見えの共有という意味での共同注意にかかわっていることから説明できる．(282d) で述べたように，見えの共有は話し手と聞き手が（ほぼ）同じ視座から同じものを見ることによって達成される．眼前状況を表す現象描写文においては，話し手と聞き手はほぼ同じ位置から同じ事態を見ていることになる．したがって，聞き手の姿は，話し手の姿と同様に，話し手自身にとっても聞き手にとっても視野の中に含まれないことになる．そこで聞き手の姿は音形を持つ人称代名詞では表現できなくなるわけである．

(339) の「近接未来の兆候を表す現象描写文」においては，文中に述べられた出来事はまだ生起していない．しかし生態心理学的な観点からは，これは出来事に対する予期的な知覚に基礎づけられていると考えられるため，(338) の

ような眼前状況を表す現象描写文と同等に扱ってよいと考えられる．

以上で現代日本語における指し言語的な構文の検討を終え，次節では語り言語的な構文を検討する．

10.4 語り言語

10.4.1 左方転位

指し言語的な構造が文法化を経て文の構造に組み込まれることによって成立した構文として，(広義の) 題目を含む諸構文がある．ここではその例として，左方転位と無助詞格成分を取り上げる．

左方転位 (left dislocation) とはたとえば (340a) のような構文である．

(340)　a. The play, John saw it yesterday.

　　　　b. John saw the play yesterday.

(340a) の左方転位構文では，(340b) の *the play* のように通常文中に現れる要素が文頭に置かれ，それと同一指示の関係にある代名詞 (*it*) がもともとの位置に残存する．

日本語の左方転位構文の例を挙げる．

(341)　a. 教科書やマニュアルに沿って教えていても，なぜか出てくる学習者の誤用．それは日本語教師なら，だれでも一度は陥る「落とし穴」でもあります．

　　　　　　　　（『日本語教科書の落とし穴』案内；〈http://home.alc.co.jp/db/owa/sp_item_detail?p_sec_cd＝31&pitem_cd＝7099781〉）

　　　　b. で，えー，青い字でー，ふた (2) 文字，これが，あの項目の，記号です．　　　　　　（現代日本語研究会 2002: No. 9609）

　　　　c. それからあのー，こちらでも，中国に留学するってのは，あのー，留学志望動機ね↑，それは必ずあのー [名字] さんとこで確認してくれる↑　　（現代日本語研究会 2002: No. 610）

　　　　d. 小さいことだけどー，ヘアダイした人の，耳キャップ，あれはみんなはずしてー，お客さんだけ洗ってー，

e. ［学校名］大学，これは，さん，あの，たいれん（大連）でしょ↑
(現代日本語研究会 2002: No. 571)
f. 「私用電話の禁止，業務時間中（ちゅう），これを徹底してください」
(現代日本語研究会 2002: No. 3604)
g. でー，かなを入れる場合はー，アルトキー，これを押しながらこれを押すとー，ここを見ててて下さいね．
(現代日本語研究会 2002: No. 9416)

(342)　（日記本文）
空港のトンカツ屋とは
私の愛する「かつくら」ですね！
　　…
（やや離れたところにあるコメント）
→ YADA（2002/07/21（Sun）18:29）
かつくら．あそこはいいね．
→ あさ（2002/07/21（Sun）18:43）
うん．実にいい．[12]

　(341)においては，左方転位構文が聞き手の注意が向いていない新規の対象を談話に導入する機能を果たしている．転位部分が題目となり，それに対する解説に当たる部分が後続の節で述べられている．(341c)の転位部分に現れた上昇のイントネーション（↑）は，明示的なグラウンディング要求と解釈することができる．これは左方転位構文の相互行為性を示唆するものである．また(341a)(342)においては転位された名詞句に読点ではなく句点が打たれており，形式上独立した一名詞句文として表記されている．しかしこの句点を読点に置き換えて名詞句を後続部分とつなげて，全体を左方転位構文として解釈することが可能である．この事実は，逆に言えば，左方転位構文における転位された名詞句を一名詞句文として解釈することが可能であることを示している．これは左方転位構文と一名詞句文とのつながりを示唆している．

　(342)はある研究者によるWeb日記の一部である．ここで用いられている日記システムは，書き手の記述に対して読み手が自由にコメントをつけること

ができる（「ツッコミ」と呼ばれている）ことを特徴としている．ただしツッコミはその日の記述の一番最後の文章の下に表示されるので，ツッコミの対象となる日記の記述とそのツッコミとの間のスペースには別の話題に関する記述が入っていることが多い．この日の記述の全体を実際の画面上で見ると，いくつかの話題について語られた記述がある下に，「かつくら」を取り上げた記述（「空港の…ですね」）が現れ，次にまた別の話題についての記述があり，そして「かつくら．あそこはいいね」というツッコミがくる，という構成になっている．したがってこの場合，「かつくら．あそこはいいね」という左方転位構文における転位部分の「かつくら」は，いったん変更された題目をもとに戻す機能を帯びていることになる．

このように，左方転位構文においては，転位された部分が題目として機能する．後続部分は解説となる．対象を表象として投機することによってそれに対する共同注意を成立させ，しかる後におもむろにそれについて解説を語る，という構文になっているわけである[13]．

英語の左方転位構文の詳細な検討を提示した Geluykens (1992) は，この構文が多くは話し言葉，とくに会話で用いられる，本質的に話し手と聞き手の相互行為によって構築される構文であり，〈話し手による転位要素の提示（多くは談話への新規の指示対象の導入）〉→〈聞き手による承認〉→〈話し手による，転位要素と同一の要素を含む命題の提示〉という三段階の構造をもつとしている．この見解は本章の見解と軌を一にしている．なお，Geluykens の言う「聞き手による承認」は本書で言う「グラウンディング」，すなわち共同注意関係に入ることを聞き手が承認する信号に相当する．

10.4.2 無助詞格成分

左方転位構文における転位部分は文の統語構造において冗長的であり，その限りにおいてかなり独立性が高いものであったが，文のより中核的な部分に関わるものとして無助詞格成分がある．

(343)　a. はさみある？
　　　　b. はさみはある？
　　　　c. はさみがある？

(344) a. 朝ごはん食べた？
b. 朝ごはんは食べた？
c. 朝ごはんを食べた？

　(343a)（344a）に現れているような無助詞格成分は話し言葉に典型的に見られるものであるが，尾上（1996），丸山（1998）[14]などで述べられているとおり，格助詞や係助詞が単純に経済性に動機づけられて省略されたものではない．その証拠に（343a）は（343b）とも（343c）とも異なる意味を持つ．（344a）に関しても同様である．

　このような無助詞格成分については，古くは三上（1960）が指さしや目配せに類似した題目提示の手法であるとしている．丸山（1998）もやはりこれを主題性を持つ名詞句の表示の一つのあり方と捉え，長谷川（1993）を受けて「取りだし」という術語でその性質を捉えようとしている．

　長谷川の「取りだし」とは，「話し手が聞き手に伝えたいことがらの基盤となるものを取り出して聞き手に指し示す」（長谷川 1993: 162）ことである．これは一般的な術語で言うならば「題目提示」機能であり，本章の用語で言うならば「指し言語」の果たす機能にほかならない．「取りだし」の機能はさらに「信号性」の機能と「やわらげ」の機能に分けられる．このうち「信号性」機能とは「聞き手の注意を喚起しようとして合図を送るためにある語句を取り出す機能」であり，それは無助詞格成分の場合には「伝えたいことの基盤にあることをまず先に取り出し聞き手に注意を喚起する，という聞き手に対する働きかけ」（1993: 163）である．これは本書の用語で言えば共同注意を成立させる機能である．

　本章ではこのような無助詞格成分を，指し言語的な表現としての一名詞句文が文法化を経て語り言語に組み込まれたものと考える．指し言語は題目を提示する言語であるから，この見方は三上（1960），丸山（1998），長谷川（1993）の洞察と軌を一にする．（343a）（344a）に関して言えば，「はさみ」「朝ごはん」が一語文相当の指し言語として共同注意の対象としての題目を投機する．「ある？」「食べた？」がそれぞれの題目に対応する解説に当たる部分となる．文全体としては語り言語となる．投機した題目に対する聞き手のグラウンディングを話し手があいづち，うなずきなどのような明示的な形で求める場合には題

10.4 語り言語   253

目語の後にポーズが入ることになるが，グラウンディングの要求が明示化されない場合にはポーズなしで発話されることになる．

　加藤（1997b）は「ゼロ助詞」について，これが主節現象であることを指摘している．主節現象が話し手と聞き手の間の関係づけに関わる現象であること，そして共同注意がやはり話し手と聞き手の関係に関わることであることを考え合わせれば，本章の立場は加藤の観察にも自然な説明を与えられることになる．また藤原（1992）は無助詞格成分に関して「話し言葉のうち動能的な機能を有するものに限られる」として，聞き手に対する働きかけの（conative）側面があることを指摘しているが，この洞察についても同じ説明が適用される．

　藤原（1992）はさらに無助詞格成分の表現効果として「親近感」を挙げているが，これは無助詞格成分を共同注意による共感形成に基盤をおく構文と考える本章の立場では自動的に説明される．また同論文は無助詞格成分に対者敬語に相当する機能があるとするが，これも共感形成の一つの現れ方と捉えることができる．楠本（2002）も同様に，情意という観点から無助詞文を分類している．

　そして，通常は「は」も「が」も伴わずに無助詞格成分を用いた文が用いられる状況であっても，あからさまな親近感を表現することが「馴れ馴れしさ」の現れとして忌避されるような場合には，「は」を伴った文が自然に感じられる文として用いられることになる．

　　（345）　すみませんけど，はさみはありませんでしょうか？

　　　　　　　　　　　　　　　　　　　　　　　　　　　（甲斐1992: 100）

無助詞格成分と題目提示の「は」および格助詞との違いについて，丸山（1998: 126-127）は以下のようにまとめている．

　　（346）　a. 無形表示は中立的（無色）．ハやガのような排他性を持たない
　　　　　　　　→ ハやガで排他性が強く出すぎるときには無形表示を使う．
　　　　　　b. ハは本来大きな結合を担い，ガ（ヲ）は小さな結合を担うが，
　　　　　　　　無形はその両方が可能．
　　　　　　c. 題目提示のハ：あらかじめ対象を措定
　　　　　　　　無形の取り出し：発話の時点で取りだし設定→基本的に，一語
　　　　　　　　文及びその延長としての二語文と同じ機能．
　　　　　　　　　　　　　　　　　　　　　　　　　　（強調引用者）

「発話の時点での取り出し」という丸山の洞察は，本章の枠組みでは，指し言語が指さしなど，共同注意を成立させるための行為に相当する発話であることで捉えることができる．無助詞格成分を一語文と基本的に同じ機能と考える丸山の立場が本章の立場と一致することは言うまでもない[15]．

10.5 題目における既知と未知

　一般には，文の中で「題目」に相当するものは「既知」ないし「旧情報」に当たるものが多いとされる．これに対して，左方転位構文と無助詞格成分についての本節の議論は，聞き手にとって未知ないし新情報に当たるもの（あるいは少なくとも聞き手の注意がそれているもの）が題目として機能しうることを示している．これは一見特異な事実に見えるかもしれない．

　しかしながら実際には，「題目」と「既知」の間に論理的な相関関係を想定する立場には，一つの大きな問題点がある．それは，人間のコミュニケーションのあり方として，聞き手にとって既知の対象だけでなく，未知の対象を題目として取り立てることが必要になる場合もあるということが説明できなくなるのである．

　Geluykens (1992) によれば，ある要素が旧情報であるか新情報であるかはそれが先行文脈などから復元可能であるかどうかによるのに対して，ある要素が題目であるかどうかは後続の文脈との関連で決まる．この見解によれば既知であるかどうかと題目であるかどうかの間に相関関係を求めることには原理的な問題があることになる．すなわち題目には既知のものだけでなく未知のものもありうるわけである．

　本章の枠組みでは，これらは対象に聞き手の注意を向けさせるための構文として捉えられる．注意を向けさせるための構文であるということは，その行為以前には聞き手の注意がその対象には向いていないと話し手が考えているということである．したがってこれらの構文においては聞き手にとって未知の項目が現れることができるわけである．一方，何かについての共同注意を成立させるのは，それをめぐって話し手と聞き手との間に（共感をはじめとする）何らかの形の協調関係を構築するためである．何かをめぐって協調関係を構築する

ということは，そのものは題目としての機能を与えられるということである．すなわち，本章の枠組みでは，左方転位構文と無助詞格成分は聞き手にとって未知の対象を題目として取り立てたい場合に利用できる構文であるということになる[16]．

10.6 非視覚的な共同注意と言語表現

これまでは，視覚的と解釈できる共同注意を取り上げて現代日本語の統語現象へのその反映を見てきた．最後に，統語構造の成立とのつながりは明らかではないが，非視覚的な共同注意に言及しておきたい．

その第一は，視覚以外の感覚モダリティによる共同注意である．

(347)　「暑いですねえ」「ほんと，たまりませんねえ」

この種のやり取りは phatic communion（交感的なやりとり）の例として挙げられることがある．phatic communion とは人間関係を円滑に保つことを目的として言葉を交し合うことである．が，同時にこのやりとりは，非視覚的な事態への共同注意を成立させる過程として捉え直すことができる．したがって，見方を変えて述べ直せばこの例は，phatic communion における共感の成立を支えているのが共同注意であるという可能性を示すものである[17]．

非視覚的な共同注意のもう一つの形態として，共同想起を挙げることができる．岡田 (1997b) は，共同想起に，眼前に無いものへの共同注意を成立させる方略としての側面があることを示唆している．

関連性理論 (Sperber and Wilson 1995) で言う「相互認知環境」(mutual cognitive environment) は，共同注意の概念を非視覚的なレベルに拡張したものと位置づけることができる (金沢 1999)．また，語用論レベルでのコミュニケーションにおいてコードモデルを棄却して推論モデルを採用する同理論の立場は，本書の立場と並行する関係にある．どのような見えにそのつどどのような感情経験が結びつけられるかということは，社会的な慣習としてコード化されているわけではないのである[18]．

10.7 指し言語以前:「ほら」について

　先に指し言語との関連で「お～い」「あっ」などに言及したが，それとの関連で，ここで「ほら」に触れておく．大島 (2001) は「ほら」の用法を三つに分けている．

　第一の用法は現場指示の用法で，たとえば次のようなものである．

(348)　a. ほら，空いたよ．早くおいで．（電車の中での発話）
　　　　b. ほら，信号点滅よ．走って，走って．（横断歩道の手前でこれから渡ろうとするときの発話）

この場合の「ほら」は，「発話の場で，話し手が聞き手の注意を何かに向けるように促すときに用いられる」ものであり，その「何か」は「普通発話の場で発話の瞬間に観察可能」である．また，現場指示の用法には話し手と聞き手の間にある種の前提ないし共有知識が必要である．たとえば，

(349)　a. ほら，地震だよ．
　　　　b. ほら，揺れてるよ．

は，ぐらっときたひと揺れを突然感じたときの発話としては不自然であるが，次のような場合には自然になる．

(350)　ほら，地震だよ，はやく机の下に隠れて．（地震の避難訓練で待っていた開始の合図があった状況で）

(351)　A: なんだか揺れてるような気がする．地震じゃない？
　　　　B: 嘘．
　　　　C:（机の上のコップを指差して）ほら，揺れてるよ．

　この観察は，本書の枠組みでは，「ほら」を共同注意を成立させるための表現と捉えることで説明できる．「発話の場で，話し手が聞き手の注意を何かに向けるように促す」という場合，その「何か」とは話し手が注意を向けている対象であるから，これは共同注意の規定 (282b) の例に当たる．実際，大島 (2001) が挙げる現場指示の「ほら」の例は，ここに引用した例のように指し言語を伴って用いられているか，ないしは物の提示を伴って用いられているかのどちらかである．

　また，「共有知識が存在する状況」とは，状況の共有が成立しやすいために，

10.7 指し言語以前:「ほら」について

コトの認識に伴う話し手の感情的な経験が容易に特定できる状況ということになる.

第二,第三の用法は非現場指示的な用法である.第二の用法の例としては,次のようなものがある.

(352) A: うん,ところで,ねえ,この前貸した本どうした？
　　　 B: え
　　　 A: ほら,先月貸した「経済原論」の本.レポートに使うとか言ってたの,もう終わった？

この例における「本」は,「話し手と聞き手の眼前にあって二人で確かめ合える物ではないが,二人の共通の記憶の中に存在している物（正確には話し手がそう思っている）」である.つまり,この「ほら」には「共有知識の活性化」という機能があるというのが大島の観察である.これは本書の枠組みでは,共同想起,ないしは眼前にないものへの共同注意を成立させる機能と捉えることができる.

第三の用法は,第二の用法に類似するものだが,実際には共有知識は存在しないのだが,それをあたかも存在しているように語る用法である.

(353) L: なかなかこの時間は集まりにくいのよね,二時半って.
　　　 M: 結構,ほら,早くご飯食べなきゃいけないでしょう.
　　　 L: そう,そう,そうなの.

「二時半集合では,結構早くご飯を食べなければならない」はあらかじめ共有された知識ではないが,これを共同注意の対象として提示している点は他の用法と共通している.

第一と第二の用法に関して,大島 (2001) は,「和やかな談話を作り出し,二人の連帯感を高めていく」目的で使用されるとし,第三の用法については「実際に共有知識は存在しなくても,話し手は「ほら」を用いることで,あたかも存在しているかのように語ることによって,聞き手に近づき共有関係を作り出しながら和やかな談話を展開させようとしているのだと考えられる」としている.これは共同注意と共感形成に関しての本書の議論で捉えることができる.また「ほら」は,「会話参加者が親しくない場合や聞き手の方が目上である場合には現れにくい」としている.これは無助詞格成分が用いられない場合

(345)と同様である．

このように，「ほら」の機能は共同注意との関連で捉えることができる．しかしながら，「ほら」自体は注意の対象を具体的に特定するわけではない．その意味ではこの種の表現は，言わば指し言語以前の表現ということができる[19]．

10.8 現象描写文の諸相

10.8.1 進行形と感情表現

最後に，英語と日本語の現象描写文をいくつかの観点から検討しておく．まず取り上げるのは，英語の進行形に関して報告されている，「話し手のいらだち」を表す用法である．

(354) He is always finding fault with others.

これに類似した用法は，日本語の西日本方言にも報告されている．西日本方言におけるシヨル形式は，〈進行〉をはじめとするさまざまな機能を持つが，それらは英語の進行形の多義性と同様に説明できるものである（本多 2000a, 2000b, 2001a）．そしてこのシヨル形式は，英語の進行形の「話し手のいらだち」に相当する用法としては，他者の行為をいやしめて言うという機能を持つ．

(355) a. ぶつきよった！　（「ぶつけやがった」；広島方言）

（工藤 1998b: 10）

　　　 b. いらんことしよってからに　（「よけいなことをしやがって」；広島方言）　　　　　　　　　　　　　　　　　　　　　　　　　　（工藤 1998b: 10）

　　　 c. あいつ，けったいなこと言いよる　（大阪弁）

（友澤宏隆氏，私信）

本節ではこのような機能の由来について検討する．

まず，進行形には「直接観察」ないし「直接経験」[20]という表現性があること，すなわち進行形は眼前状況を表す現象描写文として機能することを確認しておきたい．

Goldsmith and Woisetschlaeger (1982) は，英語の進行形に，アスペクトを表す用法に加えてメタフィジカルな用法があるとする．後者の用法において，進

10.8 現象描写文の諸相

行形は「構造的な知識（structural knowledge）」と対比される「現象的な知識（phenomenal knowledge）」を表すとする．現象的な知識とは，「世界でどのようなことが起こるのか（what things happen）」についての知識であり，それに対して構造的な知識とは，「世界がどのようにできあがっている（ために，そのようなことが起こりうる）のか」についての知識である．つまり，進行形は具体的な出来事についての知識を表すものである，ということである．次の例で考えてみよう．

(356) a. The engine doesn't smoke anymore.
b. The engine isn't smoking anymore.

いずれも，故障して煙を吐いていたエンジンを修理した後の発話である．(356a) が実際にエンジンをかけてもかけなくても言えるのに対して，(356b) は，実際にエンジンをかけてみてその場で起こっていることを話者が観察して述べる場合にしか使えない．前者が構造的な知識の表現であり，後者が現象的な知識の表現である．また，

(357) a. The statue of Tom Paine now stands at the corner of Kirkland and College.
b. The statue of Tom Paine is standing at the corner of Kirkland and College.

においては，(357a) が市当局による正式な決定による設置について述べているのに対し，(357b) は目撃報告（eyewitness account）として使われる．

(356b) および (357b) についての観察から言えることは，Goldsmith and Woisetschlaeger の言う「現象的な知識」の表現としての進行形は，具体的な出来事についての知識の表現であると同時に，目の前で生じている事態を直接に観察して得た知識の表現であるという面を持つということである．すなわち，進行形には直接観察という表現性があるわけである．

さらに，直接観察は進行形に課せられたアスペクト上の制約を無化する．6.1.6 節で，次の例 (179b) は彫像が一時的にその広場に置かれていることを示唆すると述べたが，実はこの文も恒久的な設置を表すことがありうると Langacker は述べている．

(179) b. A statue of George Lakoff is standing in the plaza.

恒久的な設置を表すには通常進行形は使えないはずであるが，この文について Langacker（1987a: 87）は，"someone's immediate (hence temporary) perception of its location" を報告するのに用いることができると述べている．つまりこの場合，話し手による直接観察という意味的な特徴があり，それが関わることによって進行形に対する有界性の制約がなくなっているわけである．

同様に，直接観察が有界性の制約を無化する現象は，次の例にも見られる．

(358) a. You amaze me — you're always knowing things that I would expect only an expert to know.
b. It's uncanny — whenever I run into you, you're always looking like some other person I know.
c. Whenever I see you, you're always just having returned from a vacation.　　　　　　　　　　　　　　　　　(McCawley 1988: 223)

know は非有界な事態（始まりと終わりが存在しない事態）を表す静態動詞であるため，通常は進行形では用いられないが，それが（358a）においては進行形で現れている．(358c) では have による完了形が進行形になっている．これらに関して，McCawley（1988: 223）は "... virtually any stative verb can appear in a progressive when the sentence refers to repeated temporary states" と述べて，この現象を，進行形に「繰り返し」の用法があることと関連づけて理解しようとしている．だが，これらの例はすべて，繰り返しの例であると同時に，話し手による直接観察を含む例でもある．

静態動詞の進行形に直接観察が関係しているということは，さらに次の (359) の例についての Bache（1985: 211-213）の観察 (360) からも支持される．

(359) a. Well, you're looking pretty impossible to me right now.
b. Well, you look pretty impossible to me right now.
(360) Despite its non-actional potential, the simple present form look has a specific value in [359b] because of the adverbial *right now* and is thus in virtually free variation with the expanded present form *'re looking* in [359a]. The only difference between the two forms seems to be that the expanded form is slightly more intense and vivid and thus perhaps more emotional than the simple form.

10.8 現象描写文の諸相

...
By and large, it seems that the difference between the simple present form and the expanded present form in －distinctive material is presentation-oriented. Typically the difference is one of intensity and vividness. In some cases, this difference is felt to be closely related to the aspectual focus distinction in that intensity and vividness presuppose a concern for the situation, an internal focus, whereas factuality and detachment presuppose an emotional distance from the situation, and thus an external focus.

山岡（1992: 30）が，この Bache の観察を次のようにまとめて紹介している．

(361) ［359a］の進行形の方は，印象的（intense）で，眼前で見ているように（vivid）描かれたもので，［359b］の単純形は，事実的（factual）・客観的（objective）に述べられたものである．それゆえ，進行形の方が単純形よりも，より感情を伴っているとする．

直接観察は視覚的な観察に限られるわけではない．非視覚的な直接観察（直接経験）の例としては，König (1995) が言及する次の例がある．

(362) a. This shoe is cutting my instep.
b. This shoe cuts my instep.

(362a) は，(362b) とは異なり，実際に靴を履いた状態での発話という解釈が濃厚になる．

英語の進行形が現象描写文としての性質をもつことを裏書する事実として，日本語の現象描写文に見られる人称制限が英語の進行形においても観察されていることが挙げられる．

(363) Look! *I am / *You are / He is coming!　　　　　（鎌田 2000: 121）

ちなみに，日本語の例としては，上記のシヨル形式も，直接観察と結びついて静態動詞に用いられることがある．次は宇和島方言の例である．

(364) a. この間，山行ったんやが，まだ，わらび，ありよったぜ．
b. さっきからずっと，部屋におりよる．

これに関して，工藤（1995b: 290）は次のように述べている．

(365) 「ある，いる」のような存在動詞が，「あの山にはヘビがおる」「あ

の家の庭には，梅の木がある」のように，〈非一時的〉存在を表すのが基本であるとすれば，シヨル形式は，〈時間の中への顕在化〉を明示することになり，多くは，〈発話主体の知覚性〉と結びついている．

　共通語では，すでに 10.3.3 節で見たようにテイル形は現象描写文の機能をもつ．また，藤城（1996）が，次のような「していた」を「感知の視点」を表すとしている．

　　(366)　（フレックスタイム制の会社で．）
　　　　　A：今日，鈴木君は？
　　　　　B：ああ，今日はたしか，のんきに朝 10 時ごろ出勤してきてたけど，今は外回りにでも行ってるんじゃないかな．

　　　　　　　　　　　　　　　　　　　　　　　　　（藤城 1996: 4）

この例の「していた」は，鈴木氏が 10 時ごろ出勤したことを話者が感知したことを表している．

　また，この「していた」にも人称制限がある（藤城 1996: 5）．
　　(367)　看護婦 1：田中さん，今日はちゃんとご飯食べた？
　　　　　看護婦 2：ええ，きれいに食べましたよ／食べてましたよ．
　　(368)　看護婦 1：田中さん，今日はちゃんとご飯食べた？
　　　　　田中（患者本人）：ええ，きれいに食べましたよ／*食べてましたよ．

　以上から，英語においても日本語においても，進行形に直接観察の表現という表現性があると言うことができる[21]．

　このように現象描写文として機能することから，進行形は，10.3.3 節で検討したのと同様のメカニズムによって，話し手と聞き手との間に感情的な体験の共有を作り出す働きをもちうることになる．次の (354) において英語の進行形が「話し手のいらだち」を表したり，(355) においてシヨル形式が他者の行為をいやしめて言う機能をもったりするのは，伝えられる感情が特定化・慣習化したものと言うことができる．

　　(354)　He is always finding fault with others.
　　(355)　a. ぶつきよった！

　　　　b. いらんことしよってからに

　　　　c. あいつ，けったいなこと言いよる

　また，いらだちを表す英語の進行形の例にしばしば現れる *always* は，知覚者の存在とは独立した客観的な意味での恒常性を表すのではなく，6.1.9 節 (189) の例と同様に，話し手と表現対象になる事態との出会いの枠組みの中での恒常性を表すと考えられる．すなわちこの *always* は「私の見る限りいつも」に近い意であると考えられる．

　ただし，英語の進行形においては，伝えられる感情は実は「いらだち」だけではない[22]．たとえば次の例では，話し手の評価を表す表現として "amaze（驚嘆させる）"，"uncanny（不可解な）" が用いられているが，これらは「いらだち」を含意するものではない．

　(358)　a. You amaze me — you're always knowing things that I would expect only an expert to know.

　　　　b. It's uncanny — whenever I run into you, you're always looking like some other person I know.

これは本書の枠組みで捉えることができる．

10.8.2　現象描写文がもつ発話の力

　今井 (1995) は，英語において，(369) のような平叙文が命令ないし勧告という発話の力を持つことを指摘している．日本語訳は今井による．

　(369)　Hey, you skipped the line.

　　　　君，割り込みは駄目だよ．

これは，「相手が割り込みをしたことを指摘して，それによって言外に相手がその行動を正すよう――場合によっては謝るよう――要請する」(今井 1995: 85) もの，すなわち「割り込みをやめて列の最後尾につきなさい」ということを命令ないし勧告する (1995: 75) 表現である．

　類例として今井 (1995: 85-86) は次のような文を挙げている．

　(370)　a. You left the door open.

　　　　君，ドアが開けっぱなしだよ．

　　　　b. You're blocking my view.

前に立たれちゃ（舞台・競技などが）見えないじゃありませんか．
c. I'm afraid you are sitting on my hat.
私の帽子の上にお座りですよ．
d. You saw me, but you didn't recognize me.
私の顔を見ておきながら知らん顔して！
e. Your rent's overdue.
家賃が遅れてますよ．

　これらの英語の例は（370c）に "I'm afraid" が付加されていることを除いてすべて現象描写文である．また，今井による日本語訳からも明らかなとおり，日本語の現象描写文も，二人称詞が使われにくいという違いはあるものの，英語の現象描写文と同様の発話の力をもつ．本書の枠組みでは，このような現象描写文のもつ発話の力は，10.3.3 節で検討したのと同様のメカニズムによって，話し手と聞き手との間に感情的な体験の共有が作り出されるためと考えることになる[23]．

　また，8.4 節で（266）（267）との関連で言及した，可能表現のもつ多様な発話の力に関しても，同様の説明が成立する．

10.9 「修行者あひたり」型表現

　最後に，日本語の古典語の「あふ」に触れておきたい．「あふ」には，次に示すような一見特異な用法がある．

(371) 宇津の山にいたりて，わが入らむとする道は，いと暗う細きに，つたかへでは茂り，物心ぼそく，すゞろなるめを見ることと思ふに，修行者あひたり．（『伊勢物語』第九段（中川 1984: 19）；強調本多）

当該部分の内容は概略，「（つたの絡まった樹木がおおいかぶさるように茂った細い道を思いにふけって歩いていたところ，突然）修行僧に出くわした」あるいは「目前に突然修行僧が現れた」というようなものである．この用法が特異とされるのは，動詞「あふ」の項である名詞句「修行者」が現代語の感覚で通常期待されるニ格名詞句ではなく，ガ格名詞句，つまり主語であるというこ

とである．したがってこの文を現代語に直訳すれば，「（私たちは）修行僧に会った」とはならず，「修行僧が（私たちに）会った」となる．

このような，現代の日本語話者にとっては奇異と感じられる表現が古事記から今昔物語集，さらには徒然草にいたる日本の古典文献に見られる（中川1984，柳田1992）．そこでこのような表現がどのようにして成立するのか，そしてどのような表現性を，なぜもつのか，が研究の課題となるわけである[24)]．

中川（1984）およびそれを受けた柳田（1992）によれば，この構文は出会いが語り手（＝東に下っていく主人公）にとって無意志的ないし偶然のものであったことを表し，その時の語り手の驚きをじかに伝えるものであり，なおかつその出会いを目の当たりに語り，臨場感あふれる描写を可能にするものである．

本書の枠組みでは，この表現は，移動する知覚者・話者にとっての出来事の見えをそのまま記述した，眼前状況を表す現象描写文である．出会いの相手という，通常は主語になりにくいものが，知覚者・話者の移動に伴って主語として捉えられるのは，次の（25）において，位置変化のない静的なものである京都という都市が，知覚者の移動に伴って，知覚者の視野においては移動するものとして立ち現れる，ということと並行している．

(25)　a.　Kyoto is approaching.
　　　b.　京都が近づいてきた．

また，「修行者あひたり」が語り手の驚きを伝えることができるのは，これまで繰り返し述べてきた現象描写文の表現性によるものと考えられる．

10.10　本章のまとめ

本章は認知科学でいま注目を集めている概念である共同注意に具体的な構文分析を結びつけることによって，認知科学の一環としての認知言語学の新たな一側面を展開させることを目論んだものである．と同時に，認知言語学に見られる独在論的な方法論を克服する試みであるという点で，前章の問題意識を発展させたものである．さらに筆者自身にとっては，その問題意識を本多（1994）以来検討してきた言語における自己知覚の現れについての研究と連動させる営みとしての意味合いも持っている．

【注】
1) 本章は本多（2003a）に基づいて増補したものである．
2) Fish（1980）のテクスト観についての認知意味論的な観点からの位置づけについては本多（2003b）を参照されたい．
3) 指し言語と語り言語については佐々木（2001）にも解説がある．
4) 一語文に関しては尾上（2001b, 2002），宇野・池上（2003a）といった優れた研究があり，本章はこれらの研究成果に基づいている．とくに一語文を共同注意の観点から捉える洞察は宇野・池上（2003a）による．
5) 正高（1998）もこれを「実質的な二語文」として重要視している．ただし，実際の子どもの言語発達においては，（330c）よりも（330b）のタイプの行動のほうが多いようである．その点についての調査も含めた，一語文から二語文への子どもの言語発達における「一語文＋ジェスチャー」の位置づけについての議論が，Volterra and Iverson（1995），Capirci, Iverson, Pizzuto and Volterra（1996）でなされている．なお，日本語話者を対象とした研究としては高井・高井（1996）が参考になるが，同論文では指差しなどの「指示的身ぶり動作」は考察の対象から外されている．
6) Butterworth（2003: 13）に，赤ちゃんは動く人形を見ると指さしをするが，この指さしは自分とコミュニケーションをしてくれる他者がいるときのみ現れ，一人で置かれたときには現れなくなるという実験結果が紹介されている．同様の観察は子安（2000: 87-88）にも紹介されている．これらは指さしが社会的な行動であることの証拠であるとされている．「ごきぶり！」のような大人の一語文に関しても同様のことがあるのか（単独でいる場合には出にくいというようなことがあるのか）が一語文の対話性／モノローグ性を判断するうえで興味深いところであるが，この点についての実証的な研究が行われているかどうかについては残念ながら筆者は把握していない．
7) このあたりの事情に関しては，尾上（1982）が参考になる．
8) 現象描写文についてのまとまった記述としては三尾（1948），仁田（1991）があり，本節の例文も主としてこれらの文献による．なお，三尾（1948）は「現象描写文」ではなく「現象文」の用語を用いている．また，三尾（1948: 76-78）に，一語文（「未展開文」）と現象描写文（「現象文」）の同質性の指摘がある．
9) このような理解については批判的な見解もある．それについては丹羽（1988a，1988b）を参照のこと．
10) これについての先行研究の概要が堀川（1996）にまとめられている．ただし，国語学の文献では感情的経験（「情意」）を伝える働きを持ちうるのは「鳥が飛ぶ」のような「ている」のない形式に限られているとされているようであるが，本章では注11に述べる観察などに基づき，「ている」を含むものも感情体験の表現と

しての機能を持つと認める．
11) たとえば動物園や水族館での親子連れの会話を聞くことで，現象描写文の共同注意機能に直接的に触れることができる．
12) http://www.team1mile.com/asarin/tdiary/?date＝20020721p03
13) 本章の問題意識とは別の文脈の議論であるが，フランス語の呼格と転位構文に現れる題目表現との並行性を論じた Lambrecht（1996）が，Principle of the Separation of Reference and Relation という認知の原則を提示している．同論文は，ある項目の談話空間への導入（Reference）とそれについての言明（Relation）は分離するという原則を措定することがとくに話し言葉の構文の分析において有効であるという立場をとっている．同論文で想定されている「Reference → Relation」という文の認知上の構造は，本章で検討している語り言語的な構文としての左方転位構文の認知構造と並行していると考えることができる．
14) 丸山（1998）の内容のうち，無助詞格成分に関わる部分が丸山（1995, 1996b）にまとめられている．
15) ただし，すべての無助詞格成分がここで述べたような題目提示の機能を果たすわけではない．無助詞格成分の中には次例のように，格助詞を補ってもほとんど意味の違いが出ないものもある．
　　(i)　（ふと窓を見て）
　　　　a. あっ！雨降ってる！
　　　　b. あっ！雨が降ってる！　　　　　　　　　　　　　　(cf.（337b））
大谷（1995: 289）はこの例を現象描写文の例としている．この見方が正しいとすれば，格助詞を補うことができる無助詞格成分を含む文の中には，全体として指し言語としての性格を持つものがあることになる．さらに次例のように，現象描写文と結びつけることも適切でない，いわば純粋な「助詞の省略」とみるべきものもある．
　　(ii)　ちょっと中（に）入って　　　　　　　　　　　　　（丹羽 1989: 43）
16) 本節の議論は，現象描写文についての「全体として新情報であり，なおかつ（共感内容を解説とする）題目である」という特性に対しての説明でもあることは言うまでもない．
17) このことは，いわゆる「お天気の話」全般に言えると思われる．
18) 菅野（1992）は，認知意味論が独在論を克服できるための方策として関連性理論との共同を挙げている．
19) なお，次のような例は大島（2001）では扱われていない．
　　(i)　ほら，さっさと歩け．
ここでは聞き手自身のあり方が共同注意の対象となっている．これは現場指示の用法である第一の用法に含めることができる．

20)「直接観察」は視覚を連想させる言葉であるが，ここでは視覚に限らない用語として用いる．視覚に限らずより一般的に適用できる用語として「直接経験」がある．
21) 進行形が直接観察という表現性を持ちうるのがなぜかという問題には，本書では立ち入らない．筆者の暫定的な見解は，本多 (2000a) に提示してある．
22) 日本語のショル形式は「をる」の卑語化が関わっている（井上 1998）ので，英語とは事情を異にする．
23) 英語において二人称詞が明示されるのは，一つには主語が義務的であることによるが，それと同時に，第 7 章の議論を踏まえて考えるならば，自分自身の姿とその行為のあり方を他者の目から客観的に見て評価することを求める，という表現性を持っている可能性もある．
24) さらに，なぜこのような表現がのちの日本語では行われなくなったかということも重要な研究課題とされているが，それについては本書では取り上げない．

第 11 章
理論的考察

11.1 はじめに

　本章では，本書で扱ってきた事項に関連する先行研究のうち，本書でここまで検討してこなかったもののなかからとくに重要なものををいくつか取り上げて紹介し，それらとの関連で本書のアプローチを位置づけることを試みる[1]．

　11.2 節では，言語過程説と生態心理学と認知意味論の関係について述べる．

　11.3 節では，本書で取り上げた現象とそれについての説明に対して大きな接点を持つ Langacker (1990, 1991, 1998) の「主体化 (subjectification)」を取り上げる．

　本書の大きなテーマは自己の表現であった．認知言語学の中で自己の表現の問題を正面から取り上げた注目すべき議論に，廣瀬 (1997) の「公的自己」と「私的自己」の議論がある．11.4 節ではその議論と本書の立場の関係を検討する．

11.2 言語過程説と生態心理学と認知意味論

11.2.1 「捉え方の意味論」の先駆けとしての言語過程説

　本節では，本書の立場と時枝 (1941)，三浦 (1967) で提唱された言語過程説の関連について述べる．

時枝の言語過程説に関しては，語類の二大別としての詞（客体的表現）と辞（主体的表現）や，認識と言語の類像的な関係を捉える試みとしての入れ子型構造形式が言及されることが多いが，ここではまず，時枝の意味観を検討しておく．1.2節で短く触れたように，言語過程説は「捉え方の意味論」の先駆けとしての意味合いを持つ．捉え方の意味論としての認知意味論の先駆けとしての言語過程説の位置づけ，およびそれ以後の日本の意味論の歴史と認知言語学の関係については野村（2002）が詳しい．ここではそれを踏まえながら，さらに生態心理学との関係について検討する．

言語の意味について，時枝（1941: 404-407）は以下のように述べている．

(372) 若し意味といふものを，音声によつて喚起せられる内容的なものと考へる限り，それは言語研究の埒外である．しかしながら，意味はその様な内容的な素材[2]的なものではなくして，素材に対する言語主体の把握の仕方であると私は考へる．言語は，写真が物をそのま〻写す様に，素材をそのま〻表現するのでなく，素材に対する言語主体の把握の仕方を表現し，それによつて聴手に素材を喚起させようとするのである．絵画の表さうとする処のものも同様に素材そのものでなく，素材に対する画家の把握の仕方である．意味の本質は，実にこれら素材に対する把握の仕方即ち客体に対する主体の意味作用そのものでなければならないのである．
本居宣長が

　　凡て同じ物も指すさまによりて名のかはる類多し（古事記伝巻17）．

といつた場合，「同じ物」とは素材に対する観察的立場についていつたことであり，「指すさま」とは，その素材に対する主体的立場に於ける把握の仕方をいつたと解すべきである．語は同一事物に対する把握の仕方の相違を表現することによつて異なつた語となるといふ意味である．宣長のいつたことは，その逆にも適用出来ることであつて，指すさまが同じであるならば，異なつた事物をも同じ語によつて表現される訳である．山に遊んで昼食を取らうとして，傍の石を指さして，「このテーブルの上で食べませう」と

11.2 言語過程説と生態心理学と認知意味論

もいひ得るのである．疲れた山道で一本の木の枝を折つて，「いゝ杖が出来た」ともいひ得るのである．

　　天の原ふりさけ見れば白真弓張りてかけたり夜路はよけむ

　　　　　　　　　　　　　　　　　　　　　　（万葉集 289）

右の「白真弓」の素材は月であるが，月に対する話手の把握の仕方によつて，「白真弓」といふ語によつて表現されたので，そこに我々は作者の素材に対する意味作用が，単に「月」と表現した場合と異るものを，観取することが出来るのである．又次の如き文に於いて，

　　いなごは，せまい園の中から外へひ出さうとする．

　　「この牛は，しやうがないぞ」

　　と大きな声で，弟がひとり言を言ふ．弟は牛を飼つて居るつもりなのである（小学読本巻六，24 頁）．

右は，「牛」といふ語が，「いなご」を指してゐるのであるが，指すさまの同じである為に，異なつた事物が牛といふ語によつて表現されることとなるのである．

以上の如く，言語に於いて意味を理解するといふことは，言語によつて喚起せられる事物や表象を受容することではなくして，主体の，事物や表象に対する捉へ方を理解することとなるのである．…

言語に於ける意味といふことが，前項に述べた様に，言語主体の客観的素材に対する意味作用を意味するとすれば，従つてその中には，主体が事物を把握する仕方と，かくして把握された対象とを含んでゐることは明かである．

　　　　　　　（時枝 1941: 404-407，原文は旧字（以下同じ）；強調原文）

　時枝がここで述べていることを本書の観点からまとめると，以下のようになる．

(373)　a. 言語の意味とは対象に対する言語主体の把握の仕方である．

　　　 b. したがって言語は話し手を離れて存在する外部世界をそのまま写し取るわけではない．

c. 言語の意味は，主体が対象を把握する仕方と，把握された対象
とを含んでいる．

（373a）が，捉え方の意味論に相当する考え方である．（373b）は，1.4節で言及した Lakoff による客観主義的な意味観への批判に通じるものである．また（373c）は，第2章で述べた，世界の知覚と自己知覚の相補性，およびそれに基づいて成立する，言語における対象の表現とそれを認識する認識者の表現の不可分離性に通じる面がある．

時枝の意味観を踏まえて，三浦（1967）[3]は言語を，対象から表現にいたる過程構造を背景として成立する表現であるとし，言語の意味は対象，認識，表現の間に成立する関係であるとしている．

筆者は具体的な言語事実の分析においては時枝・三浦の見解に逐一賛同することはできないが，言語の意味についての基本的な考え方に関しては，本書の立場は彼らの見解と相通じる面が多い．

11.2.2 客体的表現と主体的表現

上記の（373c）を踏まえて時枝は，言語には把握された対象を表す語と，それに対する主体の把握の仕方を表す語との二大別があると考え，それぞれ「詞」「辞」と呼んだ．両者の意味的な関係について，時枝（1941: 237）は以下のように述べている．

（374） 詞は概念過程を経て成立したものであるから，それは主体に対立する客体界を表現し，辞は主体それ自身の直接的表現である．これを図に表せば上［図11.1を参照］の様になる．

Aを主体，Bを主体それ自身の直接的表現である辞とし，弧CDは主体に対立する処の客体界及びその概念的表現である詞とする時，この両者は如何なる関係に立つてゐるのであるか．例へば，「花よ」といふ様な詞辞の連結をとつて考へて見る．この時感動を表す「よ」は，客体界を表す「花」に対して，志向作用と志向対象との関係に於いて結ばれてゐると見ることが出来る．言語主体を囲繞する客体界CDと，それに対する主体的感情ABとの融合したものが，主体Aの直観的世界であつて，これを分析し，一方を

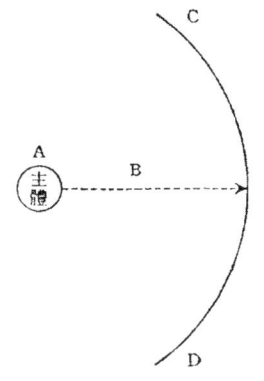

11.2 言語過程説と生態心理学と認知意味論

図 11.1 時枝（1941: 237）

客体化し，他方をそれに対する感情として表現したものが即ち「花よ」といふ言語表現となるのである．従つてこの詞辞の意味的連関は，客体界 CD を，主体 AB が包んでゐるといふことが出来るのである．詞が包まれるものであり，辞が包むものであるともいへるのである．
　　　　　　　　　　　　　　　　　　（時枝 1941: 237; 強調は本多）

　時枝が提示している図が Langacker の「主体化（subjectification）」（11.3 節参照）の説明に用いられている図（図 11.3）と酷似していることは注目に値するが，ここではそれについてはこれ以上検討しない．

　ここで提示された時枝の立場のうち，本書に関連の深い部分をまとめると，次のようになる．

(375) a. 詞は客体の表現であり，辞はそれに対する主体の捉え方の表現である．
　　　b. 詞と辞は，志向対象と志向作用の関係にある．
　　　c. 時枝は，認識（直観）の段階においては，対象についての認識（CD）とそれに対する自己の捉え方（AB）が分離されない形で成立していることを認めているが，言語においては，対象についての認識（CD）とそれに対する自己の捉え方（AB）がそれぞれ詞と辞として分離していると考えている．

　時枝が現象学の影響を受けていたことはよく知られているが，ここで「志向作用」「志向対象」という術語が用いられているのもその一つの現れとみるこ

とができる．

　また，時枝の詞辞二分論をそのまま受け取れば，詞は純粋に対象のみを表し，それに対する認識者の捉え方は表さないことになる[4]．三浦（1967, 1971）はこれを受け継ぎ，絵画においては客体的表現（詞）と主体的表現（辞）が分離不可能なかたちで統一されているが，言語においては両者が分離していると述べる．絵画に関して三浦が主体的表現として想定しているのは，描かれる状況を画家がどこから見ているか，すなわち本書で言う視座の表現のことである．

　本書のこれまでの議論においては，視座はエコロジカル・セルフのありかであり，したがって，言語表現が常にエコロジカル・セルフの表現として成立する限りにおいて，言語は絵画と同様，主体的表現と客体的表現の分離不可能な統一体として存在することになる．また，エコロジカル・セルフと同じく直接知覚される自己であるインターパーソナル・セルフに関しても，同じことがいえる．したがって，社会的な面に関しても，言語は，把握された対象の表現とその対象を把握する認識者の表現との不可分な統一体として存在することになる．すなわち本書では，すべての言語表現が辞的な側面を持つと考える．この点において，本書は時枝・三浦とは立場を異にする．

11.2.3 言語に対する主体的立場と観察的立場

　言語過程説を論じた文献であまり議論されることがないが，本書で提示した研究のもっとも基本的な立場を構成するものとしてここでぜひ言及しておきたいのが，言語に対する立場の二分類としての，主体的立場と観察者的立場の区別（時枝 1941: 21-38，とくに 22-24，三浦 1983: 32-39）である．

　主体的立場とはわれわれが言語を表現・理解・鑑賞・価値判断する際の立場であり，別の言葉で言えば言語に対して行為的主体として臨む立場である．普通の談話文章において，言語行為を遂行，受容する際の立場はこれに当たる．それに対して観察的立場とは，言語を観察・分析・記述する際の立場，すなわち言語をもっぱら研究対象として把握し，これを観察し，分析し，記述する際の立場である．言語的行為の主体とならず，第三者として客観的に言語的行為を眺める観察者としての立場である．そして両者の関連について，時枝は「観察的立場は，常に主体的立場を前提とすることによつてのみ可能とされる」（時

枝 1941: 29) と述べている．時枝は，それまでの言語研究の問題の一端が，この二つの立場を区別しないことにあったことを指摘している．二つの立場の違いに無自覚であったために，主体的立場を考慮しない純粋に客観的な観察に基づく記述・説明に走っていたわけである[5]．

本書に提示した研究の最も基本的な立場は，この時枝の主張に基づいている．ただし，時枝が言う「主体」は直接的には言語的行為の主体であるが，認知意味論の観点からはこれを認識の主体と捉えることになる．もっとも時枝は言語の意味を対象に対する話し手の捉え方に求めているわけであるから，言語的行為の主体に代えて認識の主体を考える本書の立場は，時枝の立場と齟齬を生じるものではない．

認知意味論（および言語過程説）においては，言語表現の意味は認識者・話者が対象をどのように捉えたかと切り離すことができない．しかし，認識者・話者が対象をどのように捉えたかということは，外部から客観的に観察可能なものではない．したがって研究者は，いったん話者・認識者の立場に立ったうえで，そのとき自らがどのように対象を捉えているかを経験し，それを踏まえてその経験を観察者として記述することが必要となる．

そしてここでもう一点重要なのは，言語においては話者・認識者は最終的には直接知覚される自己として存在しているということである．直接知覚される自己は視野の中には含まれず，したがって姿を持たないものである．このことは必然的に，話者・認識者が対象をどのように捉えたかについての主体的立場からの記述にも影響を与えることになる．

ここで注目しておきたいのが，5.6.3 節で予告した現象学の考え方である．谷（2002: 177–179）は「超越論的自我は自転車に乗れるか」という問いに対して二つの図を用いて答えを出している（図 11.2 参照）．

谷は，自転車に乗る超越論的自我の絵画的な記述は，図 a のようなものではなく，図 b のようなものになると述べている．

この二つの図は，自転車に乗るという経験についての二つの立場からの記述である．図 b が行為の主体の立場からの記述であるのに対して，図 a は行為の外部にいる観察者の立場からの記述である．図 a は客観的な記述と見えるが，現象学ではこのような捉え方は図 b のような直接経験から出発して事後的に形

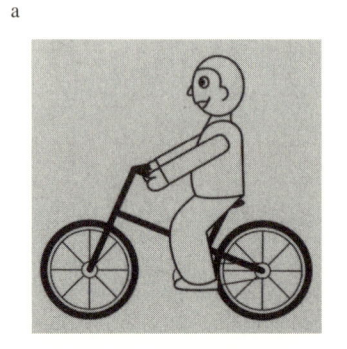

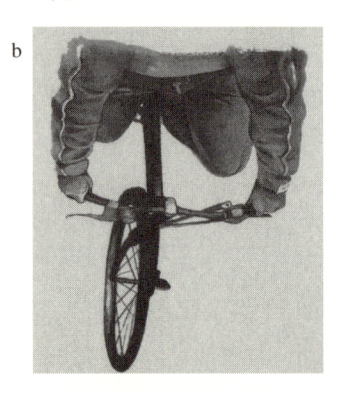

図 11.2 谷（2002: 177-179）による自転車に乗る超越論的自我の図

成されると考える．すなわち，図 b のような経験こそが根源的であり，図 a のような捉え方は派生的である．あるいは，図 b で記述されるような「主観的」な経験が図 a のような客観的な記述の前提となるのである（谷 2002: 177-179）．したがって，自転車に乗るという経験の記述は，図 b のようなものを何らかのかたちで含まなければならないことになる．このような記述の方法を，現象学では「一人称的」な方法と呼んでいる．

　これを時枝の言う観察的立場と主体的立場の区別との関連で言うならば，自転車に乗るという行為の主体的立場からの記述は図 b のようなものである．したがって，先に述べた「観察的立場は，常に主体的立場を前提とすることによつてのみ可能とされる」（時枝 1941: 29）という時枝の立場は，現象学の立場と完全に一致している．すでに述べたように時枝は現象学の影響を受けていたが，その一端がここにも窺われるわけである．

　なお，現象学の源流の一つが Mach であることはよく知られているが，図 b の超越論的自我の記述が Mach の視覚的自己（図 2.1 参照）に酷似していることも偶然ではない．

　そしてこの Mach の自画像がエコロジカル・セルフの議論に登場してきたことからも明らかなように，Mach は生態心理学とも関係がある．そして谷（2002: 185）は，生態心理学と現象学に通じ合う面があることを指摘している．

　以上述べてきたような形で，生態心理学，認知意味論，言語過程説，現象学がつながっているわけである．

本書が一貫して重視してきた「見え」とは，2.3.1 節で述べたように，対象が知覚者にとってどのように立ち現れるか，ないしは対象がどのように経験されるか，を捉えた術語である．本書ではさまざまな言語現象の分析を提示するに当たって，この「見え」を記述することに重点を置いてきた．これを本節の議論を踏まえて捉えなおせば，本書の分析においては主体的立場の記述を重視してきたということである．現象学の影響を受けた近年の言語研究においても本書と同様の研究方法が採用されている[6]．

以上を踏まえて，5.6.3 節で提示した問題をここで振り返っておきたい．

(376) a. This car handles smoothly.
b. We can handle this car smoothly. (cf. (104))
c. Kyoto is approaching.
d. We are approaching Kyoto. (cf. (42))
e. The students get younger every year.
f. I get older than the students every year. (cf. (44))

(147) a. He opened the door.
b. The door opened very easily.
c. The door suddenly opened.
d. The door was opened.

(376)を図と地の反転の例と考える分析と，(147)の文の違いを共通のベース（同一のアクション・チェイン）の中のプロファイルの違いと考える分析とは，ともに話者・認識者にとっての状況の見えを適切に記述できないという問題があった．これは，主体的立場と観察的立場の違いについての認識が欠けているために，主体的立場を考慮しない純粋に客観的な観察に基づく記述・説明に走ったことによる問題ということができる．

11.2.4 アフォーダンスと多義性

主体的立場と観察的立場との関連で，ここで少し寄り道をして，次例に示された名詞「かさ」「窓口」「ひ」の多義性を考えてみよう[7]．

(377) a. かさ(傘)をさす．
b. かさ(笠)を編む．

　　　　c. 駅前に住民票交付の窓口を設ける．
　　　　d. 彼が交渉の窓口だ．
　　　　e. ひ（火）の不始末が原因でぼやを出した．
　　　　f. 夕方，この通りにひ（灯）がともる．
　これらは「指示対象の変化による意味変化」と呼ばれることもある．しかし，指示対象に変化が起こっているのに，なぜ同じ名称で呼ぶことができるのだろうか．それはアフォーダンスの同一性によると考えられる．
　（377）の「笠」と「傘」は，客観的には形状も材料も異なるが，使用する人にとっては〈雨や日光などを防ぐ〉という共通するアフォーダンスをもつ．共通のアフォーダンスに基づいてカテゴリー化が行われているということは，異なる対象に対して同一の捉え方がなされているということである．「窓口（場所）」と「窓口（人）」，「火」と「灯」はそれぞれ〈（組織の外部の人にとって）組織と接触する〉〈光源を得る〉というアフォーダンスをもつ．
　一般論として，客観的には異なる事態に対して同一の捉え方をすることは，多義性の根拠となりうる．そして「客観的には異なる」とは，言い換えれば「観察的立場からは異なって見える」ということであり，「同一の捉え方をする」とは，「主体的立場からは同一と見える」ということである．この考え方は，（372）において本居宣長と『小学読本』からの引用との関連で時枝が述べていることと同じ趣旨である．

11.2.5 追体験としての言語理解

　最後に，言語の理解についての言語過程説の考え方と本書の立場の関連に言及しておきたい．
　言語過程説では，言語の理解は話し手の経験の追体験と考えられる．時枝は次のように述べている．
　　（378）　以上の如く，言語に於いて意味を理解するといふことは，言語に
　　　　　　よつて喚起せられる事物や表象を受容することではなくして，主
　　　　　　体の，事物や表象に対する捉へ方を理解することとなるのである．
　　　　　　　　　　　　　　　　　　　　　　　　　　　（時枝 1941: 406）
　また，次の引用は言語研究の方法論についての議論であるが，時枝の議論は

研究(言語に対する観察的立場からの対し方)が成立する前提として主体的立場からの言語への対し方を想定するものであるため,必然的に言語理解についての議論も含むことになる.

(379) 今,甲が「犬が走る」と云つたとする.甲の主体的活動であるこの言語は,只甲がかく云つたといふだけでは,甲の表現行為であることに終つて,我々の観察の対象とはなり得ない.観察の対象となるためには,我々が甲の表現を文字を通して読むか,耳を以て音声を聞くことが必要である.しかしながら,我々がこの様にして甲の言語を理解したとしても,それによつて甲の言語を具体的に経験したかといふに,必ずしもさうではない.甲の音声を聞いて或る思想を理解することによつて得る処の我々の言語的経験は,我々観察者自身の言語的経験であつたにしても,甲の経験のまゝではない.甲の意味する「犬」が小犬であるのに,理解する方では,土佐犬の様なものを理解するかも知れない.故に他人の音声を聞いて或る思想を理解しただけでは,その人の言語を経験したことにはならない.そこで甲の言語を対象として把握するためには,如何にしたらばよいかといふに,我々が甲の言語と同じ経験を我々自身が繰返すことによつて始めて可能になるのである.言葉を換へていへば,甲の言語を再経験し追体験する必要があるのである.甲の意味する犬が如何なる犬を意味するかを穿鑿する必要がある.この様にして理解せられたものは,我々の恣意を離れたものであつて,この様な手続を踏むことは,とりもなほさず甲の言語の解釈作業に他ならないのである. (時枝 1941: 18-19)

すなわち,言語理解は話し手が事態を捉える際の経験を再経験ないし追体験することとなる.時枝の議論を踏まえた三浦の議論においては,言語の理解は対象→認識→表現という過程構造を逆にたどっていくことであり,そこには表現対象に対する話し手の認識を追体験する営みが含まれる.

時枝・三浦の議論を本書の用語で述べなおすならば,言語理解は,話し手にとっての対象の見えを聞き手が追体験することである.これは,言語を共同注意と関連づけて捉え,言語の理解を話し手と聞き手との間の見えの共有と捉え

る本書の立場と相通じるものである．生態心理学の自己知覚論においては，見えの共有は対象の知覚に伴う自己知覚の共有をもたらすものである．そして自己知覚を共有することは，対象に対する捉え方を共有することである．そこで，聞き手は言語を理解する際に，表現対象について話し手と同じ経験をすることになる．これは時枝・三浦の言語理解観と相通じる考え方である．

11.3 「主体化」について

11.3.1 空間表現と主体化：Langacker による説明

　本書では言及してこなかったが，ここまでで取り上げた現象とそれについての説明に対して，これまでの認知言語学的な概念の中で一番大きな接点を持つのは，Langacker (1990, 1991, 1998) による「主体化 (subjectification)」の概念であろう．そこで本節では主体化の概念と本書の立場との関係について述べる．
　本書で取り上げた現象のうち，Langacker が主体化で説明しようとしているものは以下のものである．

(380) 主体の移動が関わる表現：

a. The new highway *goes/runs/climbs* from the valley floor to the senator's mountain lodge. （主体移動表現）

b. Vanessa is sitting *across the table from* Veronica. （到達経路表現）

(381) ゼロ形による話し手の表現：

Vanessa is sitting across the table.

これらについて，まず Langacker による説明を見ていこう．
　まず主体化とは何か[8]．Langacker (1990: 17) は，次のように規定している．

(382) Subjectification can now be characterized as *the realignment of some relationship from the objective axis to the subjective axis*. （斜字体は原文）
（ある関係を客体の軸から主体の軸に配置換えすること）

　図 11.3（Langacker 1990: 17) で考えよう．
　図中の G (Ground) は話し手と聞き手を含めた発話の現場のことであるが，

11.3 「主体化」について

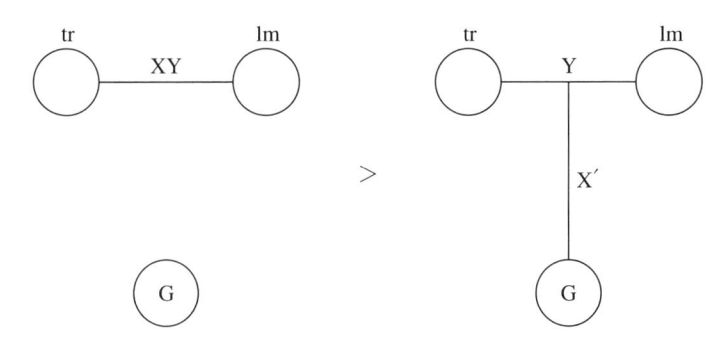

```
   tr              lm              tr              lm
   ○------XY-------○              ○-------Y--------○
                                          |
                      >                   X'
                                          |
           ○                              ○
           G                              G
```

図 11.3 主体化（Langacker 1990: 17）

事実上話し手と同一視しても差し支えないものである．これは概念化の主体である．tr（trajector）と lm（landmark）は概念化の対象となるものである．左の図が主体化がかかる前の状況を記述したもので，右は主体化がかかった後を記述したものである．左の，主体化がかかる前の状況では，tr と lm の間に成立する関係には X という面と Y という面とがある．この X と Y はいずれも客体間に成立するものであり，客体の軸にある．そして主体化によって，客体間の関係を構成する側面の X が，配置換えされて X' となる．X' は概念化の主体と客体の間の関係となっているが，これは，X' が概念化の過程それ自体の側面となっているということであり，X' は主体の軸にある．

何かが客体の軸にあるということは，Langacker 自身の別の言葉（Langacker 1985, 1990, 1991）で言えばそれが「客体としての捉え方（objective construal）」を受けているということであり，主体の軸にあるということは「主体としての捉え方（subjective construal）」を受けているということである．客体としての捉え方を受ける，あるいは客体として捉えられる，ということは，たとえば Langacker 自身が挙げている例で言うならば，メガネを手に持ち，目で見て点検するような場合の，メガネのような扱いを受ける，ということである．この場合，メガネはもっぱら見たり触ったりするという知覚の対象となっているが，「見る」「触る」という知覚のための器官になってはいない．それに対して，メガネをかけて何か別のものを見るような場合には，メガネは主体として捉えられている．このとき，メガネは知覚経験のあり方を決める役割を果たしているが，

自覚的な意識の対象にはなっていない．知覚器官の一部，あるいは知覚の主体の一部とはなっているが，それ自体は知覚されるものではない[9]．

ただし，客体としての捉え方と主体としての捉え方はきれいに二分されるものではない．たとえば，メガネをかけて何か別のものを見るような場合にはメガネは主体として捉えられており，それ自体は意識の向けられる先でも知覚の対象でもないと言ったが，しかしこのとき，メガネが意識の対象から完全に外れていると考えるのは妥当ではない．メガネをかけている人が，常にある程度はその存在を意識ないし知覚していることを考えると，メガネは見られる対象にもなっていると言える．つまり，客体としての捉え方と主体としての捉え方は程度の問題である．

そしてこのような知覚の構造と並行する構造によって，概念化全般の構造を考えることができる，というのが Langacker の立場である．

したがって主体化は，次のように規定することもできる（Langacker 1991: 215）．

(383)　Subjectification is a semantic shift or extension in which an entity originally construed objectively comes to receive a more subjective construal.
（もともと客体として捉えられていたものが，主体として捉えられる度合いを高めるような，意味の変化ないし拡張）

以上を踏まえて，具体的に分析を見ていこう．空間表現に関して，Langacker (1990) は二種類の主体化を考えている．第一は（384）に例示される *across* の用法である．

(384)　a.　Vanessa jumped *across the table*.
　　　b.　Vanessa is sitting *across the table from Veronica*. （Langacker 1990: 17）

(384a) の *across* が主体化を受ける前の用法，(384b) が受けた後の用法である．(384a) においては主語の指示対象の Vanessa が "jump across the table" という移動をしている．しかし (384b) においては Vanessa は移動していない．その代わりに，概念化者が Veronica から Vanessa まで移動している．(384a) においては移動が Vanessa という概念化の対象の側に起こっているのに対して，(384b) では移動が概念化の主体の側で起こっている．すなわち，もともと概念化の対象の側で起こっていた移動が主体の側に配置換えされているわけである．これが主体化の一つのあり方である．

この例は，Langacker（1990）自身の言葉では次のようにまとめられている．

(385) spatial motion on the part of an objectively-construed participant is replaced by subjective motion (mental scanning) on the part of the conceptualizer. (Langacker 1990: 19)
（客体として捉えられた参与者による移動が，概念化者による主体的な移動（心的走査）に置き換えられる.）

同じ説明が（386）（387）に見られる動詞の多義性にも適用されている．

(386) a. The balloon *rose/fell/ascended/descended* rapidly.
b. The hiker *went/ran/climbed* up the hill. (Langacker 1990: 19)

(387) a. Beyond the 2000 meter level, the trail *rises/falls/ascends/descends* quite steeply.
b. The new highway *goes/runs/climbs* from the valley floor to the senator's mountain lodge. (Langacker 1990: 19)

(386) がそれぞれの動詞の主体化を受ける前の用法，(387) が受けた後の用法である．across の場合と同様，(386) においては移動が概念化の対象の側に起こっているのに対して，(387) では移動が概念化の主体の側に配置換えされている．

しかし Langacker のこの説明には Verhagen（1995）らによって批判がなされた．つまり，主体の移動を想定することは評価できるが，それは Langacker が考えているより広範に存在するのではないか，(384) の場合で言えば，概念化の主体の移動は，b だけではなく a でも起こっているのではないか，という批判である．

この批判を受けて Langacker（1998）は説明を変更し，たとえば（384）においては，a の例には概念化の対象の Vanessa の客体的な移動とそれを追視する概念化者の主体的な移動の双方があるのに対して，b の例には概念化者の主体的な移動のみがあるとした．そして主体化とは，客体的な移動の弱化に伴う主体的な移動の前景化であるとした．

空間表現における主体化の第二類は，次の（388）に例示されるゼロ形の用法である．

(388) a. Vanessa is sitting across the table *from me*.

b. Vanessa is sitting across the table.　　　　　　（Langacker 1990: 20）

（388a）が主体化を受ける前の用法，（388b）が受けた後の用法である．

　2.2.1節でも紹介したように，（388b）では，話し手が実際に食卓に座った位置から Vanessa を見ていると感じられる．したがって，（388b）は実際に目の前に Vanessa がいるかのような印象を与える文になる．これに対して（388a）では，話し手が実際の食卓とは別の位置から状況を眺めているという解釈が可能になる．そこで，たとえば話し手が自分の映った写真や映画を見ながらそれについてコメントしている場合には，（388b）は使うことができず，（388a）だけが適格となる．

　すなわち，（388a）においては，across の基準点（ないし参照点; reference point）を占める me は，概念化者にとって概念化の対象として機能しているのに対して，（388b）においては across の基準点ないし参照点が概念化の主体としての概念化者そのものと同一である．つまり前置詞の基準点ないし参照点が，当初は概念化の対象の側におかれていたのが，概念化の主体の側に配置換えされているわけである．これは，Langacker 自身の言葉では次のようになる．

　（389）　an originally objective reference point comes to be identified with a facet
　　　　　of the ground, which retains its subjective construal.　（Langacker 1990: 21）
　　　　　（もともとは客体であった基準点・参照点が，主体として捉えられ
　　　　　たままの話し手の一面と同じにされる．）

　これが空間表現における主体化の第二のあり方である．次節以降では，このような Langacker の立場と本書の立場の比較を試みる．

11.3.2　主体としての捉え方と客体としての捉え方についての本書の立場

　最初に確認しておかなければならないことは，Langacker は「知覚」という術語を生態心理学的な理解に基づいて使用しているわけではないということである．そこで「主体としての捉え方」と「客体としての捉え方」をめぐる Langacker の洞察は本書の枠組みではどのように捉えられるかをまず確認しておく必要がある．

　本書の枠組みでは，「主体としての捉え方」は視野に含まれない自己の知覚，すなわちエコロジカル・セルフ[10]としての自己の知覚である．たとえばメガネ

が主体として捉えられている場合には，2.1.1 節で (19) との関連で言及したことからも明らかなように，メガネは拡張されたエコロジカル・セルフの一部として捉えられていることになる[11]．Langacker は，主体として把握されたメガネは知覚されてはいない（知覚の対象とはなっていない）としているが，本書の枠組みでは，対象の知覚と相補的に成立する自己知覚という形で知覚されていることになる．

一方「客体として捉えられる」とは，本書の枠組みでは視野の中に含まれるものとして捉えられる，ということになる．そして，メガネをかけている人が常にある程度はその存在を意識ないし知覚していることは，本書の枠組みでは，たとえば Mach の自画像において鼻が視野の一隅を占めていることに対応する．

主体として捉えられているものは視野の中に含まれていないため，音形をもつ明示的な言語形式によって指示することはできないというのが本書の立場である．客体として捉えられているものは指示対象になりうる[12]．

したがって本書の立場は，Langacker が提案した区別に対して生態心理学の観点から基礎づけを与えたものと位置づけることができる．

なお，主体としての捉え方と客体としての捉え方という Langacker の区別は，時枝が「志向作用」と「志向対象」という対比で捉えようとしたものと同じであると考えることができる．したがって，時枝が詞と辞の区別との関連で議論している例の中には，主体化との関連で考え直すことができるものもあると思われる．

11.3.3 主体の移動が関わる表現についての本書の立場

筆者は以前，次の *across* や移動動詞の多義性に関して，Langacker (1998) と基本的に同趣旨の議論をしたことがある (Honda 1991, 1993)．

(384) a. Vanessa jumped *across the table*.

b. Vanessa is sitting *across the table from Veronica*.

(390) a. The hiker *went/ran/climbed* up the hill.　　　　　(= (386b))

b. The new highway *goes/runs/climbs* from the valley floor to the senator's mountain lodge.　　　　　(= (387b))

すなわち，たとえば (384) に関しては，b に主体の移動があるのは Langacker

(1990) が主張するとおりであるが，それと同時に a にも主体の移動が存在するのではないか，移動していく "Vanessa" を追視する認識者の移動がないと "Vanessa" はすぐに視野から消えてしまい，その "jump across the table" という移動を認識できないのではないか，そしてその移動は b において道路のあり方を認識するのに必要な移動と同じ性格のものではないか，という議論をしたわけである．

さらに，当時の筆者の枠組みにおいては，(384) (390) の b だけでなく a においても主体の移動が存在するということが，これらの例に示された across/go/run/climb の多義性の根幹を成すものであった．すなわち，a に存在する客体の移動が b にはないという意味で，両者で述べられている状況は客観的には（観察的立場からは）異なる．しかしながら a においても b においても状況を認識するのに必要とされる主体の側の移動は共通して存在する．これは，述べられる状況は異なっているが，それに対する捉え方は同一である（主体的立場からは同じように経験される）ということである．そしてこの，捉え方の同一性が，across/go/run/climb の二つの用法をつないでいる，すなわちこれらの語の多義性を根拠づけているのである，という説明である．

しかし，本書で採用している説明は，この説明からの発展ではない．

ここで Langacker (1990) の立場，Langacker (1998) の立場，そして本書の立場を整理しておこう．

(391) 　a. Langacker (1990)：
- highway 文 (390b) を hiker 文 (390a) と主体化によってつなげようとする．
- hiker 文には客体の移動のみを認め，highway 文には主体の移動のみを認める．客体の移動から主体の移動への配置換えが主体化である．
- highway 文の動詞は，主体の移動を指示対象とする．

　b. Langacker (1998)：
- highway 文を hiker 文と主体化によってつなげようとする．
- hiker 文には客体の移動と主体の移動の両方を認め，highway 文には主体の移動のみを認める．客体の移動の弱化による

11.3 「主体化」について

　　　　主体の移動の前景化が主体化である．
　　・highway 文の動詞は，主体の移動を指示対象とする．
　c. 本書の立場：
　　・highway 文を hiker 文とつなげない．
　　・highway 文には探索活動としての主体の移動を認める．この主体の移動は（hiker 文の主語のような）主語の移動とつなげるのではなく，知覚者自身の探索活動としての移動につなげる．
　　・highway 文の動詞は，主体の探索活動によって生じた道の見え変化を記述しているものであって，主体の移動それ自体を指示対象としているわけではない．探索活動である主体の移動は見えの変化を作り出すものであるが，それ自体が視野の中に含まれているわけではないため，動詞の指示対象とはなりえない．

　本書が Langacker（1998）やそれに先立つ筆者自身の説明（Honda 1991, 1993）を採用しない背景には，仮現運動をめぐる Wundt とゲシュタルト心理学者の論争がある．次節でそれについて触れる．

11.3.4 仮現運動をめぐる Wundt とゲシュタルト心理学者の論争

　仮現運動（apparent motion）とは，物理的な運動が存在しないにもかかわらず知覚される見かけ上の運動のことである．たとえば二つの電球を適当な距離を置いて並べて交互に点滅させると，条件によっては二つの電球が交互に点滅しているように見えるのだが，場合によっては二つの電球の間を光点が滑らかに移動しているかのように見えることがある．物理的には運動は存在しないので運動に対応する感覚刺激は存在しないのであるが，知覚経験としては運動が経験される場合があるわけである．

　仮現運動は，ゲシュタルト心理学者である Max Wertheimer によって，恒常仮定（constancy hypothesis; 恒常性仮説とも訳される）に対する反証として提示されたものである[13]．恒常仮定とは，「感覚刺激と知覚経験の要素との間には一対一の対応関係がある」という考え，すなわち外部からの刺激が同じであ

ればそこから得られる知覚経験も同じであろう，あるいは知覚経験の要素にはかならずそれに対応する感覚刺激が存在する，という考えである．仮現運動においては，同種の刺激が条件によって二つの電球の交互の点滅として知覚されたり，一つの光点の移動として知覚されたりする．移動が知覚される場合，その移動に対応する感覚刺激は存在しない．すなわちこれは図と地の反転同様，恒常仮定に対する反証となるわけである．

これに対して Wilhelm Wundt は，恒常仮定の正当性を主張しようとするなかで，仮現運動の原因を目の筋肉からくる刺激に求めた．すなわち，光点を「追いかける」眼球運動が存在し，その運動によって生じる筋肉からの感覚刺激がもとになって，「移動」が知覚されるのだと主張したわけである．この議論は，「運動知覚を成立させるのは眼球運動である」という主張と解釈することができる．

これに対して Wertheimer は，仮現運動を二つ同時に引き起こす実験を行うことで反論した．すなわち，電球を 4 個用意し，一方の光点が上方向に移動し，他方の光点が下方向に移動するように知覚される実験を行ったわけである．かりに仮現運動の知覚が眼球運動によって引き起こされるならば，上方向の運動と下方向の眼球運動を同時に行うことはできないわけであるから，この場合には運動の知覚は成立しないはずである．しかし実際には被験者は容易に二つの移動を同時に知覚したのであった．

さらに Wertheimer は，彼に判断できる限り，仮現運動の知覚と現実の運動の知覚に差を見出すことはできないとも述べた（上村 1994: 205）．

以上を踏まえて前節の問題に戻ろう．Honda (1991, 1993) の議論の要点は，次の文で主語の指示対象の移動を概念化者が知ることができるのは，対象を追いかける視線の移動があるからだというものであった．

 (390) a. The hiker *went/ran/climbed* up the hill.

この議論は，運動知覚の成立に関して基本的に Wundt の説を採用していることになる．しかしながら Wundt の説は Wertheimer によって反駁されており，運動の知覚に関して，理想化認知モデルとしては成立しうるものの，心理学的なモデルとしては成立しないわけである．

ただし Wundt のモデルが理想化認知モデルとしては成立しうるということ

は，これが多義性の成立を支える基盤となりうる可能性を持っているということではある[14]．しかし本書では心理学的にみてより妥当と考えられる立場を提示したものである．

11.3.5 ゼロ形による話し手の表現についての本書の立場

(388)　a. Vanessa is sitting across the table *from me*.
　　　　b. Vanessa is sitting across the table.

これについては本書の立場は Langacker の考え方と相通じる部分が多い．本書の議論は Langacker の考えに認知科学的な基礎づけを与えたことになると思われる．

11.4 「公的自己」と「私的自己」

11.4.1 「公的自己」，「私的自己」とは何か

　生態心理学は環境の知覚に自己の知覚が伴うと考える．したがって生態心理学の観点から言語現象を考えることは，言語において自己がどのように表現されるかを考えることにつながる．実際，自己の表現は，本書の大きなテーマであった．認知言語学の中で自己の表現の問題を正面から取り上げた注目すべき議論に，廣瀬 (1997) の「公的自己」と「私的自己」の議論がある．本節ではその議論と本書の立場の関係を検討する．

　「公的自己」と「私的自己」について，ここではそのエッセンスが簡潔にまとめられた廣瀬・長谷川 (2001a, 2001b) に主に基づいて紹介する．

　公的自己とは聞き手に対峙する伝達の主体としての話し手の側面であり，私的自己とは聞き手の存在を前提としない思考の主体としての自己の側面である．両者はそれぞれ，聞き手の存在を前提とする「公的表現」と前提としない「私的表現」という，異なるレベルの言語表現行為の主体である．

　言語表現の中には，必ず聞き手の存在を前提とするものがある．日本語におけるそのような聞き手志向の表現の典型例は以下の通りである．

　　(392)　a. 「よ」「ね」などの一定の終助詞

  b.「止まれ」などの命令表現
  c.「おい」などの呼びかけ表現
  d.「はい・いいえ」などの応答表現
  e.「です・ます」などの丁寧体の助動詞
  f.「(だ)そうだ」などの伝聞表現

 これらの表現は定義上，公的表現である．また，これらを含む句や文も公的表現として機能する．

 一方，聞き手志向表現を含まない句や文は，話し手が他者への伝達を意図して用いない限りは私的表現となる．

 言語による伝達の背後には必ず思考がある．言語による伝達とは，思考内容の伝達である．しかし思考された内容は必ずしも伝達されるとは限らない．つまり，公的表現は私的表現の存在を前提とするが，逆は成り立たない．たとえば，［雨だ］という公的表現には〈雨だ〉という私的表現のレベルが含まれている．これを図式的に示すと次のようになる．

 (393) 〈雨だ〉＋ 聞き手への志向性 → ［雨だ］

 これは，公的自己が私的自己の存在を前提とするということでもある．

 日本語では，私的自己と公的自己を表す言葉が別々に存在する．日本語で私的自己を表すのは「自分」である．公的自己は「ぼく・わたし」などの代名詞類，子どもに対する場合の「お父さん」などの親族名称，生徒に対する場合の「先生」などの職業名など，多様な表現によって表される．

 「自分」が私的自己を表す私的表現で，「ぼく・わたし」などが公的自己を表す公的表現であることは，次の例から明らかになる．

 (394) a. 自分は天才だという意識
    b.*{ぼく／わたし}は天才だという意識

 (394a)がこのままで自然な表現であるということは，この「自分」は当該の意識の主体，すなわち私的自己を指しているということを示している．それに対して(394b)がこのままでは不自然であるということは，「ぼく・わたし」が私的自己を指すことができないということである．これは，「ぼく・わたし」が伝達の主体としての公的自己を指す公的表現であり，意識の内的・私的な描写には現れないためと考えられる．(394b)は，次例のように，伝達を前提と

11.4 「公的自己」と「私的自己」

した状況では用いることができる，ということがこのことを支持している．

(395) {ぼく／わたし} が，{ぼく／わたし} は天才だという意識をもったのは，ちょうどその時でした．

(394a) における「自分」は，意識の持ち主が誰であるかによらず一定不変である．次の例においても，「自分」はいかなる人称に関しても一定不変である．

(396) {ぼく／きみ／あの人} は，自分は泳げないと言った．

つまり日本語においては，私的自己は一定不変の「自分」によって表される．これは，日本語には私的自己を表す「固有の (special)」言葉があるということである．それに対して公的自己は多様な表現で表される．これは，日本語において自己が状況依存的に規定されるということを意味するものではない．むしろ，日本語には公的自己を表す固有の言葉がないということである．固有の言葉がないために，さまざまな言葉を公的自己の表現として代用しているのである．日本語において私的自己を表す固有の言葉があるのに公的自己を表す固有の言葉はないということは，日本語が私的自己を中心に構成された体系であることを意味している．

一方 I は，英語において公的自己を表す固有の言葉である．話し手が誰であり，発話の場面がどのようなものであろうと関係なく，公的自己としての話し手を指すには通常一貫してこの語が用いられる．その一方で，英語には日本語の「自分」に相当する私的自己を表す固有の言葉がない．このことは次の例から明らかになる．

(397) X said, "I can't swim."

この直接話法の文を間接話法に転換するには，公的自己の I を私的自己を表す言葉に置き換えなければならないが，それは主語の X が誰を指すかが分からない限り，できない．X が明らかになった時点ではじめて，私的自己を表現することができる．その場合に私的自己を表現するのに，人称代名詞が代用される．

(398) a. *Mary / John / I / You* said, "I can't swim."
        b. *Mary / John / I / You* said *she / he / I / you* couldn't swim.

これは日本語の状況とは正反対である．

私的自己と公的自己の関係については,「自分」が表す私的自己はいわば「裸」の自己であり,公的自己を指し示す「ぼく」「わたし」「お父さん」「先生」などの表現は,その私的自己に場面に応じて着せ分ける衣服のようなものである.つまり場面に応じて変わるのは自己そのものではなく,自己がまとう衣服である.場面によって多様に変わる衣服としての公的自己の内側には,場面の変化によらず一定不変の存在としての私的自己が存在するのである.日本語においては自己が状況依存的に規定されると言われることがあるが,それは私的自己の存在を見落として公的自己のレベルだけを見ている議論である.

以上が廣瀬の議論の概要である.

11.4.2 本書の立場との比較

「公的自己」「私的自己」論における私的自己は,他者に依存しない確固たる一定不変の存在として個人の内奥にあると想定される自己である.これが公的自己に先立って存在するという考え方は,Neisserが本質主義と呼んで棄却した伝統的な自己観の流れに位置づけられるものである.別の言い方をすれば,公的自己・私的自己論は個体主義・内部主義的な自己観の流れを汲むものといえる.

それに対して本書で採用している生態心理学的なアプローチにおいては,自己は本来的に事物や他者との関係において知覚されるものである.Neisserは直接知覚される自己(エコロジカル・セルフとインターパーソナル・セルフ)のほかに「時間的な延長を持つ自己」「私的自己」[15]「概念的な自己」を想定している(2.8節)が,これらは直接知覚される自己を基盤として成立するものである.Neisserの自己観およびそれを継承する本書の自己観は,関係論的な自己観の流れを汲むものといえる.

廣瀬は日本語の公的自己の表現が多様であることを,「日本語においては自己は状況依存的である」という議論ではなく,「日本語には公的自己を表す「固有の」言葉がない」という議論と結びつけている.これは,他者に依存しない確固たる一定不変の存在としての私的自己が想定できるという,廣瀬の個体主義的な自己観の必然的な帰結と言える.私的自己を想定する個体主義的な自己観のもとでは,仮に日本語に本来的に公的自己を表す言葉があるとしたら,そ

れはその基盤となる私的自己のもつ性質を受け継いで，他者によって変わることなく，一定不変のものとして存在するのが自然であるはずである．しかし日本語にはそのような性質を持つ公的自己を表す言葉はない．そこで日本語には公的自己を表す「固有の」言葉はないということになるわけである．

一方本書では，7.12節で検討したように，日本語において話し手自身を指す表現が多様であるのは，インターパーソナル・セルフのレベルでの視座の移動のしやすさの現れであると考える．

11.4.3 相対的自己と絶対的自己

廣瀬(1997)の公的自己／私的自己との関連で見ておきたいのが，長谷川 (Hasegawa 1998, 廣瀬・長谷川 2001a) の「相対的自己」「絶対的自己」である．

まず長谷川は，その批判の対象となる「日本人のもつ自己の概念は，西洋語話者の自己概念とは異なり，集団的なウチに同化し，状況に応じて変化する相対的な自己である」，すなわち「日本語においては自己は状況依存的であり，なおかつ自己が帰属する集団的領域である「ウチ」の中の他者と同一化することがありうる」とする分析の概要を紹介する．

自己が状況依存的であるとは，子どもに話しかける大人が自分を「おじさん・おばさん」と呼んだり，教師が生徒に向かって自分のことを「先生」と呼んだりするという現象から言われることである．そして自己がウチの中の他者と同一化しうるとは，次のような現象から言われることである．

(399)　a. 岡田さんが（私に）お金を貸してくれた．
　　　 b.*岡田さんがその人にお金を貸してくれた．
　　　 c. 岡田さんが母にお金を貸してくれた．

ここで「母」が「くれた」と共起できることから，ウチの者である母親は話し手の延長された自己と見なされうると言えるわけである．

それに対して長谷川は，そのような分析に対する反例の一つとして，日本語における心理述語の振舞いを挙げる．

(400)　a. 私／*母 は寒い．
　　　　 b. 母は 寒がっている／寒そうだ．
　　　　 c. 私／*母 はコーヒーを飲みたい．

d. 母はコーヒーを飲みたがっている．

　この例についての長谷川の解釈をまとめると，次のようになる．

　（401）　日本語における自己の概念は，決して相対的なものではなく，流動性もない．ウチの代表例である母親であっても，自己と同一視した言語表現は不可能である．これらの例文は，それがいかに原始的で未熟なものであろうと，日本語が強い自己意識を前提としていることを示すものであり，そのような言語を使用する者が西洋語に見られるのと同様の一定不変の自己概念をもたないと考えることは不可能であることを示している．

（cf. 廣瀬・長谷川 2001a: 92）

　（400）からその存在がうかがわれる「自己」が，ウチに同化しない自己であるとする長谷川の指摘は妥当であると思われる．しかしこれが自己の状況依存性に対する反例となりうるかどうかについては再考の余地がある．

　（400）のような現象について，本書では7.10節で取り上げた．すなわち，日本語においてはエコロジカル・セルフのレベルでの視座が流動的であるため，状況の内部にいてそこから見えたままを表現する傾向が強くなる（221）．状況の中にいる話し手にとって，母親は他者である．他者の意思は心の理論によって忖度することができるが，本来は私秘的なものであるから究極的には不可知のものである．そこで日本語においては他者の意思は究極的には他者に固有の秘されたものとして扱われる．その結果，他者である母親と自分自身との間には（400）に見られるような相違が出るわけである．

　一方日本語では7.12節で述べたように，インターパーソナル・セルフのレベルでも視座が流動的になり，その結果，自分自身に対する捉え方が場面の変化に同調したかたちで変化する．これは，伝統的な言い方で表せば，「自己（の少なくとも一側面）が状況依存的である」ということにほかならない．そしてエコロジカル・セルフのレベルでの視座が流動的であるということと，インターパーソナル・セルフのレベルでの視座が流動的であるということは，直接知覚される自己のレベルでの視座が流動的であるという同一の事柄の二つの側面にほかならない．

　したがって，本書の見方が妥当であるならば，（400）は自己の状況依存性に

対する反例ではなく，このような現象が生じるのはむしろ自己が状況の内部に位置しているため，すなわちある意味状況依存的であるためである，ということになる．

【注】

1) 本章は，本多（2003c）の内容の一部を含むほかは，本書のために書下ろしたものである．
2) 時枝は「素材」の語を表現対象あるいは指示対象の意味で用いている．
3) 以下，三浦（1967）からの引用は，再刊版である三浦（1983）による．
4) したがって，時枝の議論が正しいならば，言語には差別的な表現は存在しえないことになる．そのような観点から言語における差別的表現の存在を否定し，「言葉狩り」を批判した論考に氏家（2001）がある．後に述べるように，筆者はこの点においては時枝と立場を異にし，したがって氏家とも立場を異にする．
5) 言語過程説とは独立に，池上（1997: 63）も「問題となる言語の習熟度と不釣合いなレベルの論文を書くということは，認知言語学の場合は残念ながら不可能である」と述べているが，同様の問題意識によると考えられる．
6) たとえば宇野（2002），宇野・池上（2003b）における志向性の共有についての議論や，宇野・池上（2004）における「から」についての一人称的分析などを参照のこと．時枝の「観察的立場は，常に主体的立場を前提とすることによつてのみ可能とされる」（時枝 1941: 29）という言葉を宇野らの用語で述べなおせば，「分析者はいったん，話者と志向性を揃えなければならない」のようになると思われる．
7) 以下の議論は本多・桑畑（1997），本多（2003b）に基づいている．
8) 「主体化」の解説は，籾山・深田（2003），深田（2001）にもある．
9) Langacker は「知覚」という術語を日常的な理解のもとに使用している．
10) およびインターパーソナル・セルフ．Langacker の議論はもともと事物の知覚だけを想定したものであるが，他者の知覚に関しても適用できるものである．
11) これとは異なる理解を提示した議論として，柴田崇（2004a, 2004b）がある．
12) この点に関しては Langacker（1985）にも関連する議論がある．
13) ゲシュタルト心理学と恒常仮定および仮現運動については Reed（1988），Palmer（1990），大山（1992a, 1992b），村田（1993），佐々木（1993a, 1994a），上村（1994）を参考にした．
14) 実際筆者はこの考えを完全に捨てているわけではなく，本多（2003b）ではこの考えに基づく多義構造の議論を提示している．

15) 言うまでもなく，廣瀬の「私的自己（private self）」と Neisser の「私的自己（private self）」は別の概念である．廣瀬の私的自己は個体のもつ内的な自己の全体を一枚岩として捉えたものであるから，あえて対応させるなら Neisser の「時間的な延長を持つ自己」「私的自己」「概念的な自己」のすべてを合わせたものに当たると言える．

あとがき

　本書は，筆者が1994年から取り組んできた，生態心理学の観点から文法現象を見直す試みの，現時点までの成果を取りまとめたものである。本書に提示した研究をすすめるに当たり，そして本書が世に出るに当たっては，さまざまな方のお力添えをいただいた。

　佐々木正人先生のご研究に筆者がはじめて触れたのは，ご著書の『からだ：認識の原点』（認知科学選書15，東京大学出版会，1987年）および1993年度の雑誌『言語』連載論文を通じてであった。翌年には東京大学教育学研究科での先生の授業に直接参加させていただいた。先生はこの英語学専攻の大学院生を暖かく迎え入れてくださったばかりでなく，それ以来たびたび，文献の紹介に始まり，原稿執筆の機会や翻訳の仕事などの紹介にいたるさまざまなお力添えを，絶妙のタイミングでいただいた。筆者が生態心理学から離れることなくここまで研究を続けてこられたのは，ひとえに佐々木先生のお力によるものである。

　大学院時代の指導教官の池上嘉彦先生は，主体移動表現等についての学生時代の筆者の研究を支えてくださったばかりでなく，修了後もいろいろな形でお世話をいただいている。学会等で「池上先生からあなたの研究を紹介されました」という方にお会いすることがあり，そのたびに身が縮む思いがする。「不肖の弟子」とは筆者のためにあるような言葉である。本書をもって，「ようやくこのような形で研究をまとめることができました」とご報告申し上げることができれば幸甚である。

　本書の執筆を勧めてくださったのは，西村義樹先生であった。実は，雑誌『英語青年』に掲載された世界の知覚と自己知覚についての小論，『認知言語学Ⅰ：事象構造』（シリーズ言語科学2，東京大学出版会，2002年）に掲載された中間構文

についての論文，『認知言語学論考』(No. 1, 2, ひつじ書房，2001, 2003 年) に掲載された論考など，本書の核をなす論考は，そもそも西村先生のお力添えで執筆・刊行にいたったものである．西村先生は，認知言語学の道に入って以来の筆者の研究活動のほとんどすべての局面に関わっているといっても過言ではない．

しかし，どれほど西村先生に勧められたとしても，坂本真樹氏の活動がなければ，本書の執筆・刊行はありえなかった．坂本氏は，中間構文についての筆者の研究がまだ勤務先の紀要でしか読めなかったころからその内容に関連した研究を開始され，しかもそれを学会で発表するという，筆者にとっては離れ業としか見えないことをいともたやすくやってのけられた．坂本氏の活動に筆者がどれほど勇気づけられたか，言葉にすることはできない．

2002 年の日本認知言語学会ワークショップでは，佐々木正人先生のもとで学ばれた正統的な生態心理学者であり，当時駿河台大学での同僚でもあった後安美紀氏に参加していただいた．生態心理学を専門としない筆者らを相手にしてのワークショップではいろいろとご苦労をおかけしたに違いないが，ワークショップに関わった人すべてが，後安氏から多くのことを学んだことは間違いない．

実際に執筆を進めるに当たって，このほかにもさまざまな方からコメントや励ましをいただいた．それらは本書の記述の中に，いろいろな形で反映されている．もちろん，本書の内容に関しての責任が筆者一人に帰せられることは言うまでもない．

また，不勉強な筆者が曲がりなりにもこのような形で考えをまとめることができたのは，直接，間接に存じ上げる方々による優れた先行研究があればこそである．

編集に関しては，東京大学出版会の小暮明氏にお世話になった．筆者にとっての初めての単著がこのような立派な形に仕上がったのは，小暮氏の緻密な編集作業のおかげである．

本書の内容の一部は，日本認知言語学会（およびその前身の認知言語学フォーラム）のほか，日本英語学会（1994 年，ワークショップ），東京大学大学院言語情報科学専攻（1997 年，言語情報科学特別講義），法政大学文学部（2000 年度「言語文化論」），駿河台大学現代文化学部（2002 年度公開講座，2003～2004 年度「現代

文化フォーラム」），文法学研究会（2002年）でお話しさせていただいた。機会を与えてくださった関係各位に謝意を述べたい。

　本書のもとになった研究は，1994～1995年度に日本学術振興会特別研究員として受けた文部省科学研究費補助金（特別研究員奨励費）の助成を受け，1998～1999年度には文部省／日本学術振興会科学研究費補助金（奨励研究(A)）の助成を受けた。また本書の刊行は，2004年度の駿河台大学出版助成を受けた。文献の収集に当たっては，駿河台大学メディアセンター学術情報課の職員の皆さんに大変お世話になった。以上，記して謝意を表したい。

　そして最後に，本書を捧げるとしたら，現在4歳の姪だろうか。彼女が成長して，何かの折に本書を手にしたときにどのような感想を抱くのか，それについては何とも言えない。ただ，少なくともひとつ分かってほしいのは，「おじちゃんはこの本を，とっても楽しみながら書いたんだ」ということである。うんうん唸りながらものを考えるのは楽しいことだということ，そして唸り散らして考えた結果，何かが分かるということ（あるいは少なくとも「分かった」という気持ちになれること）は嬉しいことなのだ，ということは分かってほしい，できればいろいろな場面で身をもって経験してほしいと思う。そして，その「分かったこと」が，周囲の人の考えと相容れないときには，周囲の考えに安直に流されない主体性と，自分自身の考えに束縛されない柔軟性をもって，自分と周囲の位置関係を冷静に見極めて，その上で，どちらの考えを採用するかを判断する根拠を捜し求める，そういう姿勢を身につけてほしいと思う。そしてそれが身についたら，どうやって身につけたかをおじちゃんに教えてほしい。そうしたらおじちゃんも見習うことができるから。

2004年12月

本多　啓

参考文献

Ackema, Peter and Maaike Schoorlemmer (1995) "Middles and Nonmovement," *Linguistic Inquiry* 26-2, 173-197.
Allen, Robert L. and Clifford A. Hill (1979) "Contrast between *O* and *The* in Spatial and Temporal Predication: Unmarked Representation of Coding Locus as Reference Point," *Lingua* 48, 123-146.
Anderson, Stephen R. (1990) "The Grammar of Icelandic Verbs in *-st*," *Syntax and Semantics 24: Modern Icelandic Syntax*, ed. by Maling, Joan and Annie Zaenen, Academic Press, San Diego, 235-273.
Bache, Carl (1985) *Verbal Aspect: A General Theory and its Application to Present-Day English*, Odense University Press, Odense.
Bekoff, Marc, Colin Allen and Gordon M. Burhgardt eds. (2002) *The Cognitive Animal: Empirical and Theoretical Perspectives on Animal Cognition*, The MIT Press, Cambridge, MA.
Blake, Randolph, Lauren M. Turner, Moria J. Smoski, Stacie L. Pozdol and Wendy L. Stone (2003) "Visual Recognition of Biological Motion is Impaired in Children with Autism," *Psychological Science* 14-2, 151-157 (http://www.psy.vanderbilt.edu/faculty/blake/research.html).
Bloom, Paul, Mary A. Peterson, Lynn Nadel and Merrill F. Garrett eds. (1996) *Language and Space*, The MIT Press, Cambridge, MA.
Brownlow, Sheila, Amy R. Dixon, Carrie. A. Egbert and Rebecca D. Radcliffe (1997) "Perception of Movement and Dancer Characteristics from Pint-Light Displays of Dance", *The Psychological Record* 47, 411-421.
Butterworth, George (2003) "Pointing Is the Royal Road to Language for Babies," Kita (2003: 9-33).
Campos, Joseph J., Alan Langer and Alice Krowitz (1970) "Cardiac Responses on the Visual Cliff in Prelocomotor Human Infants," *Science* 170, 196-197.
Capirci, Olga, Jana M. Iverson, Elena Pizzuto and Virginia Volterra (1996) "Gestures and Words during the Transition to Two-word Speech," *Journal of Child Language* 23, 645-673.
Condon, William S. (1976) "An Analysis of Behavioral Organization," *Sign Language Studies* 13, 285-318.
Condon, William S. (1982) "Cultural Microrhythms," Davis (1982: 53-77).

Condoravdi, Cleo (1989) "The Middle: Where Semantics and Morphology Meet," *MIT Working Papers in Linguistics* 11, 16-30 (*Papers from the Student Conference in Linguistics 1989*).
Davis, Martha, ed. (1982) *Interaction Rhythms: Periodicity in Communicative Behavior*, Human Sciences Press, New York.
Dirven, Renée and John R. Taylor (1988) "The Conceptualization of Vertical Space in English: The Case of *Tall*," Rudzka-Ostyn (1988: 379-402).
Dixon, Robert Malcolm Ward (1991) *A New Approach to English Grammar, on Semantic Principles*, Clarendon Press, Oxford.
Duncan, Starkey, Jr. (1973) "Toward a Grammar of Dyadic Conversation," *Semiotica* 9, 29-46.
Engberg-Pedersen, Elisabeth (1998) "Space and Time," *Cognitive Semantics: Meaning and Cognition*, ed. by Allwood, Jens and Peter Gärdenfors, John Benjamins, Amsterdam/Philadelphia, 131-152.
Fagan, Sarah M. B. (1988) "The English Middle," *Linguistic Inquiry* 19-2, 181-203.
Fagan, Sarah M. B. (1992) *The Syntax and Semantics of Middle Constructions: A Study with Special Reference to German*, Cambridge University Press, Cambridge.
Fellbaum, Christiane (1985) "Adverbs in Agentless Actives and Passives," *CLS* 21, *Parasession on Causatives and Agentivity* 21-31.
Fellbaum, Christiane (1986) *On the Middle Construction in English*. Indiana University Linguistics Club, Bloomington.
Fellbaum, Christiane and Anne Zribi-Hertz (1989) *The Middle Construction in French and English: A Comparative Study of its Syntax and Semantics*. Indiana University Linguistics Club, Bloomington.
Fish, Stanley Eugene (1980) *Is There a Text in This Class? : The Authority of Interpretive Communities*, Harvard University Press, Cambridge, Mass. (『このクラスにテクストはありますか』小林昌夫訳, みすず書房, 1992).
Ford, Cecilia E. and Junko Mori (1994) "Causal Markers in Japanese and English Conversations: A Cross-Linguistic Study of Interactional Grammar," *Pragmatics* 4-1, 31-61.
Gallup, Gordon G., Jr. (1970) "Chimpanzees: Self-Recognition," *Science* 167, 86-87.
Gallup, Gordon G., Jr., James R. Anderson and Daniel J. Shillito (2002) "The Mirror Test," Bekoff, Allen and Burghgardt (2002: 325-333).
Gallup, Gordon G., Jr., Michael K. McClure, Suzanne D. Hill and Rosalie A. Bundy (1971) "Capacity for Self-Recognition in Differentially Reared Chimpanzees," *The Psychological Record* 21, 69-74.
Geluykens, Ronald (1992) *From Discourse Process to Grammatical Construction: On Left-Dislocation in English*, John Benjamins, Amsterdam/Philadelphia. (Studies in Discourse and Grammar 1.).
Gibson, Eleanor Jack (1991) *An Odyssey in Learning and Perception*, The MIT Press, Cambridge, MA.
Gibson, Eleanor Jack (1993) "Ontogenesis of the Perceived Self," Neisser (1993a: 25-42).

Gibson, Eleanor Jack and Richard D. Walk (1960) "The "Visual Cliff"," *Scientific American* 202-4, 64-71.

Gibson, James Jerome (1962) "Observations on Active Touch," *Psychological Review* 69-6, 477-491.

Gibson, James Jerome (1966) *The Senses Considered as Perceptual Systems*, Houghton Mifflin, Boston, MA. (Reprinted in 1983 by Greenwood Press (Westport, Connecticut)).

Gibson, James Jerome (1979) *The Ecological Approach to Visual Perception*, Houghton Mifflin, Boston, MA.(『生態学的視覚論:ヒトの知覚世界を探る』古崎敬・古崎愛子・辻敬一郎・村瀬旻訳, サイエンス社, 1985).

Gibson, James Jerome (1982) "Notes on Affordances," *Reasons for Realism: Selected Essays of James J. Gibson*, ed. by Reed, Edward and Rebecca Jones, Lawrence Erlbaum Associates, Hillsdale, 401-418,(「アフォーダンスについての覚書」山上暁訳,『認知科学ハンドブック』共立出版, 1992, 629-639;「アフォーダンスに関する覚え書き」境敦史訳,『ギブソン心理学論集 直接知覚論の根拠』勁草書房, 2004, 337-369).

Givón, Talmy (1979) *On Understanding Grammar*, Academic Press, New York.

Goldberg, Adele Eva, ed. (1996) *Conceptual Structure, Discourse, and Language*, CSLI Publications, Stanford.

Goldfield, Eugene C. (1983) "The Ecological Approach to Perceiving as a Foundation for Understanding the Development of Knowing in Infancy," *Developmental Review* 3, 371-404.

Goldsmith, John and Erich Woisetschlaeger (1982) "The Logic of the English Progressive," *Linguistic Inquiry* 13-1, 79-89.

Goodwin, Charles (1979) "The Interactive Construction of a Sentence in Natural Conversation," *Everyday Language: Studies in Ethnomethodology*, ed. by Psathas, George, 97-121, Irvington Publishers, New York (Distributed by Halsted Press).

Grossman, Emily D. and Randolph Blake (2002) "Brain Areas Active during Visual Perception of Biological Motion," Neuron 35, 1167-1176 (http://www.psy.vanderbilt.edu/faculty/blake/research.html).

Harada, Shin-Ichi (1976) "Quantifier Float as a Relational Rule," *Metropolitan Linguistics* 1, 44-49(原田(2000: 339-345)として再録されたものから引用).

Hasegawa, Yoko (1998) "Linguistic Systems and Social Models: A Case Study from Japanese," *BLS* 24, 117-128.

Hashimoto, Takashi (1997) "Usage-based Structuralization of Relationships between Words," *Fourth European Conference on Artificial Life*, ed. by Husbands, Phil and Inman Harvey, The MIT Press, Cambridge, MA, 483-492.

Hashimoto, Takashi (1998a) "Development of Meaning Structure by Usage-based Word Relationships," *Proceedings of the Third International Symposium on Artificial Life and Robotics (AROB 3rd '98) Vol.2*, ed. by Sugisaka, Masanori, 662-665.

Hashimoto, Takashi (1998b) "Dynamics of Internal and Global Structure through Linguistic Interactions," *Multi-agent Systems and Agent-Based Simulation*, ed. by Sichman, Conte and Gilbert,

Springer-Verlag, Berlin, 124-139 (LNAI series, volume 1534).

Held, Richard and Alan Hein (1963) "Movement-produced Stimulation in the Development of Visually Guided Behavior," *Journal of Comparative and Physiological Psychology* 56, 872-876.

Hill, Suzanne D., Rosalie A. Bundy, Gordon G. Gallup, Jr. and Michael K. McClure (1970) "Responsiveness of Young Nursery Reared Chimpanzees to Mirrors," *The Proceedings of the Louisiana Academy of Sciences* 33, 77-82.

Hinds, John (1986) *Situation vs. Person Focus*, くろしお出版.

Honda, Akira (1991) *A Cognitive Approach to the Semantics of* Be Going To. M. A. Thesis, University of Tokyo.

Honda, Akira (1993) "Beyond Subjectification: The Role of Subjective Motion in the Architecture of Language," *Linguistic Research* 11, Tokyo University English Linguistics Association, 19-58.

Honda, Akira (1994a) "An Inquiry into the Semantics of Motion, Location and Viewing," *Linguistic Research* 12, Tokyo University English Linguistics Association, 23-67.

Honda, Akira (1994b) "From Spatial Cognition to Semantic Structure: The Role of Subjective Motion in Cognition and Language," *English Linguistics* 11, 197-219.

Honda, Akira (1994c) *Linguistic Manifestations of Spatial Perception*. Doctoral Dissertation, University of Tokyo.

Honda, Akira (1995) "Notes on Subjective Motion," *Linguistic Research* 13, Tokyo University English Linguistics Association, 29-51.

Hopper, Paul J. (1987) "Emergent Grammar," *BLS* 13, 139-157.

Hopper, Paul J. (1996) "Some Recent Trends in Grammaticalization," *Annual Review of Anthropology* 25, 217-236.

Hopper, Paul J. and Elizabeth Closs Traugott (1993) *Grammaticalization*, Cambridge University Press, Cambridge.

Horton, Bruce (1996) "What are copula verbs?," *Cognitive linguistics in the Redwoods: The Expansion of a New Paradigm in Linguistics*, ed. by Casad, Eugene H., Mouton de Gruyter, Berlin, 319-346 (Cognitive Linguistics Research 6).

Iguchi, Yuko (1998) "Functional Variety in the Japanese Conjunctive Particle *Kara* 'Because'," *Studies in Japanese Grammaticalization: Cognitive and Discourse Perspectives*, ed. by Ohori, Toshio, Kurosio Publishers, Tokyo, 99-128.

Ikegami, Yoshihiko (1991) "'DO-language' and 'BECOME-language': Two Contrasting Types of Linguistic Representation," *The Empire of Signs: Semiotic Essays on Japanese Culture*, ed. by Ikegami, Yoshihiko, John Benjamins, Amsterdam, 285-326.

Ikegami, Yoshihiko (2001) "Indices of a Subjectivity-Prominent Language: Between Cognitive Linguistics and Linguistic Typology," Plenary Lecture at the 7th International Cognitive Linguistics Conference, University of California, Santa Barbara.

Itani, Reiko (1992) "Japanese Conjunction *Kedo* ('But') in Utterance-Final Use: A Relevance-

Based Analysis," *English Linguistics* 9, 265-283.

Iwasaki, Shoichi (1993) *Subjectivity in Grammar and Discourse: Theoretical Considerations and a Case Study of Japanese Spoken Discourse*, John Benjamins Publishing Company, Amsterdam/Philadelphia (Studies in Discourse and Grammar 2).

Jarvella, Robert J. and Wolfgang Klein eds. (1982) *Speech, Place and Action*, John Wiley & Sons Ltd., New York.

Jespersen, Otto (1949) *A Modern English Grammar on Historical Principles* Part III: *Syntax, Second Volume*, George Allen & Unwin Ltd., London.

Johansson, Gunnar (1973) "Visual Perception of Biological Motion and a Model for its Analysis," *Perception & Psychophysics* 14-2, 201-211.

Johnson, Mark (1987) *The Body in the Mind: The Bodily Basis of Meaning, Imagination and Reason*, The University of Chicago Press, Chicago and London. (『心のなかの身体——想像力へのパラダイム転換』菅野盾樹・中村雅之訳, 紀伊國屋書店, 1991).

Kemmer, Suzanne (1993) *The Middle Voice*, John Benjamins Publishing Company, Amsterdam / Philadelphia.

Kermoian, Rosanne and Joseph J. Campos (1988) "Locomotor Experience: A Facilitator of Spatial Cognitive Development," *Child Development* 59, 908-917.

Keyser, Samuel Jay and Thomas Roeper (1984) "On the Middle and Ergative Constructions in English," *Linguistic Inquiry* 15-3, 381-416.

Kita, Sotaro, ed. (2003) *Pointing: Where Language, Culture, and Cognition Meet*, Lawrence Erlbaum Associates Inc, Mahwah, New Jersey.

König, Ekkehard (1977) "Temporal and Nontemporal Uses of 'Noch' and 'Schon' in German," *Linguistics and Philosophy* 1, 173-198.

König, Ekkehard (1995) "He is Being Obscure: Non-Verbal Predication and the Progressive," *Temporal Reference, Aspect and Actionality Volume 2: Typological perspectives*, ed. by Bertinetto, Pier Marco, Rosenberg and Sellier, Torino, 155-167.

Kugler, Peter N. and Michael T. Turvey (1979) "Two Metaphors for Neural Afference and Efference," *Behavioral and Brain Sciences* 2, 305-312.

Lakoff, George (1968) *Counterparts, or the Problem of Reference in Transformational Grammar*, Indiana University Linguistics Club, Bloomington.

Lakoff, George (1977) "Linguistic Gestalts," *CLS* 13, 236-287.

Lakoff, George (1987) *Women, Fire and Dangerous Things: What Categories Reveal about the Mind*, The University of Chicago Press, Chicago. (『認知意味論——言語から見た人間の心』池上嘉彦・河上誓作ほか訳, 紀伊國屋書店, 1993).

Lakoff, George (1990) "The Invariance Hypothesis: Is Abstract Reason Based on Image-Schemas?," *Cognitive Linguistics* 1-1, 39-74, (「不変性仮説——抽象推論はイメージ・スキーマに基づくか?」杉本孝司訳, 坂原 (2000: 1-59)).

Lakoff, George and Claudia Brugman (1986) "Argument Forms in Lexical Semantics," *BLS* 12, 442-454.

Lakoff, George and Mark Johnson (1980) *Metaphors We Live By*, The University of Chicago Press, Chicago. (『レトリックと人生』渡部昇一・楠瀬淳三・下谷和幸訳, 大修館書店, 1986).

Lakoff, Robin (1970) "Tense and its Relation to Participants," *Language* 46-4, 838-849.

Lambrecht, Knud (1996) "On the Formal and Functional Relationship between Topics and Vocatives—Evidence from French," Goldberg (1996: 267-288).

Langacker, Ronald W. (1984) "Active Zones," *BLS* 10, 172-188.

Langacker, Ronald W. (1985) "Observations and Speculations on Subjectivity," *Iconicity in Syntax*, ed. by Haiman, John, John Benjamins Publishing Company, Amsterdam / Philadelphia, 109-150.

Langacker, Ronald W. (1987a) "Nouns and Verbs," *Language* 63-1, 53-94.

Langacker, Ronald W. (1987b) *Foundations of Cognitive Grammar, Volume I: Theoretical Prerequisites*, Stanford University Press, Stanford.

Langacker, Ronald W. (1988) "A Usage-Based Model," Rudzka-Ostyn (1988: 127-161).

Langacker, Ronald W. (1990) "Subjectification," *Cognitive Linguistics* 1-1, 5-38.

Langacker, Ronald W. (1991) *Foundations of Cognitive Grammar, Volume II: Descriptive Application*, Stanford University Press, Stanford.

Langacker, Ronald W. (1993a) "Reference-Point Constructions," *Cognitive Linguistics* 4-1, 1-38.

Langacker, Ronald W. (1993b) "Universals of Construal," *BLS* 19, 447-463.

Langacker, Ronald W. (1994) "Culture, Cognition and Grammar," *Language Contact and Language Confiict*, ed. by Pütz, Martin, John Benjamins Publishing Company, Amsterdam / Philadelphia, 25-53.

Langacker, Ronald W. (1995) "Raising and Transparency," *Language* 71-1, 1-62.

Langacker, Ronald W. (1997) "The Contextual Basis of Cognitive Semantics," Nuyts and Pederson (1997: 229-252).

Langacker, Ronald W. (1998) "On Subjectification and Grammaticization," *Discourse and Cognition: Bridging the Gap*, ed. by Koenig, Jean-Pierre, CSLI Publications, Stanford, 71-89.

Langacker, Ronald W. (2000) "A Dynamic Usage-Based Model," *Usage-Based Models of Language*, ed. by Barlow, Michael and Suzanne Kemmer, CSLI Publications, Stanford, 1-63. (「動的使用依拠モデル」坪井栄治郎訳, 坂原 (2000: 61-143)).

Langacker, Ronald W. (2002) "Deixis and Subjectivity," *Grounding: The Epistemic Footing of Deixis and Reference*, ed. by Brisard, Frank, Mouton de Gruyter, Berlin and New York, 1-28.

Langacker, Ronald W. (2003) "Conceptual Overlap in Reference Point Constructions," *Current Issues in English Linguistics*, ed. by Ukaji, Masatomo, Masayuki Ike-uchi and Yoshiki Nishimura, Kaitakusha, Tokyo, 87-117.

Lee, David A. (1992) *Competing Discourses: Perspective and Ideology in Language*, Longman Group (Real Language Series).

Lee, David A. (2002) *Cognitive Linguistics: An Introduction*, Oxford University Press.

Lee, David N. and Eric Aronson (1974) "Visual Proprioceptive Control of Standing in Human Infants," *Perception and Psychophysics* 15-3, 529-532.

Lemmens, Maarten (1998) "Lexical Constraints on Constructional Flexibility: English 'Middable' Verbs," Paper presented at the 5th ICLC in Amsterdam (1997) (http://www.univ-lille3.fr/silex/equipe/lemmens/docspdf/middable.PDF).

Levin, Beth (1993) *English Verb Classes and Alternations: A Preliminary Investigation*, The University of Chicago Press, Chicago and London.

Levin, Beth and Tova R. Rapoport (1988) "Lexical Subordination," *CLS* 24, 275-289.

Linde, Charlotte and William Labov (1975) "Spatial Networks as a Site for the Study of Language and Thought," *Language* 51-4, 924-939.

Loveland, Katherine A. (1984) "Learning about Points of View: Spatial Perspective and the Acquisition of 'I/You'," *Journal of Child Language* 11, 535-556.

Loveland, Katherine A. (1993) "Autism, Affordances and the Self," Neisser (1993a: 237-253).

Lyons, John (1982) "Deixis and Subjectivity: *Loquor, ergo sum?*," Jarvella and Klein (1982: 101-124).

Massam, Diane (1988) "Middles, Tough and Recipe Context Constructions in English," *Proceedings of the North Eastern Linguistic Society (NELS)* 18, 315-332.

Masuda, Takahiko and Richard E. Nisbett (2001) "Attending Holistically versus Analytically: Comparing the Context Sensitivity of Japanese and Americans," *Journal of Personality and Social Psychology* 81, 992-934.

Matarazzo, Joseph D., George Saslow, Arthur N. Wiens, Morris Weitman and Bernadene V. Allen (1964) "Interviewer Head Nodding and Interviewee Speech Durations," *Psychotherapy: Theory, Research and Practice* 1, 54-63.

Matsumoto, Yo (1992) "Abstract Motion and English and Japanese Verbs," Paper presented at a regular meeting of Tokyo Cognitive Linguistics Association.

Matsumoto, Yo (1996a) "How Abstract is Subjective Motion?: A Comparison of Coverage Path Expressions and Access Path Expressions," Goldberg (1996: 359-373) .

Matsumoto, Yo (1996b) "Subjective Motion and English and Japanese Verbs," *Cognitive Linguistics* 7-2, 138-226.

McCawley, James D. (1988) *The Syntactic Phenomena of English*, The University of Chicago Press, Chicago.

Michaelis, Laura A. (1996) "Cross-World Continuity and the Polysemy of Adverbial *Still*," *Spaces, Worlds and Grammar*, ed. by Fauconnier, Gilles and Eve E. Sweetser, The University of Chicago Press, Chicago, 179-226.

Michaelis, Laura A. and Knud Lambrecht (1996) "The Exclamative Sentence Type in English," Goldberg (1996: 375-389).

Murray, Lynne and Colwyn Trevarthen (1985) "Emotional Regulation of Interactions Between Two-Month-Olds and Their Mothers," *Social Perception in Infants*, ed. by Field, Tiffany M. and Nathan A. Fox, Ablex, Norwood, N.J, 177-197.

Nakamura, Masaru (1997) "The Middle Construction and Semantic Passivization," *Verb Seman-*

tics and Syntactic Structure, ed. by Kageyama, Taro, Kurosio Publishers, Tokyo, 115-147.

Neisser, Ulric (1988) "Five Kinds of Self Knowledge," *Philosophical Psychology* 1-1, 35-59.

Neisser, Ulric (1991) "Two Perceptually Given Aspects of the Self and Their Development," *Developmental Review* 11, 197-209.

Neisser, Ulric, ed. (1993a) *The Perceived Self: Ecological and Interpersonal Sources of Self-Knowledge*, Cambridge University Press, Cambridge.

Neisser, Ulric (1993b) "The Self Perceived," Neisser (1993a: 3-21).

Neisser, Ulric (1997) "The Future of Cognitive Science: An Ecological Analysis," *The Future of the Cognitive Revolution*, ed. by Johnson, David Martel and Christina E. Erneling, Oxford University Press, New York and Oxford, 247-260.

Nigro, Georgia and Ulric Neisser (1983) "Point of View in Personal Memories," *Cognitive Psychology* 15, 467-482.

Nisbett, Richard E. (2003) *The Geography of Thought: How Asians and Westerners Think Differently...and Why*, The Free Press (Simon & Schuster), New York. (『木を見る西洋人　森を見る東洋人——思考の違いはいかにして生まれるか』村本由紀子訳，ダイヤモンド社，2004）.

Nisbett, Richard E. and Takahiko Masuda (2003) "Culture and Point of View," *Proceedings of the National Academy of Science* 100-19, 11163-11170 (http://www.pnas.org/cgi/doi/10.1073/pnas.1934527100 (http://www.pnas.org/cgi/reprint/1934527100v2.pdf)).

Nuyts, Jan and Eric Pederson eds. (1997) *Language and Conceptualization*, Cambridge University Press, Cambridge.

O'Grady, William D. (1980) "The Derived Intransitive Constructions in English," *Lingua* 52, 57-72.

Ohori, Toshio (1995) "Remarks on Suspended Clauses: A Contribution to Japanese Phraseology," *Essays in Semantics and Pragmatics: In Honor of Charles J. Fillmore*, ed. by Shibatani, Masayoshi and Sandra Thompson, John Benjamins Publishing Company, Amsterdam/Philadelphia, 201-218.

Ohori, Toshio (1997) "Framing Effect in Japanese Non-final Clauses: Toward an Optimal Grammar-Pragmatics Interface," *BLS* 23.

Ono, Tetsuo, Michita Imai and Hiroshi Ishiguro (2001) "A Model of Embodied Communications with Gestures between Humans and Robots," *Proceedings of the twenty-third Annual Meeting of the Cognitive Science Society (CogSci-2001)*, 732-737.

Palmer, Stephen E. (1990) "Gestalt Principles of Perceptual Organization," *The Blackwell Dictionary of Cognitive Psychology*, ed. by Eysenck, Michael W., Blackwell, Oxford, 154-156.

Péruch, Patrick, Jean-Louis Vercher and Gabriel M. Gauthier (1995) "Acquisition of Spatial Knowledge Through Visual Exploration of Simulated Environments," *Ecological Psychology* 7-1, 1- 20.

Postal, Paul M. (1971) "On the Surface Verb 'Remind'," *Studies in Linguistic Semantics*, ed. by Fillmore, Charles J. and D. Terence Langendoen, Holt, Rinehart and Winston, New York, 180-

Rapoport, Tova R. (1990) "Secondary Predication and the Lexical Representation of Verbs," *Machine Translation* 5, 31-55.

Reed, Edward S. (1988) *James J. Gibson and the Psychology of Perception*, Yale University Press, New Haven.

Reed, Edward S. (1991) "James Gibson's Ecological Approach to Cognition," *Against Cognitivism: Alternative Foundations for Cognitive Psychology*, ed. by Still, Arthur and Alan Costall, Harvester Wheatsheaf, New York, 171-197.

Reed, Edward S. (1995) "The Ecological Approach to Language Development: A Radical Solution to Chomsky's and Quine's Problems," *Language & Communication* 15-1, 1-29.

Reed, Edward S. (1996) *Encountering the World: Toward an Ecological Psychology*, Oxford University Press, Oxford. (『アフォーダンスの心理学――生態心理学への道』細田直哉訳,新曜社,2000).

Roberts, Ian G. (1987) *The Representations of Implicit and Dethematized Subjects*, Foris, Dordrecht (Linguistic Models 10).

Robinson, John A. and Karen L. Swanson (1993) "Field and Observer Modes of Remembering," *Memory* 1-3, 169-184.

Rovee-Collier, Carolyn (1989) "The Joy of Kicking: Memories, Motives and Mobiles," *Memory: Interdisciplinary Approaches*, ed. by Solomon, Paul R., George R. Goethals, Colleen M. Kelley and Benjamin R. Stephens, Springer-Verlag, New York, 151-180.

Rudzka-Ostyn, Brygida, ed. (1988) *Topics in Cognitive Linguistics*, John Benjamins Publishing Company, Amsterdam / Philadelphia.

Runeson, Sverker and Gunilla Frykholm (1983) "Kinematic Specification of Dynamics as an Informational Basis for Person and Action Perception: Expectation, Gender Recognition, and Deceptive Intention," *Journal of Experimental Psychology: General* 112-4, 585-615.

Sacks, Harvey, Emanuel A. Schegloff and Gail Jefferson (1974) "A Simplest Systematics for the Organization of Turn-Taking for Conversation," *Language* 50-4, 696-735.

Sakamoto, Maki (1998) "A Cognitive Network of the Middle Construction in English," *Kansai Linguistic Society* 18, 1-11.

Scheflen, Albert E. (1982) "Comments on the Significance of Interaction Rhythms," Davis (1982: 13-22).

Schmidt, R. C., Nicole Christianson, Claudia Carello and Reuben Baron (1994) "Effets of Social and Physical Variables on Between-Person Visual Coordination," *Ecological Psychology* 6-3, 159-183.

Shibatani, Masayoshi (1991) "Grammaticization of Topic into Subject," *Approaches to Grammaticalization Volume II: Focus on Types of Grammatical Markers*, ed. by Traugott, Elizabeth Closs and Bernd Heine, John Benjamins Publishing Company, Amsterdam / Philadelphia, 93-133.

Siqueland, Einar R. and Clement A. DeLucia (1969) "Visual Reinforcement of Nonnutritive Suck-

ing in Human Infants," *Science* 165, 1144-1146.
Sperber, Dan and Deirdre Wilson (1995) *Relevance: Communication and Cognition* (second edition), Blackwell.
Stroik, Thomas (1992) "Middles and Movement," *Linguistic Inquiry* 23-1, 127-137.
Sweetser, Eve E. (1990) *From Etymology to Pragmatics: Metaphorical and Cultural Aspects of Semantic Structure*, Cambridge University Press, Cambridge. (『認知意味論の展開――語源学から語用論まで』沢田治美訳, 研究社出版, 2000).
Sweetser, Eve E. (1996) "Changes in Figures and Changes in Grounds: A Note on Change Predicates, Mental Spaces and Scalar Norms,"『認知科学』3-3, 75-86, (「図の変化と地の変化――変化述語, メンタル・スペース, 尺度の基準に関する一考察」小原京子訳, 坂原 (2000: 193-211)).
Sweetser, Eve E. (1997) "Role and Individual Interpretations of Change Predicates," Nuyts and Pederson (1997: 116-136).
Talmy, Leonard (1977) "Rubber-Sheet Cognition in Language," *CLS* 13, 612-628.
Talmy, Leonard (1978) "Figure and Ground in Complex Sentences," *Universals of Human Language, Volume IV: Syntax*, ed. by Greenberg, Joseph H., Stanford University Press, Stanford, 625-649.
Talmy, Leonard (1988) "The Relation of Grammar to Cognition," Rudzka-Ostyn (1988: 165-205).
Talmy, Leonard (1996) "Fictive Motion in Language and "Ception"," Bloom, Peterson, Nadel and Garrett (1996: 211-276).
Talmy, Leonard (2000) *Toward a Cognitive Semantics, Volume I: Concept Structuring Systems*, The MIT Press, Cambridge, MA.
Taniguchi, Kazumi (1994) "A Cognitive Approach to the English Middle Construction," *English Linguistics* 11, 173-196.
Taniguchi, Kazumi (1997) "On the Semantics and Development of Copulative Perception Verbs in English: A Cognitive Perspective," *English Linguistics* 14, 270-299.
Taylor, John R. (1994) "Prepositions: Patterns of Polysemization and Strategies of Disambiguation," *The Semantics of Prepositions: From Mental Processing to Natural Language Processing*, ed. by Zelinsky-Wibbelt, Cornelia, Mouton de Gruyter, Berlin and New York, 151-175.
Taylor, John R. (1995) *Linguistic Categorization: Prototypes in Linguistic Theory (Second Edition)*, Clarendon Press, Oxford.
Tomasello, Michael, ed. (1998) *The New Psychology of Language : Cognitive and Functional Approaches to Language Structure*, Lawrence Erlbaum Associates, Inc.
Tomasello, Michael (1999) *The Cultural Origins of Human Cognition*, Harvard University Press, Cambridge, MA.
Tomasello, Michael, ed. (2003a) *The New Psychology of Language: Cognitive and Functional Approaches to Language Structure*, Volume 2, Lawrence Erlbaum Associates, Inc.
Tomasello, Michael (2003b) *Constructing a Language: A Usage-Based Theory of Language Acquisition*, Harvard University Press, Cambridge, MA.

Tomozawa, Hirotaka (1988a) "Some Remarks on the English Progressive: From a Conceptualist Point of View," *Linguistic Research* 6, Tokyo University English Linguistics Association, 108-127.

Tomozawa, Hirotaka (1988b) *The Semantics of the English Progressive: A Conceptualist Approach*, M. A. Thesis, University of Tokyo.

Tomozawa, Hirotaka (2002) "A Semantic Analysis of Causative and Experiential *Have*," *Hitotsubashi Journal of Arts and Sciences* 43-1, Hitotsubashi University, 1-9.

Traugott, Elizabeth Closs (1982) "From Propositional to Textual and Expressive Meanings: Some Semantic-Pragmatic Aspects of Grammaticalization," *Perspectives on Historical Linguistics*, ed. by Lehmann, Winfred P. and Yakov Malkiel, John Benjamins Publishing Company, Amsterdam/Philadelphia, 245-271.

Traugott, Elizabeth Closs (1989) "On the Rise of Epistemic Meanings in English: An Example of Subjectification in Semantic Change," *Language* 65-1, 31-55.

Traugott, Elizabeth Closs (1999) "From Subjectification to Intersubjectification," Paper presented at the Workshop on Historical Pragmatics, Fourteenth International Conference on Historical Linguistics, Vancouver, Canada, July 1999 (http://www.stanford.edu/~traugott/papers/subject2 intersubject.pdf).

Trevarthen, Colwyn (1993) "The Self Born in Intersubjectivity: The Psychology of an Infant Communicating," Neisser (1993a: 121-173).

Tversky, Barbara (1996) "Spatial Perspective in Descriptions," Bloom *et al.* (1996: 463-491).

Uehara, Satoshi (1998) "Pronoun Drop and Perspective in Japanese," *Japanese / Korean Linguistics* 7, CSLI Publications, Stanford, 275-289.

van Oosten, Jeanne (1977) "Subjects and Agenthood in English," *CLS* 13, 459-471.

van Oosten, Jeanne (1986) *The Nature of Subjects, Topics and Agents: A Cognitive Explanation*, Indiana University Linguistics Club, Bloomington.

Vendler, Zeno (1967) *Linguistics in Philosophy*, Cornell University Press, Ithaca.

Verhagen, Arie (1995) "Subjectification, Syntax and Communication," *Subjectivity and Subjectivisation*, ed. by Stein, Dieter and Susan M. Wright, Cambridge University Press, Cambridge, U. K., 103-128.

Viberg, Åke (1983) "The Verbs of Perception: A Typological Study," *Linguistics* 21, 123-162.

Volterra, Virginia and Jana M. Iverson (1995) "When Do Modality Factors Affect the Course of Language Acquisition?," *Language, Gesture, and Space*, ed. by Emmorey, Karen and Judy S. Reilly, 371-390, Lawrence Erlbaum Associates, Hillsdale, N.J.

Yoshimura, Kimihiro (1990) "A Study of Verbs in the Activo-passive Constructions," *Linguistic Fiesta: Festschrift for Professor Hisao Kakehi's Sixtieth Birthday*, ed. by, the Editorial Committee of the Festschrift for Professor Hisao Kakehi's Sixtieth Birthday, Kurosio, Tokyo, 495-512.

尼ケ崎彬（1988）『日本のレトリック：演技する言葉』筑摩書房.

安西徹雄（1982）『翻訳英文法』日本翻訳家養成センター（『英文翻訳術』ちくま学芸文

庫，1995）．

安西徹雄（1983）『英語の発想——翻訳の現場から』講談社現代新書．
安藤貞雄（1986）『英語の論理・日本語の論理』大修館書店．
池上嘉彦（1981）『「する」と「なる」の言語学』大修館書店．
池上嘉彦（1992）『詩学と文化記号論』講談社学術文庫．
池上嘉彦（1997）「認知言語学のおもしろさ」，『言語』26-5，68-73．
池上嘉彦（2000）『「日本語論」への招待』講談社．
池上嘉彦（2002）「〈モノ〉と〈コト〉，そして〈トコロ〉——日本語における〈主観性〉をめぐって」，池上・尾上（2002）．
池上嘉彦（2004）「言語における〈主観性〉と〈主観性〉の言語的指標（I）」，山梨（2001: 1-49）．
池上嘉彦・尾上圭介（2002）「コトの出来（しゅったい）する場としての自己——日本文化への認知言語学的アプローチ」，文法学研究会第4回集中講義．
池田裕・池田智子（1996）「日本人の対話構造」，『言語』25-1，48-55．
石黒広昭（1993）「オノマトペの「発生」」，『言語』22-6，26-33．
石崎優子（2003）「スペイン語再帰構文による受け身に見られる主体化」，日本認知言語学会第4回大会発表（*Conference Handbook*, 115-118）．
井島正博（1991）「可能文の多層的分析」，仁田義雄編『日本語のヴォイスと他動性』くろしお出版，149-189．
板倉昭二（1988）「サルと鏡——自己鏡映像認知の再検討」，『心理学評論』31-4，538-550．
板倉昭二（1999）『自己の起源——比較認知科学からのアプローチ』金子書房．
出原健一（1998）「前置詞句主語に関する一考察——認知文法とアフォーダンス理論」，『信州大学人文学部人文科学論集〈文化コミュニケーション学科編〉』32，25-36．
井上史雄（1999）『敬語はこわくない——最新用例と基礎知識』講談社現代新書．
井上文子（1998）『日本語方言アスペクトの動態——存在型表現形式に焦点をあてて』秋山書店．
今井邦彦（1995）『テイクオフ英語学シリーズ4　英語の使い方』大修館書店．
岩垣守彦（1994）『よい英文を書くための和文英訳のテクニック』ジャパンタイムズ．
岩田彩志（1994）「メタファーと主題関係」，『*Helicon*（岐阜大学）』3，59-77．
上村保子（1994）「ゲシュタルト心理学」，『心理学史への招待——現代心理学の背景（新心理学ライブラリ15）』，第13章．
氏家洋子（2001）「「差別語」狩りの実態——教科書から消える「差別語」」，『日本語学』20-6，79-93（2001年6月号）．
宇野良子（1996）「「て」・「ので」・「から」節を含む因果の複文の分析——形態的統合性と意味的統合性の相関」，ms.，東京大学大学院総合文化研究科言語情報科学専攻．
宇野良子（2002）「理由文の表す動的な関係と静的な関係——「因果関係」の重層性がもたらす志向性の共有」，ms.，東京大学大学院総合文化研究科言語情報科学専攻．
宇野良子・池上高志（2003a）「ジョイント・アテンション／予測と言語志向性を揃えるメカニズム」，山梨（2003: 231-274）．

宇野良子・池上高志（2003b）「言語を通して見る叙述的ジョイントアテンションのヴァリエーション」，日本認知言語学会第4回大会発表（*Conference Handbook*, 71-74）．
宇野良子・池上高志（2004）「一人称的説明による理由文の分析」，日本認知言語学会第5回大会発表（Conference Handbook, 33-36）．
梅本堯夫・大山正編（1992）『心理学への招待――こころの科学を知る（新心理学ライブラリ1）』サイエンス社．
遠藤織枝・尾崎喜光（1997）「調査の概要」，現代日本語研究会（1997: 9-32）．
黄倉雅広（2000）「打検士がみていることに接近する」，岡田・佐々木・三嶋（2000: 75-84）．
黄倉雅広（2001）「打検士の技――洗練された行為とアフォーダンス」，佐々木・三嶋（2001: 161-196）．
大江三郎（1975）『日英語の比較研究――主観性をめぐって』南雲堂．
大島弘子（2001）「「ほら」の機能について」，『日本語教育』108, 34-41．
大谷博美（1995）「ハとガと φ――ハもガも使えない文」，宮島達夫・仁田義雄編『日本語類義表現の文法（上） 単文編』くろしお出版，287-295．
大橋靖史（2004）『行為としての時間――生成の心理学へ』新曜社．
大堀壽夫（1996）「言語的知識としての構文――接続構造のパラメータ」，『認知科学』3-3, 7-13．
大堀壽夫編（2004）『認知コミュニケーション論（シリーズ認知言語学入門6)』大修館書店．
大森文子（2004）「認知・談話・レトリック」，大堀（2004: 161-210）．
大森荘蔵（1992）『時間と自我』青土社．
大山正（1992a）「歴史と方法」，梅本・大山（1992: 1-27）．
大山正（1992b）「感覚と知覚」，梅本・大山（1992: 29-56）．
岡田美智男（1995）『口ごもるコンピュータ』共立出版．
岡田美智男（1996）「対話とは何か」，『言語』25-1, 56-63．
岡田美智男（1997a）「Talking Eyes――対話する「身体」を創る」，『システム／制御／情報（システム制御情報学会誌)』41-8, 323-328．
岡田美智男（1997b）「コミュニケーション～雑談～における構成的な理解にむけて」，補聴と聴覚活用を語るサマーフォーラム 横浜記念講演（1997年7月26日）（http://www.mic.atr.co.jp/~okada/Reports/Draft.97.7.26.html）．
岡田美智男（1997c）「対話研究の楽しみ」，『言語』26-5, 44-49．
岡田美智男（1998）「「何気ない行為」を科学する」，『bit』30-12, 19-26（http://www.mic.atr.co.jp/~okada/Reports/Bit98.12.pdf）．
岡田美智男（2000a）「社会的な相互行為とそのリアリティを支えるもの」，岡田ほか（2000: 220-232）．
岡田美智男（2000b）「社会的な存在とそのリアリティを支えるもの」，『ヒューマンインタフェース学会誌』2-1, 44-47（http://www.mic.atr.co.jp/~okada/Reports/HIS00.02.pdf）．
岡田美智男・佐々木正人・三嶋博之編（2000）『身体性とコンピュータ（『bit』別冊)』

共立出版.

岡田美智男・鈴木紀子（2003）「他者との切り結びとしてのコミュニケーション」, 原田悦子編『「使いやすさ」の認知科学——人とモノとの相互作用を考える』共立出版, 100-118.

岡田美智男・鈴木紀子・石井和夫（1997）「今,「雑談」がおもしろい——雑談に学ぶ身体性, 間身体性そして多声性」, *ATR Journal* 29（http://www.mic.atr.co.jp/~okada/Reports/Draft.97.11.html）.

興津憲作（1972）『中級イスパニア語文法』創元社.

尾谷昌則（2002）"Quantifier Floating in Japanese: From a Viewpoint of Active-Zone/Profile Discrepancy,"『日本認知言語学会論文集』2, 96-106.

尾上圭介（1982）「文の基本構成・史的展開」, 尾上（2001a: 109-127）.

尾上圭介（1996）「主語にハもガも使えない文について」, 日本認知科学会第13回大会ワークショップ「日本語の助詞の有無をめぐって」（http://logos.mind.sccs.chukyo-u.ac.jp/jcss/CONFs/96workshop.html）における口頭発表（http://logos.mind.sccs.chukyo-u.ac.jp/jcss/CONFs/onoe.html）.

尾上圭介（2001a）『文法と意味 I』くろしお出版.

尾上圭介（2001b）「文の意味の成立, 喚体と述体」, 尾上（2001a: 第一部）.

尾上圭介（2002）「話者になにかが浮かぶ文——喚体・設想・出来文・情意文」, 池上・尾上（2002）.

小野哲雄（2002）「道案内ロボットと身体表現」,『言語』31-3, 56-61.

小野哲雄・今井倫太・石黒浩・中津良平（2001）「身体表現を用いた人とロボットの共創対話」,『情報処理学会論文誌』42-6, 1348-1358.

小野哲雄・今井倫太・江谷為之・中津良平（2000）「ヒューマンロボットインタラクションにおける関係性の創出」,『情報処理学会論文誌』41-1, 158-166.

甲斐ますみ（1992）「話者が「は」「が」なし文を発するとき」, *KLS* 12, 99-109.

郭末任（2003）「自然談話に見られる相づち的表現——機能的な観点から出現位置を再考した場合」,『日本語教育』118, 47-56.

影山太郎（2003）「「東京までずっと寝ていた」という構文の概念構造」,『国文学解釈と教材の研究』48-4, 37-44.

加藤重広（1997a）「日本語の連体数量詞と遊離数量詞の分析」,『富山大学人文学部紀要』26, 31-64（http://www.hmt.toyama-u.ac.jp/gengo/katopapers.htm）.

加藤重広（1997b）「ゼロ助詞の談話機能と文法機能」,『富山大学人文学部紀要』27, 19-82（http://www.hmt.toyama-u.ac.jp/gengo/kiyo27.htm）.

加藤重広（2003）『日本語修飾構造の語用論的研究』ひつじ書房.

金沢創（1999）『他者の心は存在するか：〈他者〉から〈私〉への進化論』金子書房.

金沢創（2003）『他人の心を知るということ』角川書店.

鎌田修（2000）『日本語の引用』ひつじ書房.

河合優年（1992）「知覚と運動の発達」, 高橋道子編『新児童心理学講座2: 胎児・乳児期の発達』金子書房, 57-96.

菊地康人（1997）『敬語』講談社学術文庫．
喜多壮太郎（1996）「あいづちとうなづきからみた日本人の対面コミュニケーション」，『日本語学』15-1，58-66．
北原博雄（1996）「連用用法における個体数量詞と内容数量詞」，『国語学』186，29-42．
楠本徹也（2002）「無助詞文における話し手の情意ネットワーク」，『日本語教育』115．
工藤真由美（1995a）『アスペクト・テンス体系とテクスト』ひつじ書房．
工藤真由美（1995b）「愛媛県宇和島方言のアスペクト体系」，工藤（1995a: 261-300）．
工藤真由美（1998a）「非動的述語のテンス」，『国文学解釈と鑑賞』63-1，66-81．
工藤真由美（1998b）「西日本諸方言のアスペクト体系の記述をめぐって──中間報告と今後の展望」，『日本語研究（東京都立大学国語学研究室）』18，1-11．
國廣哲彌（1974a）「人間中心と状況中心──日英語表現構造の比較」，『英語青年』119-11，688-690．
國廣哲彌（1974b）「日英語表現体系の比較」，『言語生活』270，46-52．
國廣哲彌（1997）『理想の国語辞典』大修館書店．
久保田真弓（1994a）「コミュニケーションとしてのあいづち──アメリカ人と日本人にみられる表現の違い」，『異文化間教育』8，59-76．
久保田真弓（1994b）「会話における聞き返しとあいづちの関係」，『龍谷大学国際センター研究年報』3，21-28．
久保田真弓（1998）「日本語会話にみられる「共話」の特徴：日本人とアメリカ人によるあいづち使用の比較から」，『情報研究（関西大学総合情報学部紀要）』7月号，53-73．
久保田真弓（2001）「聞き手のコミュニケーション上の機能としての「確認のあいづち」」，『日本語教育』108，14-23．
倉持保男（1986）「「腹が立つ」と「腹を立てる」」，松村明教授古稀記念会編『松村明教授古稀記念国語研究論集』明治書院，706-722．
現代日本語研究会（1997）『女性のことば・職場編』ひつじ書房．
現代日本語研究会（2002）『男性のことば・職場編』ひつじ書房．
河野哲也（2001）「ギブソンとメルロ=ポンティ」，『現代思想』29-17，286-298．
河野哲也（2003）『エコロジカルな心の哲学』勁草書房．
小嶋秀樹（2002）「Infanoidは人の痛みを分かりたい」，日本認知科学会第19回大会ワークショップ（2002年6月16日）．
小西雅彦（1998）「知覚者主語構文動詞と対象主語構文動詞の非対称性について」，東京大学大学院言語情報科学専攻言語情報科学特別講義I課題レポート．
小林賢次（1996）『日本語条件表現史の研究』ひつじ書房．
小森道彦（2003）「四の皿──もっと五感で味わう」，瀬戸（2003a: 79-116）．
子安増生（2000）『心の理論──心を読む心の科学』岩波科学ライブラリー．
境敦史・曾我重司・小松英海（2002）『ギブソン心理学の核心』勁草書房．
坂原茂編（2000）『認知言語学の発展』ひつじ書房．
坂本真樹（2002）「英語のTough構文への生態心理学的アプローチ」，『日本認知言語学会論文集』2，12-22．

佐々木正人（1987）『からだ：認識の原点（認知科学選書15）』東京大学出版会．
佐々木正人（1991）「「現在」という記憶の時間」，無藤隆編『ことばが誕生するとき』新曜社．
佐々木正人（1993a）「認知科学の新しい動向〈エコロジカル・アプローチへの招待〉2：深みへの傾斜——センセーショナリズムのステージ理論」，『言語』22-2, 84-89.
佐々木正人（1993b）「認知科学の新しい動向〈エコロジカル・アプローチへの招待〉4：知覚するシステム」，『言語』22-4, 92-97.
佐々木正人（1993c）「認知科学の新しい動向〈エコロジカル・アプローチへの招待〉6：エコロジカル・セルフ」，『言語』22-6, 94-99.
佐々木正人（1994a）「ジェームズ・ギブソンエコロジカルな光学にいたる」，『imago』5-2, 66-75.
佐々木正人（1994b）『アフォーダンス：新しい認知の理論』岩波書店．
佐々木正人（1994c）「知性のリアルな単位——認知科学小史」，『科学朝日』54-10, 18-23.
佐々木正人（2001）「アフォーダンスと言語獲得」，辻幸夫編『ことばの認知科学事典』大修館書店，483-494.
佐々木正人・三嶋博之編（2001）『アフォーダンスと行為』金子書房．
佐々木倫子（1996）「日米対照：女性の座談——発話文の数量的分析を中心に」，『国立国語研究所研究報告集17』秀英出版（大日本図書），238-272.
定延利之（2001）「情報のアクセスポイント」，『言語』30-13, 64-70.
定延利之（2002）「時間から空間へ？——〈空間的分布を表す時間語彙〉をめぐって」，生越直樹編『対照言語学（シリーズ言語科学4）』東京大学出版会，183-215.
定延利之（2004）「モノの存在場所を表す「で」？」，影山太郎・岸本秀樹編『日本語の分析と言語類型——柴谷方良教授還暦記念論文集』くろしお出版，181-198.
ザトラウスキー，ポリー（1993）『日本語の談話の構造分析——勧誘のストラテジーの諸相』くろしお出版．
ザトラウスキー，ポリー（2003）「共同発話から見た「人称制限」，「視点」をめぐる問題」，『日本語文法』3-1, 49-66.
篠原俊吾（1993）「形容詞と前提行為——Tough 構文とその周辺」，『実践英文学』43, 87-100.
篠原俊吾（2002）「「悲しさ」「さびしさ」はどこにあるのか——形容詞文の事態把握とその中核をめぐって」，西村（2002: 261-284）．
柴田崇（2004a）「D・カッツのメディウム論」，『生態心理学研究』1, 25-32.
柴田崇（2004b）「20世紀心理学理論におけるメディウム概念の系譜——D・カッツ，F・バイダー，J・J・ギブソン」，『日本認知科学会第21回大会発表論文集』348-349.
柴田武（2004）『ホンモノの敬語』角川書店．
渋谷勝己（1993）「日本語可能表現の諸相と発展」，『大阪大学文学部紀要』33-1.
渋谷勝己（1998）「文法変化と方言——関西方言の可能表現をめぐって」，『言語』27-7, 18-25.
白川博之（1991）「「カラ」で言いさす文」，『広島大学教育学部紀要　第2部』39, 249-255.

白川博之（1995）「理由を表わさない「カラ」」，仁田義雄編『複文の研究（上）』くろしお出版，189-219．

重点領域研究「音声対話」（1997）『対話音声コーパス3』メディアドライブ（文部省科学研究費補助金重点領域研究『音声・言語・概念の統合的処理による対話の理解と生成に関する研究』成果）（http://winnie.kuis.kyoto-u.ac.jp/taiwa-corpus/）．

情報処理振興事業協会（IPA）編（1996）『計算機用日本語基本名詞辞書 IPAL（Basic Nouns）――辞書編』情報処理振興事業協会．

菅沼文子（2002）「童話における視点の動きの日英対照研究」，*JELS 19: Papers from the Nineteenth National Conference of The English Linguistic Society of Japan*, English Linguistic Society of Japan, 107-115．

杉戸清樹（1987）「発話のうけつぎ」，『談話行動の諸相――談話資料の分析』三省堂，国立国語研究所報告92，68-106．

杉戸清樹（1989）「ことばのあいづちと身ぶりのあいづち――談話行動における非言語的表現」，『日本語教育』67，48-59．

杉藤美代子（1993）「効果的な談話とあいづちの特徴およびそのタイミング」，『日本語学』12-4，11-20．

菅野盾樹（1992）「はじめにイメージがあった：認知意味論にかんする二，三の考察」，『*imago*』3-6，204-213．

鈴木孝夫（1973）『ことばと文化』岩波書店．

瀬戸賢一（1995）『空間のレトリック』海鳴社．

瀬戸賢一編（2003a）『ことばは味を超える――美味しい表現の探求』海鳴社．

瀬戸賢一（2003b）「三の皿――五感で味わう」，瀬戸（2003a: 62-76）．

染谷昌義（2004）「エコロジカルな認識論――知覚―行為の誘導者としての概念」，『生態心理学研究』1，1-10．

高井直美・高井弘弥（1996）「初期シンボル化における身ぶり動作と音声言語との関係」，『発達心理学研究』7-1，20-30．

高瀬弘樹・古山宣洋・三嶋博之・春木豊（2003）「二者間の呼吸と体肢運動の協調」，『心理学研究』74-1，36-44．

高橋太郎（1993）「省略によってできた述語形式」，『日本語学』12-10，18-26．

高橋英光（2004）「指示語の理解：英語の it と that」，大堀（2004: 25-53）．

谷徹（2002）『これが現象学だ』講談社現代新書．

谷口一美（1995）「中間構文――他動性と事態解釈からみた成立条件」，第20回関西言語学会ワークショップ（1995年11月11日）．

谷口一美（1997）「補語を伴う知覚動詞の意味と成立に関する考察――認知的視点から」，*JELS 14: Papers from the Fourteenth National Conference of The English Linguistic Society of Japan*, 日本英語学会，221-230．

角田太作（1990）「所有者敬語と所有傾斜」，『文法と意味の間――國廣哲弥教授還暦退官記念論文集』くろしお出版，15-27．

角田太作（1991）『世界の言語と日本語――言語類型論から見た日本語』くろしお出版．

時枝誠記（1941）『國語學原論』岩波書店.
友澤宏隆（2002）「英語進行形の概念構造について」, 西村（2002: 137-160）.
豊田豊子（1977）「「と」と「～とき（時）」」,『日本語教育』33, 90-106.
豊田豊子（1979）「発見の「と」」,『日本語教育』36, 91-105.
中川ゆかり（1984）「出会いの表現」,『萬葉』119, 19-38.
中村捷（1982）「数量詞」,『言語』11-12, 44-49.
仲本康一郎（1998）『力学的形容詞の認知言語学的考察——アフォーダンス的解釈をめぐって』, 京都大学人間環境学研究科修士論文.
仲本康一郎（2000）「アフォーダンスに基づく発話解釈——「行為の難易度」を表わす形容詞文」, 日本語用論学会『語用論研究』2, 50-64.
仲本康一郎（2003）「空間認知と言語理解——生態心理学のアプローチ」, 第14回ことば工学研究会発表（2003年8月30日）.
仲本康一郎・小谷克則・井佐原均（2003）「予期的認知と形容表現——不安に基づく状況把握」, 日本認知言語学会第4回大会発表（*Conference Handbook*, 35-38）.
西阪仰（1998）「相互行為のための文法」,『社会言語科学会第1回大会予稿集・総会資料』70-75.
仁科明（1995）「接続の「と」——用法の分類と関係づけのこころみ」, 築島裕博士古稀記念会編『築島裕博士古稀記念国語学論集』, 汲古書院, 1086-1105.
西村義樹編（2002）『認知言語学1：事象構造（シリーズ言語科学2）』東京大学出版会.
仁田義雄（1991）『日本語のモダリティと人称』ひつじ書房.
丹羽哲也（1988a）「有題文と無題文, 現象（描写）文, 助詞「が」の問題（上）」,『国語国文』57-6, 41-58.
丹羽哲也（1988b）「有題文と無題文, 現象（描写）文, 助詞「が」の問題（下）」,『国語国文』57-7, 29-49.
丹羽哲也（1989）「無助詞格の機能——主題と格と語順」,『国語国文』58-10, 38-57.
野中哲士（2004）「グローバルアレーとアフォーダンス」,『生態心理学研究』1, 169-181.
野村益寛（2002）「意味論研究史管見——認知言語学の視点から」,『言語』31-6, 118-129.
橋本敬（1999）「動的言語観に基づいた単語間関係のダイナミクス」,『認知科学』6-1.
橋本敬（2000）「言語のダイナミクスへの構成論モデル」, 計測自動制御学会第20回システム工学部会研究会「人工生命の新しい潮流」における発表（2000年2月12日）.
長谷川ユリ（1993）「話しことばにおける「無助詞」の機能」,『日本語教育』80, 158-168.
浜田寿美男（1999）『「私」とは何か：ことばと身体の出会い』講談社選書メチエ.
原田信一（2000）『シンタクスと意味：原田信一言語学論文選集』大修館書店.
バーダマン, ジェームズ（1995）『アメリカ人によく通じる英語入門』中経出版.
樋口万里子（1993）「事柄の認識と時制の一致現象」, 福岡言語学研究会編『言語学からの眺望』九州大学出版会, 269-283.
樋口万里子（2004）「相・時制・法」, 大堀（2004: 55-99）.
廣瀬幸生（1997）「人を表すことばと照応」, 廣瀬幸生・加賀信広『指示と照応と否定』研究社出版, 1-89.

廣瀬幸生 (2002)「話し手概念の解体から見た日英語比較」,『筑波大学「東西言語文化の類型論」特別プロジェクト研究成果報告書』723-755.

廣瀬幸生・長谷川葉子 (2001a)「日本語から見た日本人――日本人は「集団主義的」か (上)」,『言語』30-1, 86-97.

廣瀬幸生・長谷川葉子 (2001b)「日本語から見た日本人――日本人は「集団主義的」か (下)」,『言語』30-2, 102-112.

ピーターセン, マーク (1990)『続 日本人の英語』岩波書店.

深田智 (2001)「"Subjectification" とは何か――言語表現の意味の根源を探る」,『言語科学論集 (京都大学大学院人間・環境学研究科言語科学講座)』7, 61-89.

藤城浩子 (1996)「シテイタのもうひとつの機能――感知の視点を表すシテイタ」,『日本語教育』88, 1-12.

藤原雅憲 (1992)「助詞省略の語用論的分析」, 田島毓堂・丹羽一彌編『日本語論究3 現代日本語の研究』和泉書院, 129-148.

古山宣洋 (2000a)「言語に内蔵された指標性――発話行為論と会話の含意の問題をめぐって」, 岡田ほか (2000: 61-74).

古山宣洋 (2000b)「方法論としての言語相対論の意義」,『現代思想』28-8, 150-168.

古山宣洋 (2003)「言語の詩的機能――コミュニケーションにおける「不変項」を探る」, 公開シンポジウム「ヒトとロボット: 共同性とその発達的起源を探る」口頭発表 (総務省戦略的情報通信研究開発推進制度「関係発達論的インタフェース」研究開発プロジェクト主催, 2003年3月15日).

ブロック, アーサー編 (1993)『マーフィーの法則――現代アメリカの知性』アスキー.

ヘイズ高野園・新里留美子 (2001)「条件の接続助詞から談話・対人機能の助詞――タラ, ッタラの文法化」, 南雅彦・アラム佐々木幸子編『言語学と日本語教育 II』くろしお出版, 127-142.

堀川智也 (1996)「現代語における喚体的表現について」,『日本語・日本文化論集 (名古屋大学)』4, 27-40.

堀口純子 (1997)『日本語教育と会話分析』くろしお出版.

本田明子 (1997)「発話の「重なり」と談話進行」, 現代日本語研究会 (1997: 197-212).

本多啓 (1994)「見えない自分, 言えない自分――言語にあらわれた自己知覚」,『現代思想』22-13, 168-177.

本多啓 (1996)「「という」についての覚え書き」,『駿河台大学論叢』12, 105-127.

本多啓 (1997a)「世界の知覚と自己知覚」,『英語青年』142-12, 658-660.

本多啓 (1997b)「連体修飾を受けて副詞句を構成する名詞の用法に関する認知言語学的研究」, 情報処理振興事業協会編『ソフトウエア文書のための日本語処理の研究13――IPAL統合化に向けて』, 175-197.

本多啓 (1997c)「英語の主体移動表現, 中間構文, 知覚動詞について――生態心理学の観点から」,『駿河台大学論叢』15, 95-116.

本多啓 (1999)「再び英語の中間構文について」,『駿河台大学論叢』18, 137-156.

本多啓 (2000a)「方言文法と英文法 (1)――宇和島方言の進行形をめぐって」,『駿河

台大学論叢』20, 91-111.
本多啓（2000b）「方言文法と英文法（2）——宇和島方言の完了形をめぐって」,『駿河台大学論叢』21, 111-132.
本多啓（2001a）「方言文法と英文法（3）——共通語の完了・進行形への展望」,『駿河台大学論叢』22, 73-93.
本多啓（2001b）「文構築の相互行為性と文法化」, 山梨（2001: 143-183）.
本多啓（2002a）「英語中間構文とその周辺——生態心理学の観点から」, 西村（2002: 11-36）.
本多啓（2002b）「認知言語学と生態心理学——なぜ生態心理学なのか」, 日本認知言語学会第3回全国大会ワークショップ口頭発表（2002年9月14日）.
本多啓（2003a）「共同注意の統語論」, 山梨（2003: 199-229）.
本多啓（2003b）「認知言語学の基本的な考え方」, 辻幸夫編『認知言語学への招待（シリーズ認知言語学入門1）』大修館書店, 63-125.
本多啓（2003c）「認知意味論における概念化の主体の位置づけについて」, 日本認知言語学会第4回大会発表（*Conference Handbook*, 75-78）.
本多啓（2004）「自己の直接知覚としてのSubjective Construal」, 日本認知言語学会第5回大会シンポジウム「Subjective Construalとは何か」における発表（2004年9月19日, *Conference Handbook*, 192-195）.
本多啓・桑畑和佳子（1997）「名詞の多義について——IPAL名詞辞書のための研究から」,『言語処理学会第3回年次大会発表論文集』83-86.
本多啓・後安美紀・坂本真樹（2003）「生態心理学的視点に基づく認知論的言語研究の可能性」,『日本認知言語学会論文集』3, 347-358.
牧野成一（1978）『ことばと空間』東海大学出版会.
正高信男（1998）「大人になると，外国語を覚えることが困難になるのはなぜだろう？」,『*Newton*』18-10, 100-101.
益岡隆志（2000）「叙想的テンスについて」,『日本語文法の諸相』くろしお出版, 23-37.
益岡隆志・田窪行則（1992）『基礎日本語文法　改訂版』くろしお出版.
町田健（2002）『町田教授の英語のしくみがわかる言語学講義』研究社.
松木正恵（1992）「「見ること」と文法研究」,『日本語学』11-9, 57-71.
松本曜（1994a）「抽象的移動：認知的説明の妥当性をめぐって」, 上智大学言語学会第9回大会発表.
松本曜（1994b）「抽象的移動：認知的説明の妥当性をめぐって」,『上智大学言語学会会報』9, 20-32.
松本曜（1997）「空間移動の言語表現とその拡張」, 田中茂範・松本曜『空間と移動の表現』研究社出版, 125-230.
丸山直子（1995）「話しことばにおける無助詞格成分の格」,『計量国語学』19-8, 365-380.
丸山直子（1996a）「話しことばの諸相」, 言語処理学会第2回年次大会チュートリアル資料.
丸山直子（1996b）「話しことばにおける無助詞格成分」, 日本認知科学会第13回大会ワ

ークショップ「日本語の助詞の有無をめぐって」(http://logos.mind.sccs.chukyo-u.ac.jp/jcss/CONFs/96 workshop.html) における口頭発表 (http://logos.mind.sccs.chukyo-u.ac.jp/jcss/CONFs/maruyama.html).
丸山直子 (1998)「話し言葉の諸相」, 堂下修司・新美康永・白井克彦・田中穂積・溝口理一郎編『音声による人間と機械の対話』オーム社, 119-132.
三浦つとむ (1967)『認識と言語の理論1・2』勁草書房.
三浦つとむ (1971)『日本語はどういう言語か』講談社学術文庫.
三浦つとむ (1983)『言語過程説の展開』勁草書房 (三浦 (1967) を再刊).
三尾砂 (1948)『国語法文章論』三省堂 (『三尾砂著作集I』ひつじ書房; 2003 に再録. 表記およびページは再録版による).
三上章 (1960)『象は鼻が長い――日本文法入門』くろしお出版.
三嶋博之 (1998)「知ることと動くこととの循環過程――その制約としての自然法則」, 認知科学会研究分科会「身体・システム・文化」シンポジウム (1998年6月27日)(http://www.ne.jp/asahi/kiitos/tdms/bsc/jcss98/MISIMA.html).
三嶋博之 (2000)『エコロジカル・マインド:知性と環境をつなぐ心理学』日本放送出版協会.
三嶋博之 (2001)「形なきかたち――複合不変項の知覚:〈ひも〉の知覚を題材として」, 佐々木・三嶋 (2001: 131-159).
水谷信子 (1984)「日本語教育と話しことばの実態――あいづちの分析」,『金田一春彦博士古希記念論文集第二巻』三省堂, 261-279.
水谷信子 (1985)『日英比較話しことばの文法』くろしお出版.
水谷信子 (1988)「あいづち論」,『日本語学』7-12, 4-11.
水谷信子 (1993)「「共話」から「対話」へ」,『日本語学』12-4, 4-10.
宮崎清孝 (1985)「文学の理解と視点――認知心理学の立場から」,『日本語学』4-12, 41-50.
宮崎清孝・上野直樹 (1985)『視点』東京大学出版会.
宮下眞二 (1982)『英語文法批判』日本翻訳家養成センター.
武藤彩加 (2003)「九の皿――味ことばの擬音語・擬態語」, 瀬戸 (2003a: 241-300).
無藤隆 (1994)『赤ん坊から見た世界――言語以前の光景』講談社.
村田純一 (1993)「形の知覚――ゲシュタルトをめぐる心理学と哲学」,『岩波講座現代思想1』岩波書店, 237-287.
メイナード泉子 (1993)『会話分析』くろしお出版.
籾山洋介 (1992)「多義語の分析――空間から時間へ」, カッケンブッシュ寛子・尾崎明人・鹿島央・藤原雅憲・籾山洋介編『日本語研究と日本語教育』名古屋大学出版会, 185-199.
籾山洋介 (1995)「多義語のプロトタイプ的意味の認定の方法と実際――意味転用の一方向性」,『東京大学言語学論集』14, 621-639.
籾山洋介・深田智 (2003)「意味の拡張」, 松本曜編『認知意味論(シリーズ認知言語学入門3)』大修館書店, 73-134.

森岡健二（1980）「伝達論からみた省略」,『言語生活』3月号, 18-31.
森藤大地・塩瀬隆之・藤井洋之・岡田美智男（2003）「BBVM: 自己目的的な相互行為に対する一つの視点」,『日本認知科学会第20回大会発表論文集』238-239.
森山卓郎（2002）『表現を味わうための日本語文法』岩波書店.
茂呂雄二（1996）「[言語心理学] ことばの「不思議」の究め方」,『別冊宝島279　わかりたいあなたのための心理学・入門』宝島社, 59-63.
安井泉（2003）「箸休め（三）――懐かしい味」, 瀬戸（2003a: 116-119）.
柳田征司（1992）「「修行者あひたり」型表現の来由」, 文化言語学編集委員会編『文化言語学――その提言と建設』三省堂, 205-220.
山岡實（1992）「進行形への認識論的アプローチ」,『英米文学（大阪府立大学英米文学研究会）』, 21-42.
山岡實（2001）『「語り」の記号論――日英語比較物語分析』松柏社.
山口治彦（2003a）「共感覚表現と内省テスト――方向性の仮説にまつわるコンテクストの問題」,『日本語文法』3-2, 23-43.
山口治彦（2003b）「五の皿――さらに五感で味わう」, 瀬戸（2003a: 120-153）.
山梨正明（1988）『比喩と理解（認知科学選書17）』, 東京大学出版会.
山梨正明（1993）「認知言語学――ことばと心のプロセス」, 工藤浩ほか編『日本語要説』ひつじ書房, 233-259.
山梨正明（1994）「松本（1994a）へのコメント」, 上智大学言語学会第9回大会.
山梨正明（1995）『認知文法論』ひつじ書房.
山梨正明ほか編（2001）『認知言語学論考 No. 1』ひつじ書房.
山梨正明ほか編（2003）『認知言語学論考 No. 2』ひつじ書房.
山梨正明ほか編（2004）『認知言語学論考 No. 3』ひつじ書房.
結城錦一（1952）「形と動き――伊東吉之助先生に捧ぐる小品」,『北海道大学文学部紀要』1, 53-62.
横山（坂本）真樹（1997）「中間構文の認知論的意味のネットワーク」, 第22回関西言語学会口頭発表（1997年11月8日）.
吉村公宏（2000）「ハリデー文法と認知言語学――中間表現を巡って」, 小泉保編『言語研究における機能主義――誌上討論会』くろしお出版, 75-103.
吉村公宏（2001）「人工物主語――クオリア知識と中間表現」, 山梨（2001: 257-318）.
渡辺富夫（1999）「エントレインメント（引き込み）と親子の絆」, 正高信男編『赤ちゃんの認識世界』ミネルヴァ書房, 51-74.
渡辺富夫（2000）「身体的コミュニケーションにおけるエントレインメント」, 岡田ほか（2000: 246-256）.
渡辺富夫・大久保雅史（1998）「コミュニケーションにおける引き込み現象の生理的側面からの分析評価」,『情報処理学会論文誌』39-5, 1225-1231.

Collins COBUILD English Language Dictionary (1987) Harper Collins Publishers.
Collins COBUILD English Language Dictionary (New Edition) (1995) HarperCollins Publishers.

Collins COBUILD English Language Dictionary (3rd Edition) (2001) HarperCollins Publishers.
Longman Dictionary of Contemporary English, New Edition (1987) Longman, London.
Oxford English Dictionary, Second Edition (1989).
Oxford Advanced Learner's Dictionary of Current English (6th Edition) (2000) Oxford University Press.
The Standard Swedish Dictionary (Swedish-English/English-Swedish) (1985) Cassell.
Word Bank (in COBUILD on Compact Disc) (1995).
Longman WordWise Dictionary (2001) Pearson Education Limited, Essex.
『ウィズダム英和辞典』(2002) 三省堂.
『英語基本形容詞・副詞辞典』(1989) 研究社.
『旺文社レクシス英和辞典』(2002) 旺文社.
『新英和中辞典　第6版』(1993) 研究社.
『新編英和活用大辞典』(1995) 研究社.
『心理学辞典　CD-ROM版』(1999) 有斐閣.
『ジーニアス英和辞典　第3版』(2002) 大修館書店.
『ジーニアス英和大辞典』(2001) 大修館書店.
『認知科学辞典』(2002) 共立出版.
『発達心理学辞典』(1995) ミネルヴァ書房.

人名索引

*欧文人名はアルファベット順，和文人名は五〇音順に並ぶ．

欧文人名

Aronson, E.　14
Bache, C.　260
Bakhtin, M.　233
Brugman, C.　123
Campos, S.　49
Condon, W.　195-196
Dixon, R.　69, 96
Fellbaum, C.　67, 105
Fish, S.　240
Frykholm, G.　54
Gallup, G.　35
Gauthier, G.　49
Geluykens, R.　251, 254
Givón, T.　242
Goldsmith, J.　258-259
Goodwin, C.　198-199
Hein, A.　48
Held, R.　48
Hinds, J.　145-150, 161-162
Horton, B.　89
Jespersen, O.　66, 89
Johansson, G.　54
Keyser, S.　68, 70
Krowitz, A.　49
Labov, W.　139
Lakoff, G.　66, 113, 122-123, 133, 189, 232, 272
Lakoff, R.　73
Lambrecht, K.　246, 267
Langacker, R.　25, 33, 50, 78, 111, 129, 161, 190, 231, 259-260, 273, 280-289
Langer, A.　49
Lee, D. A.　233
Lee, D. N.　14
Lemmens, M.　89, 107
Linde, C.　139
Loveland, K.　37
Lyons, J.　189
Mach, E.　15, 155, 276
McCawley, J.　260
Michaelis, L.　132, 134, 246
Neisser, U.　13-18, 22-24, 42-44, 205, 292
Nigro, G.　205
Peirce, C.　63, 143, 202
Péruch, P.　49
Reed, E.　64, 241
Roeper, T.　68, 70
Runeson, S.　54
Sweetser, E.　28-30, 110, 194, 215
Talmy, L.　78, 121, 232
Taylor, J.　124
Tomasello, M.　24, 59, 202, 232
Traugott, E.　218, 229
Trevarthen, C.　22-23
Tversky, B.　137
van Oosten, J.　66, 113
Vendler, Z.　100
Vercher, S-L.　49
Vygotsky, L.　232
Wertheimer, M.　287
Woisetschlaeger, E.　258-259
Wundt, W.　287-288

和文人名

尼ケ崎彬　205
安西徹雄　153, 169
井口裕子　215, 218-227
池上高志　243, 295
池上嘉彦　114, 145-150, 180, 295
石崎優子　115
井島正博　89
板倉昭二　35, 43
出原健一　91
井上史雄　192

今井邦彦　　263-264
上原聡　　　148, 149, 153
宇野良子　　243, 295
黄倉雅広　　52
大江三郎　　45, 105
大島弘子　　256-257
大堀壽夫　　217
大森文子　　55
岡田美智男　200-201, 206-208
尾谷昌則　　182
尾上圭介　　243, 245, 252
小野哲雄　　205
郭末任　　　208-212
影山太郎　　119
加藤重広　　178-179, 182, 253
北原博雄　　180
楠本徹也　　253
工藤真由美　86, 261-262
國廣哲彌　　31, 145-150
小嶋秀樹　　203
小西雅彦　　76
小林賢次　　191
子安増生　　204
坂本真樹　　102-103, 105
佐々木正人　8-11, 196
定延利之　　46, 120, 143, 157
ザトラウスキー, P.　212-213
篠原俊吾　　51, 186
柴田武　　　193
柴谷方良　　246
渋谷勝己　　194
菅沼文子　　153
杉戸清樹　　209
鈴木孝夫　　31
谷口一美　　66, 73-77, 115
谷徹　　　　276
時枝誠記　　269-278

友澤宏隆　　129
中川ゆかり　265
中村捷　　　115, 193
仲本康一郎　51, 159, 184-185
西阪仰　　　198-199
西村義樹　　115, 236
仁田義雄　　247
野村益寛　　270
長谷川ユリ　252
長谷川葉子　293
浜田寿美男　203
ピーターセン, M.　184
樋口万里子　73
廣瀬幸生　　289-295
藤城浩子　　262
藤原雅憲　　253
古山宣洋　　202, 239-240
堀川智也　　266
堀口純子　　209
松木正恵　　32
松本曜　　　78-82, 121, 124-125
丸山直子　　252-253
三浦つとむ　33, 269, 272, 274, 279
三尾砂　　　247
三上章　　　252
三嶋博之　　60, 197-198
水谷信子　　209, 212-213
宮崎清孝　　205
武藤彩加　　53
森山卓郎　　162-165
茂呂雄二　　231
安井泉　　　17-18
柳田征司　　265
山岡實　　　153
結城錦一　　47
吉村公宏　　67, 112, 116

事項索引

アルファベット

accomplishment　98, 101
achievement　97, 101
active touch　48
activity　98, 101
always　133, 263
because　215
BE 言語　147
by による前置詞句　68
can の認識用法　189
de dicto 読み　171
de re 読み　171
discoverer subject　148-149
for による前置詞句　68-69, 103
"God's Eye View"　155
hard　50
HAVE 言語　147
Mach の自画像　15, 156
phatic communion　255
pretty 構文　50-51
state　101
"Subjective View"　155
tough 構文　51, 102

あ　行

あいづち　208-209, 230
アクション・チェイン分析　111-112
アスペクト　97-98, 100
アフォーダンス　5, 56-62, 66-68, 74, 78, 113, 121, 141, 186, 277
　　意図的な――　59
　　行為の――　195, 200
　　自然的・感覚運動的な――　60
　　社会的な――　61, 187
　　プラスでない――　60, 77
アフォーダンス的解釈　51
アリサマ表現　120

「ある」　157-158
言いさし　212-214, 230
一語文　243
一人称代名詞　32-39, 154, 248
一人称的分析　276, 295
位置変化動詞　96
一名詞句文　245
　　フィリピン諸語における――　246
移動動詞　84
移動表現　147, 162
依頼　187
「いる」　157-158
インターパーソナル・セルフ　22-24, 30-33, 37-38, 42-43, 61, 172-174
引用表現　173-174
うなずき　234
エコロジカル・セルフ　13-18, 23-31, 42-43, 57, 68, 75, 82, 104, 109, 118, 122, 154, 191, 284
エピソード記憶　38, 86
エフェクティヴィティ　57, 186
　　社会的な――　187
大分方言　187

か　行

解釈共同体　240
概念的な自己　43, 292
仮現運動　108, 287-288
過去時制　70-73
　　――の中間構文　86-87
過去時制形式　38
仮想の移動　78
仮想変化表現　28-30, 142
「数える」という行為　181
語り言語　241-243, 249-254
可能表現　186-189, 264
「から」　215
　　不平を表す――　226

328　事項索引

含意の慣習化　217, 229
関係論的な自己観　292
観察者の記憶　38-39
観察的立場　277
観察点　18, 32
観察点の公共性　18-21, 30, 38, 69, 75, 80-81, 122, 195, 201, 203
間接話法　169
眼前状況　248, 258
喚体句　245
感知の視点　262
観念的な自己分裂・移行　33
聞き手の推論　217-218, 229, 232
擬似中間構文　83-84, 95
擬態語　52-53
既知　254
既定的単位　180
寄物陳思　205
客体的表現と主体的表現　272-274
客体としての捉え方　281, 284
客観主義　272
キャッチボール　230
旧情報　254
協応構造　195-198, 204
共感　203-204, 242
共感覚表現　52-53
共感的　166-171
共感話法　169
共同性　195
共同想起　255
共同注意　24, 202, 206, 230, 242
共話　212-214, 230
共話的な補完　221-224
許可の要請　187
拒絶　188
近接未来　248
「空間から時間へ」という一般化　135-136
空間的な分布を表す時間語彙　120
空間の構造を表す時間表現　126-132, 136, 142, 181-182
偶然確定条件　190
グラウンディング　200-201, 240, 242
経験者　100
経験知　102
形容詞　27, 30, 50-51, 185-186

経路の特性　79
ゲシュタルト心理学　287
結果構文　94
原因　100
言語過程説　5, 269-278
言語記号の恣意性　10
言語行為レベル　215, 224
言語知識　231
言語による社会的な関係の構築　62
言語発達　241-242
現象学　273, 276
現象的な知識　259
現象描写文　247, 258
行為動詞　84
行為の特徴　101
広告・宣伝　104-105
恒常仮定　108, 204
構造的な知識　259
公的自己　289-295
心の理論　167, 204
五種類の自己知識　42-44
個数と回数　183-184
個体能力主義　231, 232, 292
個別的の解釈　193
語用論のモード　242

さ 行

作成動詞　98
指し言語　241-249
左方転位　249-251
三項関係　24, 202
参照点　161
視覚性運動感覚　44
視覚的自己　15, 155, 156, 276
視覚的断崖　48
時間的な延長を持つ自己　42-43, 292
志向作用　273, 285
志向性の共有　295
志向対象　273, 285
自己鏡映像認知　35
自己言及的・遂行的な理由づけ　225
自己知覚　5, 57, 107
自己との同期　196, 198
自己を見ている自己　39-41
視座　32, 103, 110, 154, 173, 294

事項索引　329

――の移動　33-34, 107, 103
他者の――　37-38, 176
指示対象意味説　4, 72
指示対象の変化による意味変化　278
時制の一致　169
事態レベル　215
私的自己
　Neisser の――　42-43, 204, 292, 295
　廣瀬の――　289-295
視点　32
自動詞構文　148, 160-161
自閉症　37, 64, 196
視野　16, 25, 32, 33, 191, 284-285
――の記憶　38-39, 86, 205
社会方言　192
集合的認知　179
終助詞　215
終点焦点　122
主観的変化表現　45
「修行者あひたり」型表現　264
主語なし文　162, 165
主節後続型　215
主節先行型　215
主体移動表現　65, 77, 142, 181, 280
主体化　273, 280-289
主体的立場と観察的立場　274-277
主体としての捉え方　281, 284
受動態　65
受領動詞　97
順序　131
使用依拠モデル　231-232
状況　159-160
状況可能　187-189
状況中心　146, 162
状況中心言語　145
状況表現　149
状況没入型の言語　155
状況没入性　162, 165
状態的　87
状態変化構文　106
冗長　51-52, 58
情報伝達　205-206
所有　160
所有表現　147, 149
ショル形式　258

進行形　128-129, 258
新情報　254
身体知　104
身体の同期　195, 204-205
人物中心言語　145
心理述語　168
心理動詞　99
推移表現　147, 162
遂行的な活動　62
随伴性の探知　44
数量形容詞　184-185
数量詞遊離　177-183
図と地の反転　107-108, 110
図と地の分化　107-108
「する」的な構文　114, 145
静態動詞　97
生物体の運動　54
責任　66, 113
接続助詞　215
――から終助詞への文法化　216
――と終助詞　227
絶対的自己　293
ゼロ形　24-32, 154, 280
ゼロ助詞　253
全体野　108
前置詞句主語構文　91
想起　38
相互行為性　195
　文構築の――　198-199
相互行為的な同期　196, 198
相互認知環境　255
想像　39
相対的自己　293
属性　21, 70-73, 87
存在　160
存在表現　120, 147-147, 157

　　　　た　行

第一次共同主観性　23
第一類仮想変化表現　130
第一類主体移動表現　80-81, 84, 86, 118, 130
第一類中間構文　86, 130
第三類主体移動表現　90
第二次間主観性　202
第二類仮想変化表現　130

第二類構文　86-87
第二類主体移動表現　80-81, 86, 130
第二類中間構文　86, 130
題目　241-242, 244-245, 247, 252, 254
対話　243
多義性　277-278, 283, 285-286, 289
打検士　52, 58
他者の視座　→視座
多声性　233
脱独在論化　233
他動詞構文　148, 161
他動性モデル　115
探索活動　47-51, 58-59, 66-68, 74, 76, 78, 87, 97-101, 123, 133
単純現在形　70-71, 73, 87
知覚　159
　　――の能動性　5, 47-51, 101
知覚学習　58, 80, 118
知覚行為循環　5, 59-60, 90, 78, 117, 125
知覚システム　51-56, 58, 74
知覚動詞　75
知覚表現　148-149, 157
中間構文　65-74, 102, 181
中断　217
超越論的自我　276
直接知覚される自己　23-25, 38, 40, 173, 292
直接話法　169
直接話法的な引用文　166-168
追体験　278-280
通行可能な対象　82
通行不可能な対象　81-82
提案　188
出来事的　87
テクストの構造　153
転移修飾語　55
透過的　166-171
統語構造をもつ自立的なモード　242
動作主　68, 100-101, 105
動作主性　76, 113
当事者　103-105
同族目的語　98
到達経路表現　121, 280
独在論　231-232, 243
捉え方の意味論　4-6, 26, 39, 159, 269-272

な 行

内部主義　292
「なる」的な構文　114, 145
二項関係　24
二人称代名詞　248
人間中心　146, 162
人間の一部　146, 156
人間の全体　146, 156
認識レベル　215
人称詞　30, 172-173
認知意味論　4-8, 40-41, 231
認知科学　1
認知言語学　1-8, 231
認知動詞　97
能力可能　187-189

は 行

背景化　69, 107
場所表現　150, 162
裸名詞句による感嘆構文　246
「発見」の「た」　175
発話時　87-88
発話の力　187, 263
話し手のいらだち　258
範囲占有経路表現　90
被影響性　101
美化語　192
非人称中間構文　83
非能格構文　106, 113
比喩的な空間　133
表現解釈の意味論　3, 159
表面接触動詞　93
フィリピン諸語における一名詞句文　→一名詞句文
複合感覚表現　53
副詞句　69-70, 79, 117, 122, 181
複文　189
不平を表す「から」　→「から」
文　227
文化学習　60
文化心理学　175
文構築の相互行為性　→相互行為性
文法化　242, 252
　　――の傾向性　218

ベルンシュタイン問題　196-197
変化　101
ホムンクルス理論　112
「ほら」　256-258
本質主義　44, 292

ま 行

見え　16, 32, 66-68, 74, 78, 117, 277
　　——の共有　202, 204-205, 279
〈見え〉先行方略　205
未知　254
未定的単位　180
みんなで玉転がし　230
無助詞格成分　251-254
命令・指示・非難　188
命令勧告　263
メタファー　133, 135-137
申し出　187

モデリング　203
〈モノ〉と〈コト〉　179-181, 183-184
物の提示　203
モノローグ　243
　　——と対話の区別　240, 243

や 行

指さし　203, 242, 244
予期　39, 86

ら 行

離散的認知　179
ルビンの盃　108
連結的知覚動詞構文　65, 73-77, 95
連体修飾構造　245
連体数量詞　178, 182
ロボットによる道案内　205

著者略歴

1965 年生まれ．東京大学大学院英語英文学専攻博士課程修了．博士（文学）．駿河台大学現代文化学部助教授などを経て，現在，神戸市外国語大学教授．

主要著書

『認知言語学への招待』（シリーズ認知言語学入門 第1巻，分担執筆，2003 年，大修館書店）
『主観性と主体性』（ひつじ意味論講座 第5巻，分担執筆，2011 年，ひつじ書房）

アフォーダンスの認知意味論
──生態心理学から見た文法現象

2005 年 2 月 18 日　初　版
2013 年 8 月 9 日　第 4 刷

［検印廃止］

著　者　本多 啓
　　　　ほんだ　あきら

発行所　一般財団法人　東京大学出版会

代表者　渡辺 浩

　　　　113-8654　東京都文京区本郷 7-3-1 東大構内
　　　　電話 03-3811-8814　Fax 03-3812-6958
　　　　振替 00160-6-59964
　　　　http://www.utp.or.jp/

印刷所　株式会社平文社
製本所　誠製本株式会社

Ⓒ 2005 Akira HONDA
ISBN978-4-13-086032-1　Printed in Japan

JCOPY 〈(社)出版者著作権管理機構　委託出版物〉
本書の無断複写は著作権法上での例外を除き禁じられています．
複写される場合は，そのつど事前に，(社)出版者著作権管理機構
（電話 03-3513-6969，FAX 03-3513-6979，e-mail: info@jcopy.or.jp）
の許諾を得てください．

シリーズ言語科学 ［全 5 巻］

編者	タイトル	判型	価格
伊藤たかね編	①文法理論：レキシコンと統語	A5	4600 円
西村義樹編	②認知言語学Ⅰ：事象構造	A5	4600 円
大堀壽夫編	③認知言語学Ⅱ：カテゴリー化	A5	4600 円
生越直樹編	④対照言語学	A5	4600 円
上田博人編	⑤日本語学と言語教育	A5	4600 円
坂原　茂	認知科学選書2　日常言語の推論	四六	2600 円
佐々木正人	認知科学選書15　からだ：認識の原点	四六	2600 円
山梨正明	認知科学選書17　比喩と理解	四六	2800 円
大津由紀雄編	認知心理学3　言　語	A5	3400 円
佐々木正人・三嶋博之 編訳	アフォーダンスの構想　知覚研究の生態心理学的デザイン	A5	3800 円
佐々木正人・三嶋博之 編訳	生態心理学の構想　アフォーダンスのルーツと尖端	A5	3200 円
風間喜代三・上野善道・松村一登・町田　健	言　語　学　[第2版]	A5	2500 円

ここに表示された価格は本体価格です．御購入の際には消費税が加算されますので御了承ください．